Siegfried Wichmann

# Die Tötung des Königs Ludwig II. von Bayern

Druck: 2007 by Digital- und Offsetdruck Gerdfried Wolfertstetter, Gilching



Autor und Layout: Professor Dr. Siegfried Wichmann

Prof. Dr. Siegfried Wichmann
Selbstverlag und Vertrieb
Possenhofener Str. 42, 82319 Starnberg

Printed in Germany

ISBN 978-3-00-022234-4

Siegfried Wichmann

# Die Tötung des Königs Ludwig II. von Bayern

# Widmung

Die Tötung gekrönter Häupter im 19. Jahrhundert war durch die Hinrichtung des Kaisers Maximilian von Mexiko am 19. Juni 1867 gefördert worden.

In Russland bewegte das Attentat des Karakassow auf den Zaren am 10. April 1866 die Menschheit, auch fiel am 29. April 1881, nach drei Attentaten, der Zar Alexander II. den Tätern zum Opfer.

Auf die englische Königin wurden um 1865/70 mehrere Attentate durchgeführt, denen sie entkam.

Der Tod Ludwigs II. von Bayern war für die Tötungsgruppe 1886 kein neues Ereignis. Der Vorgang der langen Durchführung gilt als ein besonders schauriges Vergehen.

Der Todesnot des Königs Ludwigs II. als Historiker zu folgen, war eine schwere Aufgabe, sie war nur möglich durch persönliches und familiäres Wissen und Teilnahme am Leben und Wirken des Arztes:

Dr. Salomon Jakoby 1872 – 1953
Dem Engel
von
Verdun
1914 – 1918

# Zum Thema

Die Wahrheit über den Königsmord an Ludwig II. von Bayern darzulegen, war weit über hundert Jahre erschwert, – es gab keine Übereinstimmung zwischen Behauptung und wirklichem Sachverhalt.

Man hatte die historische Wahrnehmung im Bereich des Geheimen künstlich unscharf werden lassen, es entstand eine gewünschte Abwehr gegen die echten Sachverhalte, die letztlich eine gewollte Täuschung hervorgerufen haben.

Der unerbittliche Feind König Ludwigs II. von Bayern war Staatsminister Freiherr von Lutz (1826-1890), er bildete eine Gruppe mit Prof. Dr. Aloys von Gudden (1824-1886), Graf Max Carl Theodor von Holnstein (1835-1895), Freiherr von Crailsheim (1841-1926) und vor allem Freiherr Ignaz Freyschlag von Freyenstein (1827-1891). Lutz entwickelte aus den Auserwählten eine Gruppenstruktur, die durch Nähe, Ähnlichkeit, Bündelung, Macht und Einfluss zusammenwuchs; sie waren eine Gruppe von kollektivem Unbewusstsein. Hinzu kommen zahlreiche Helfershelfer, wie Dr. med. Franz Carl Müller, Oberstleutnant Freiherr von Washington und andere.

Die Genannten werden hier als Gruppe geschildert, jedoch sind sie in Einzelkapiteln zum Schluss nochmals jeweils für ein Mitglied wie Lutz, Gudden, Holnstein, F.C. Müller, Crailsheim und Freyschlag dem hier vorliegenden Buch angefügt. Daraus entstehen Wiederholungen des Textes, die notwendig waren, aber die Informationslage erweitern.

Ein Anliegen des Autors bestand nicht nur in der Schilderung von Vorbereitung und Tötung. Denn trotz Mord und Freiheitsberaubung bleibt König Ludwig II. in diesem Buch der internationale Planer, der Erfinder und schöpferische Mäzen, denn er war der Forscher im Bereich der europäischen Kulturen, er war absoluter Kenner der Weltausstellungen seines Jahrhunderts, er sammelte und schrieb islamische Kalligrafie, er blieb ein überragender Staatsmann und führte das Land der Bayern mit sicherer Hand.

Aufgrund einer Pressemeldung vom 12.12.2006 in „Bild München“ wurde dem Autor der Beitrag von Peter Gauweiler erst nachträglich zugänglich. „Bernhard von Gudden und die Entmündigung und Internierung König Ludwig II. aus juristischer Sicht“. Eine einmalige und hervorragende juristische Darstellung von Peter Gauweiler, die das hier dargestellte Thema höchst eigenständig erweitert; leider konnte es daher aufgrund der laufenden Produktion des Buches „Die Tötung des Königs Ludwig II. von Bayern“ nicht mehr als wissenschaftliche Quelle ausgiebig eingefügt werden.

# Inhalt

# Vorwort: Professor Dr. Michael Bruch, London Metropolitan University im Mai 2007

## Die Tötung von Ludwig II.

*Was ist die Geschichte anderes als eine Lüge, über die sich alle einig sind!*
*Napoleon*

Der bayerische König Ludwig II. fasziniert nachhaltig und liefert noch immer Zündstoff für kontroverse Debatten, bis hin zu sogenannten "Verschwörungstheorien". Es ist kaum mehr möglich, Überblick über die einschlägige Literatur zu gewinnen und neuerdings sind noch zahlreiche Internetportale hinzugekommen. Insgesamt ergibt sich eine verwirrende Situation und es ist nicht immer einfach die "Spreu" vom "Weizen" zu trennen. Was ist Dichtung, was ist Wahrheit? Das vorliegende Werk des Kunsthistorikers Siegfried Wichmann hat seinen Ursprung in den Aufzeichnungen von Dr. Schleiss von Löwenfeld, dem Leibarzt von König Ludwig auf die er vor 28 Jahren zufällig stieß. In der Zwischenzeit hat er viele historische Quellen gesichtet und verarbeitet. Dies war nicht immer einfach, da viele Dokumente nach wie vor in privaten Geheimarchiven liegen, vor allem die der Wittelsbacher, und verschlossen bleiben, vielleicht für immer.
Aus dem Erreichbaren und dem Erarbeiteten vieler Jahre hat sich nun ein neues Bild und somit eine neue Bewertung der Tragödie Ludwigs ergeben, die einen prominenten Platz in der Geschichte verdient. Gleichzeitig hat Professor Wichmann es verstanden, das Lebenswerk Ludwigs in eine angemessene Perspektive zu bringen.

Wer war Ludwig wirklich? Für viele verkörperte er Pracht und Grandiosität, manche sahen ihn als den letzten absolutistischen Herrscher in Europa. Er ist bis heute ein Liebling der populären Medien, die sein Image fortlaufend kreieren. Man erinnert sich z.B. an Helmut Käutners Melodram der 50er Jahre. Haben solche klischeehaften Darstellungen tatsächlich irgendetwas mit der Realität König Ludwigs zu tun?

Ludwig wuchs als sensibles, künstlerisch veranlagtes Kind auf. Seine Mutter zeigte anscheinend wenig Sympathie für seine Neigungen und war eher eine "kalte", auf Disziplin gerichtete Person. Dagegen schien der Vater Maximilian zugewandt (er führte ihn später in Wagners Opernwelt ein) und verständnisvoll, hatte aber meistens kaum Zeit für ihn.

Schon frühzeitig soll Ludwig die Eigenart gehabt haben, sich in dunklen Zimmern aufzuhalten um seinen Phantasien und Gedanken besser freien Auslauf zu lassen. In späteren Jahren waren es dann nächtliche Schlittenfahrten und ähnlich exzentrische Aktivitäten, vom Personal mit Verwunderung wahrgenommen und später (mit entsprechender Anleitung der psychiatrischen Betreuer wie Prof. von Gudden) als "Verrücktheit" bzw. Geisteskrankheit umgedeutet.

Die Persönlichkeit des Königs war komplex und vielseitig, er war ein engagierter Naturliebhaber, interessiert an Kunst, Architektur, Musik, was er zu einem "Gesamtkunstwerk" zu vereinen suchte. Wie wir wissen, fand dies seinen Höhepunkt in der Ausführung seiner Schlossanlagen, die bis heute als einzigartig gelten.

Von der Tagesrealität, insbesondere der Politik, hielt er sich zunehmend fern, wahrscheinlich in erster Linie motiviert durch die entwürdigende und entmündigende Behandlung von Seiten seiner Regierung. Mehr und mehr kreierte er seine eigene Welt, inspiriert von der Geschichte und Kunst des Mittelalters, Wagners Lyrik und Musik. Dies rechtfertigt allerdings kaum das Bild eines märchenhaften Träumers, der sich der Realität verweigerte, wie immer noch behauptet wird.

Es ist sicher richtig, dass er sich zunehmend von dem Rummel gesellschaftlicher Verpflichtungen fernhielt, wie Empfängen, Bällen, Hoftafeln u.ä. Trotz allem schien er durchaus in der Lage, bis zu seinem Ende seinen Pflichten als Monarch nachzukommen. Nach Ansicht des preußischen Gesandten bezogen sich Ludwigs eher exzentrische "Eigentümlichkeiten" ausschließlich auf Privatangelegenheiten, Regierungsgeschäfte hatten darunter nicht zu leiden.

Der bis kurz vor seinem Tode anhaltende Briefwechsel mit seinem Cousin Ludwig Ferdinand offenbart größtes Interesse an politischen Themen und Regierungsfragen. Gleichzeitig wird Ludwigs Verzweiflung und Frustration deutlich: Er sucht nach Rat, wie er sich gegenüber seinen Ministern verhalten soll, es scheint, er kann es ihnen nicht recht machen, egal ob er sich aktiv engagiert oder zurückzieht. Es ist bemerkenswert, dass diese Briefe nach wie vor nicht im Detail veröffentlicht worden sind, man muss sich nach den Gründen fragen.

Ludwig lebte also nicht, wie oft behauptet, in einer wagnerianischen Phantasiewelt, verschwenderisch und unfähig und von Bausucht geplagt, wie ein bekannter deutscher Psychiater (Gauweiler, 2006) erst kürzlich behauptete.

Dieser Lebensstil, also sein Unwille seine Lebensphilosophie und seine privaten Interessen der Politik zu opfern oder gar zu teilen, lässt sich vielleicht als Reaktion auf die brutale Machtpolitik deuten, die das Ziel der deutschen Reichsgründung mit anschließender Gleichschaltung verfolgte.

So hatte Ludwig 1866 den Fehler gemacht, sich im Deutschen Bund zusammen mit Österreich gegen Preußen zu verbünden. Nach der Niederlage wurde er dann 1870 mehr oder weniger gezwungen und erpresst, den preußischen Feldzug gegen Frankreich und die Bismarck'sche Kaiserkrönung zu unterstützen. Gleichzeitig hatte es Bismarck verstanden, die antikatholisch-liberalen Tendenzen der bayerischen Staatsregierung unter der geistigen Führung des Ministerratsvorsitzenden Johann von Lutz für seinen Kulturkampf gegen die katholische Kirche zu gewinnen. Für Ludwig, verankert im katholisch-konservativen Gottesgnadentum, muss dies eine unerhörte Provokation gewesen sein.
Es war wohl auch zu dieser Zeit, dass er zum letzten Mal sein Land bereiste, fortan zog er sich in die Welt seiner Schlösser zurück, die er als Gesamtkunstwerke zu realisieren suchte. So wird z.B. berichtet, dass er sich insbesondere mit der Figur des Parsifals, dem "edlen" Ritter aus der Sage um König Artus, identifizierte, dies war die symbolhafte Mitte seiner mittelalterlichen Schwärmereien. "Parsifal" sei auch der Name gewesen, mit dem Richard Wagner und andere Freunde den jungen König im privaten Kreis riefen. Vielleicht ist Wagners gleichnamige Oper, d.h. die Thematik um den Heiligen Gral und die Sehnsucht nach Erlösung, durch die Beziehung mit Ludwig inspiriert worden? So zog sich Ludwig mehr und mehr in ein introvertiertes Privatleben zurück. Sein Volk, das ihn liebte, sah ihn zunehmend als mystisch-märchenhafte Figur.

War Ludwig II. ein absolutistischer Herrscher? Historiker scheinen sich uneins, aber es ist merkwürdig und zugleich paradox, dass er offenbar politische Entscheidungen traf, die seinen eigenen Interessen und denen der katholisch-konservativ-patriotischen Mehrheitsverhältnissen im Landtag zuwider liefen. Nur um zu demonstrieren, dass er ein mächtiger König war?

Wie kam es zu dieser Entwicklung? Es ist wahrscheinlich, dass Ludwig von Jugend an sehr schlecht auf seine Königsrolle vorbereitet war. Mit 18 war er weder ausgereift noch ausgebildet, um die königliche Verantwortung zu übernehmen, insgesamt muss dies eine äußerst stressvolle Überforderungssituation gewesen sein. Es ist anzunehmen, dass dies Ludwigs Beeinflussbarkeit und Urteilsvermögen stark beeinflusst hat, vielleicht erschienen ihm als jungem Menschen die scheinbar liberalen Ideen von Ministerpräsident von Lutz, seinem späteren Widersacher, zunächst sogar attraktiv?
Man sollte auch nicht vergessen, dass der zu Anfang der Regierungszeit noch unerfahrene Monarch von der machtbesessenen Lutzgruppe zunehmend bedrängt und ihm wenig politischer Spielraum gegeben wurde. Man wollte die eigenen politischen Ambitionen nicht durch einen aktiv gestaltenden und ideenreichen König verhindert sehen. Ludwigs Versuch, sich durch Beförderungen und Anerkennungen seiner Widersacher beliebt zu machen, schlug ins Gegenteil

um: Sie wurden nur noch mächtiger und unkontrollierbarer. Fest steht, dass er dem Machtgerangel der Minister nicht gewachsen war, schon gar nicht mit seiner "Gefälligkeitspolitik". Wie sich später zeigte, war dies der falsche Weg um sich Respekt bei seiner Regierung zu schaffen.

Vor diesem Hintergrund kann man vermuten, dass eine graduelle Entmündigung schon frühzeitig geplant wurde. Der zu erwartende Rückzug Ludwigs wurde dann perfiderweise als Geisteskrankheit bewertet, die dann ein formales Entmündigungsverfahren rechtfertigen sollte.

Besonders tragisch sind Ludwigs Fehlentscheidungen bei der Auswahl und Beförderung seiner Minister. Insbesondere von Lutz wurde von Ludwig mit Ehrungen und Beförderungen überschüttet. Das Resultat war eine liberale, preußenfreundliche Regierung, angeführt von Ministerpräsident von Lutz, die das favorisierte kleindeutsche-protestantische Modell zur Reichsgründung unterstützte.
Im finanziellen Krisenjahr 1886 wurde deutlich, dass Ludwig von dieser Seite keine Unterstützung zur Sanierung seiner Kabinettskasse erwarten konnte. Sogar eine von Bismarck vorgeschlagene und von Ludwig vorbereitete Eingabe an den Landtag wurde von Lutz und seinen Verbündeten hintertrieben. Es gilt als sicher, dass die patriotisch-konservative Mehrheit dort alles getan hätte, um die finanziellen Mittel, insbesondere zur Vollendung der königlichen Schlösser, bereitzustellen. Man kann vermuten dass dieses Problem bei Ministerberufungen aus diesem Lager niemals entstanden wäre.

Kurz vor seiner Inhaftierung in Neuschwanstein schien Ludwig zu ahnen, worum es wirklich ging. So soll er zu seinem Flügeladjutanten Graf von Dürckheim-Montmartin folgende Äußerung gemacht haben: "Was beabsichtigt man mit mir? Man kann mich doch nicht als einen Wahnsinnigen behandeln? Das Ganze ist eine Geldfrage. Wenn mir jemand hier auf den Tisch ein paar Millionen Mark legte, wollte ich sehen, ob man mich für wahnsinnig halten würde" (zit. v. Gauweiler, 2006, S. 107).

Für die Lutz Clique ergaben sich aus dem letztlich wohl erwünschten Rückzug des Königs aus der Tagespolitik zwei Perspektiven: Es ermöglichte den Ausbau seiner persönlichen Hausmacht und lieferte Rechtfertigung für die Entmündigungskampagne, die still und heimlich vorangetrieben wurde, und die, wie wir heute wissen, jeder moralischen, wissenschaftlichen und gesetzlichen Grundlage entbehrte (s. Gauweiler, 2006). Die Motivation hierfür ist wohl in einer panischen Angst der Lutz Politiker zu suchen, die wahrscheinlich eine Entmachtung durch die konservativen Kräfte fürchteten.

Die von Professor Wichmann ausgewählten intimen Porträts von Joseph Albert, dem Fotografen dem Ludwig vertraute und der fast sein ganzes Leben begleitet, scheinen im Gesichtsausdruck bzw. entsprechenden Veränderungen Aufschluss über den langen unausweichlich tragischen Leidensweg des Königs zu geben.

In der tragischen Endphase wird Ludwig zunehmend dem, was man heute als "Psychoterror" bezeichnen würde, ausgesetzt: Der Psychiater von Gudden wird damit beauftragt, auf der Basis von Ludwigs "Eigenarten" eine Geisteskrankheit zu konstruieren und scheut sich nicht davor zurück, die Umgebung des König darüber zu instruieren und fortan zu instrumentalisieren. Dazu gehörten Entwürdigungen und Bloßstellungen vor dem Personal und Ministern. Dies ist umso erstaunlicher, da von Gudden bis zu diesem Zeitpunkt eigentlich als progressiver Psychiater galt, der sich in seinen Veröffentlichungen wiederholt gegen Druck- und Zwangsmaßnahmen im Umgang mit Patienten ausgesprochen hatte (Gauweiler, 2006). Ebenso verwunderlich ist, dass zu keinem Zeitpunkt der König einer klinisch-psychiatrischen Untersuchung unterzogen wird.

Es ist anzunehmen, dass diese unmenschliche Prozedur bei Ludwig panische Angst, Paranoia und Vermeidung auslöste, nicht zuletzt motiviert vor dem Hintergrund seines Bruders Otto, der sich zu diesem Zeitpunkt bereits viele Jahre in psychiatrischer "Haft" befand und nach allem was wir wissen, äußerst brutal behandelt wurde. Ludwig versank in Gefühle der Hilflosigkeit und Depression, wenn er Zeuge solcher "Folterungen" wurde. In der Folge, wie man häufig in der Psychiatrie beobachten kann, wurde Ludwigs Unwille, sich diesem Urteil zu fügen und dadurch verursachte Verhaltensstörungen, als weiterer Beweis für seinen "Wahnsinn" bewertet, den er angeblich verleugnete. Das ging soweit, dass man Ludwig eine "ungemeine Geschicklichkeit" unterstellte, seine "Geistesstörung" zu verbergen.

Mit anderen Worten, egal ob er sich "eigenartig" oder "normal" verhielt, beides galt offenbar als Beweis für seine Gestörtheit und somit Unfähigkeit, seine Rolle auszuüben. Eine Zwickmühle aus der es keinen Ausweg mehr gab.

Ludwigs Verwirrung und Hilflosigkeit zeigt sich besonders deutlich in seinen Worten an Wachtmeister Ferdinand Boppeler nach Eintreffen der ersten so genannten "Fangkommission" auf Schloss Neuschwanstein: "Herr Wachtmeister, helfen Sie mir – geben Sie mir einen Rat, was muss ich tun? Es ist eine Entmündigungskommission gekommen, man will mich wegbringen und mein Onkel Luitpold Besitz von der Krone ergreifen. Mich des Thrones entsetzen, schmerzt mich nicht, aber mich für irrsinnig lebend begraben, mich von den Wärtern mit Fäusten schlagen lassen wie mein Bruder Otto nein! Dies ertrag ich nicht, ich bin ärmer wie ein Bettler, der kann die Gerichte in Anspruch nehmen, ich als König nicht." (zit. Gauweiler, 2006, S.93).

Insgesamt kommt man nicht umhin zu erkennen, dass hier die Psychiatrie, repräsentiert durch Prof. von Gudden, zum Handlanger des Staatsapparates wird. Dies ist im Detail überzeugend von Peter Gauweiler dargestellt worden (Gauweiler, 2006). Es entsteht der Eindruck, dass die Psychiatrie bemüht war, alle negativen und absurden Gerüchte und Anschuldigungen, die vorsätzlich in Umlauf gebracht waren, als Beweis in ihrer Expertise zusammenzufassen. Die Darstellung eines Ministers Fäustle fasst die Meinung der Regierung treffend zusammen: "Er lebte wie ein Ungeheuer und starb wie ein Ungeheuer" (zit. v. Glowasz, 2005).

Es ist bedauerlich, dass nur einige wenige aus Ludwigs Umfeld hierzu kritische Stellungnahmen machten und den Mut hierzu aufbrachten. Ludwigs Flügeladjutant Graf von Dürckheim-Montmartin stand ihm bis zuletzt bei und wurde dafür als Hochverräter angeklagt und kam lediglich durch eine Intervention Bismarcks nach seinem Tod wieder frei. Ludwigs ehemaliger Leibchirug Dr. Schleiss von Löwenfeld, der ihn seit seiner Kindheit genauestens kannte, wurde kaltgestellt (als Mitglied der Untersuchungskommission), nachdem er Guddens Gutachten öffentlich kritisiert hatte. Insbesondere hatte Schleiss von Löwenfeld Ludwig "gesunde Urteilsfähigkeit" und "guten Takt" bescheinigt (zit. Gauweiler, 2006, S 98).

Professor Wichmanns langjährige Forschungsarbeit hat das Ziel, Ludwig zu rehabilitieren. Nunmehr muss feststehen, dass er kein Mörder war, vielmehr wurde er ermordet! Aber fast noch wichtiger ist es ihm, auf die Interessen und Verdienste dieses Königs zu verweisen, vor allem im Bereich der Architektur und Kunst. Hier offenbaren sich viele neue Perspektiven, die sicherlich zu einer Revision der Persönlichkeit Ludwigs führen müssen. Der Leser mag sich selbst hierzu ein Urteil bilden.

Professor Dr. Michael Bruch London Metropolitan University, im Mai 2007

# Literatur

Gauweiler, P (2006) Bernhard von Gudden und die Entmündigung und Internierung König Ludwig des Zweiten aus juristischer Sicht. In: H Hippius und R Steinberg (Hrsg.) Bernhard von Gudden. Springer: Heidelberg

Glowascz, P (2005) Eine Betrachtung zur erforderlichen Rehabilitation des Märchenkönigs. Vortrag anlässlich des 119. Todestages im Hotel Hirsch in Füssen, Bayern.

# Die Tötung des König Ludwig II. von Bayern

Vorliegendes Buch, mit einer 28-jährigen Vorarbeit, unterliegt einer wesentlichen Gliederung, es ist aufgebaut auf dem Tod des Königs und vorwiegend auf der Gegenüberstellung der Freunde und der Feinde des Königs. Weiterhin werden Teilbereiche seiner vom Islam bestimmten Werke hervorgehoben. Ein wesentlicher Beitrag sind daher die neu aufgefundenen Briefe und Aufzeichnungen des Leibarztes König Ludwigs II., Obermedizinalrat Dr. Maximilian Schleiss von Löwenfeld. Die gesamten Objekte und Aufzeichnungen von Dr. Schleiss von Löwenfeld werden in Teilbereichen veröffentlicht und sind auf außereuropäische Archive verteilt.

## König Ludwig II. von Bayern – seine Freuden und seine Leiden

Die Gestalt des Königs Ludwig II. steht auch heute noch im Mittelpunkt des Interesses der bayerischen Bevölkerung. Legenden und Wahrheiten hatten sich über viele Jahre gebildet und es war schwer, die zahlreichen Schilderungen wahrzunehmen und sie zu kommentieren.

Das 19. Jahrhundert war mit dramatischen Vorfällen, mit unglaublich zugespitzten Erzählungen, mit konkreten Wiedergaben und phantastischen Schilderungen angefüllt. Die Gestalt des Königs war immer abgehoben von dem realen Dasein und damit kam es zu den widersprüchlichsten Behauptungen, die natürlich von seinen Feinden benutzt wurden.

Das vorliegende Buch geht den Weg der kurzen Zusammenfassung seines Lebens. Entscheidend sind Umwelt und Umgebung, vor allem aber steht die Schilderung des Todes im Mittelpunkt dieser Untersuchung und immer wieder wird die Frage gestellt: Welche Eigenheiten prägten den König?

Für den Sohn hatte der Vater Maximilian II. von Bayern wenig Zeit und es kam im Laufe der Jahrzehnte nicht zu einer unmittelbaren Annäherung.

Der Jüngling hatte sich schon frühzeitig für Wissenschaft und Kunst interessiert, und das Theater im Sinne der Bühnenaufführungen von Richard Wagner stand bald im Mittelpunkt der Bewunderung des Kronprinzen. Die Mutter, aus dem Geschlecht der preußischen Hohenzollern, zeigte wenig Verständnis für die Interessen des Sohnes. Wohl des Öfteren hat sie in ihrer trockenen Einstellung dem Phantasiereichtum des Kronprinzen enge Grenzen gesetzt oder diesen gar nicht erkannt.

Bestimmt von einer Erbcharakterologie, so lässt sich verallgemeinernd sagen, waren die Kinder der Königin Marie und des Königs Maximilian II. wesentlich von der Seite der preußischen Mutter.

Ludwig saß bereits als Junge in verdunkelten Räumen, er konnte dann seine Phantasie bedeutsam entfachen und war voller Anregungen, die ihm diese Stunden vermittelten. Ludwig als Jüngling benötigte dringend einsame Stunden, in denen er nachdachte.

Diese Eigenheit, die durchaus schöpferisch war, wurde ihm zur Last gelegt.

Innerhalb der königlichen Familie nämlich waren zahlreiche Moralmaßstäbe gleichsam fest im Tagesablauf eingebaut. In Gedanken als Fischer am Ufer zu sitzen und die Leine auszuwerfen, war in der Tat eine oft durchgeführte träumerische Handlung, in der Ludwig durchaus seine Eigenheiten und seine Ideen festigen konnte. Der Kronprinz wurde wie ein gewöhnlicher Gymnasiast unterrichtet, jedoch waren die Lehrer lediglich interessiert, allgemeines Wissen zu vermitteln und gingen auf die Begabungen des Kronprinzen nicht ein. Dagegen war Französisch, die damalige europäische Hofsprache, für ihn ein ungemein interessantes Idiom der Kommunikation, und er hat bis ins späte Alter die französische Sprache geschätzt und altfranzösische Interpretationen durchgeführt.

Es ist wichtig zu wissen, dass die schulische Ausbildung bei weitem nicht im Sinne einer bedeutsamen Stärkung des kommenden Regenten gestattet worden war.

Nicht umfassend ausgebildet trat Ludwig in seinem 18. Lebensjahr, gleichsam in der Art eines Studienanfängers, in den Stand der königlichen Aufgaben.

Hinzugefügt werden muss, dass die Ausbildungen stets unterbrochen wurden. Seine besonderen Anlagen konnten deshalb nicht erkannt werden, viel eher ist anzunehmen, dass er sich dieses Wissen bereits selbst verschaffte und dass die Eltern diese Anlagen daher nicht wahrnehmen konnten.

Der talentvolle Kronprinz wird heute im Allgemeinen nicht richtig beurteilt. Er hatte bereits systematische und ganz bestimmte Vorstellungen, die er sich angeeignet hatte, wobei die Fähigkeit der richtigen Anwendung dieser Gedankengänge erst in die Tat umgesetzt werden musste.

Es ist umso erstaunlicher, dass Ludwig II. von Bayern diese schnelle weitere Entwicklung in der Erfüllung seiner königlichen Aufgaben durchschreiten konnte. Als besonders sympathisch ist festzustellen, dass der Kronprinz Bedeutung von Orden und Ehrenzeichen nicht kannte und dass er sie deshalb teilweise falsch anlegte. Bei Besuchen konnte es vorkommen, dass er seinen Regenschirm weiter in der Hand hielt, wenn er auch bereits die Räume betreten hatte. Ludwig trug mit Vorliebe seine zivile Kleidung, die ihn gleichsam wie ein Schutz umgab.

Im Mittelpunkt stand aber, dass Ludwig ein hervorragender Reiter war und dass er sich sehr wohl der Pferdezucht annahm und dass ein großer Teil seines Wissens auch in diesem Bereich schon frühzeitig erweitert wurde. „Das Katholische, zumal in einem barocken Land und in einer neugotischen und neuromanischen Stadt, bot Anregungen für einen phantasiebegabten Knaben“.

Er baute Kirchen aus Klötzen, stellte ein „heiliges Grab“ auf, kostümierte sich als Klosterfrau (ein Zeichen der fehlenden Mutterliebe), er spielte Fronleichnamsprozessionen.

„Ludwig hörte mit Freuden zu, wenn ich ihm biblische Geschichten erzählte“, erinnert sich die Mutter, „zeigte Freude am Theaterspielen, liebte Bilder und dergleichen, hörte gern vorlesen“. Auch las Ludwig selber gern und viel, nach Meinung der Mutter viel zu viel, für ihren Geschmack studierte er vor allem „zu Abwegiges und Ablenkendes“.

Er las das Nibelungenlied und den Torquato Tasso, Shakespeare, Grillparzer, Hebbel, vieles von Goethe aber mit am liebsten doch Schiller, bei dem er alles zu finden glaubte, was er in der Literatur suchte: Phantasie und Pathos, Klassik und Romantik, Erbauung an der Geschichte und Nutzanwendung für die Gegenwart. Seine Sensibilität wurde zur Grundlage einer bedeutsamen Kreativität. Seine Fähigkeit, sehr stark zu empfinden, wurde in Teilbereichen in eine Irritabilität (Reizbarkeit) umgewandelt. Das „Sensitive“ empfing im Laufe der Zeit eine noch stärkere Empfindsamkeit und eine Reaktionsbereitschaft, mit gewissen Ansätzen neurotischer Eigenheiten, die aber Ludwig als Kronprinz immer im Griff hatte.

Als König entwickelte er eine streng bewahrte Sensibilisierung, er kontrollierte sich selbst auf seinen langen Ritten und er konnte sich auf die ihm auferlegten Pflichten einstimmen. Die Phantasiebegabung führte ihn zu Sonderleistungen, Ludwig II. wurde dadurch immer vielfältig belohnt. Das erweckte bei den Schergen Neid. Die umfassenden Aufgaben, denen sich König Ludwig II. stellte, waren ihm nützlich im Kampf gegen die Lutz-, Gudden-, Holnstein-, Freyenstein-Unterdrückung; Unbewusst-Sein ist kein Nicht-Sein. Der Monarch verdrängte über viele Jahre die feindliche Dominanz; es war eine Teilanpassung an die Realität – er war nicht gebunden.

Ludwig II. von Bayern hatte ein überstarkes Bedürfnis nach Bestätigung von außen zur Stützung gewisser Selbsturteile. Selbstkritisch, aber auch durchaus mit jedem Erfolg zufrieden und steigerungsbereit, entschloss sich der König für die Umsetzung seiner Umgebung durch die Architektur und durch das Erlangen historischer Bedeutsamkeiten innerhalb dieser Architektur.

Im Gegensatz zur sensitiven Einstellung entwickelte sich eine expansive neue Möglichkeit, mit allen Registern diese neue Tat der Architekturen, der baulichen Leistungen voranzutreiben.

Falsche Informationen und unreflektierte Normen, die der Hof in München vermittelte, ließen den König stärker Abstand von der höfischen Umgebung nehmen, und die Suche nach der unmittelbaren Weiterführung der großen architektonischen Aufgabe stand dadurch noch mehr im Mittelpunkt sämtlicher Aufgabenbereiche.
Der König unterlag seinen eigenen Wünschen der Selbsteinschätzung und vor allen Dingen der quantitativen Bestimmung aller Neigungen, die sehr wohl durch den großen Aufgabenbereich der königlichen Anpassung, das Unverständnis der umgebenden höfischen Diktatur als Veränderung wirkte und zu Spannungen führte.

Es ist heute immer noch unverständlich, wie König Ludwig II. die Kräfte aufbrachte, um mit den Widerständen der intellektuellen Öffentlichkeit fertig zu werden. Trotz aller Hinweise auf die wenig gebändigte und vom Neid bestärkte Korrektur am König, sollten diese diesen Mann des Volkes nicht verunsichern, der Monarch blieb seinem Ziel treu. Er verstand dieses Bayernland und lenkte es in die richtige Bahn. Die Feinde des Königs, nunmehr in den Mittelpunkt der Staatsgewalt und der politischen Ordnung gerückt, versuchten Missgunst gegen den König zu säen, indem künstliche Probleme geschaffen und Emotionen geschürt wurden.

Die 70er Jahre des 19. Jahrhunderts waren bestimmt von den politischen und militärischen Spannungen in Europa, in Deutschland und auch vor allen Dingen in Bayern. Die Bevölkerung stand unter großem Erwartungsdruck, den sich Johann Lutz, ein trockener Jurist, zunutze machte, um im Bayernland soziokulturelle Normen in schlagworthafte Werte und simple Kombinationen umzuwandeln.

Unauffällig sollten experimentelle Effekte des Juristen Lutz in kleine anwendungsrelevante Schlagworte dem königlichen Herrscher entgegengestellt werden, damit wollte man das Gottesgnadentum des Herrschers brechen, um die Hierarchie der Lutz-Vorstellungen dem allgemeinen Klima in Bayern anzupassen. Johann Lutz war ein ehrgeiziger Jurist, der keinerlei Vorstellung und überhaupt keine künstlerischen Ambitionen hatte, diese auch nie pflegte. Er war nicht in der Lage, die geniale Bismarck'sche Devise politisch umzusetzen, da er Bismarck nicht verstand und vor allen Dingen nicht das Repertoire besaß, den Denkungsvorgang in dieser Richtung zu verselbstständigen. Lutz war ein Jurist, der nur intellektuell denken wollte und der vor allen Dingen auch die zukunftsträchtigen Voraussetzungen des Gottesgnadentumes verlachte und nicht innerhalb seiner politischen Karriere anerkennen wollte. Lutz war nur in der Lage, schwache Assoziationen aufzumischen, um ein neues Politikverständnis darzulegen.

König Ludwig II., der eine kontinuierliche Politik, auch im Sinne seines bayerischen Volkes, vertrat, hatte Staatsminister Johann Lutz im Jahr 1878 in den Adelsstand erhoben.

Lutz erblickte darin eine Schwäche des Königs. Er hatte seine Ministerernennungen sowohl im politischen wie auch im kulturellen Bereich benutzt, obwohl er die gesamten Aufbauten dieser Denkungsart nicht verstand. Der Staatsminister Lutz, der viel über seine eigene Karriere nachdachte und sie auch förmlich selbst bediente, war von König Ludwig II. aus Gründen der politischen Diplomatie in den Adelsstand erhoben worden. Obwohl dieser Mann einer der ganz schwachen Vertreter des Kulturkampfes in Bayern und in Europa war, suchte sich der spätere Justizminister Johann Freiherr von Lutz aus der Schwäche heraus in König Ludwig II. von Bayern einen Feind, den er gleichsam mit negativen Stoffanhäufungen konfrontierte, um damit den König mit bedeutsamen „negativen Ereignissen“ zu belasten.

Ein von Lutz geplanter politischer Kleinkrieg gegen den König zeigt diesen Mann in seiner hasserfüllten Einstellung deutlich, zumal er seinen höchsten Ehrgeiz in die Waagschale legte, um den König zu vernichten. Denn zu der Zeit, als der König ihn zum Minister erhob, hatte Lutz den Tod des Königs bereits im Visier.

Minister Lutz benötigte für sein politisches Überleben in Bayern Verwerfungen, auch Verneinungen, vor allen Dingen Ablehnungen, die er sich selbst aufbaute, um den anerkannten jugendlichen, strahlenden König in sein politisches dunkles Visier zu zwingen, denn er brauchte die totale und komplette Verleugnung, um seine eigene Erfahrung und sein karges Wissen aufzubauen. Dafür benötigte Minister Lutz geduldige Helfer, die er sich unterwarf, wie z.B. Dr. Bernhard Alois von Gudden. An zweiter Stelle fand er in dem Grafen Max von Holnstein einen wenig königstreuen Grafen, der bereit war, als Übeltäter jeglichen Auftrag zu übernehmen. Drittens den Irrenarzt Dr. med. Franz Carl Müller, der Assistenzarzt von Guddens war und der in tief ergebener Abhängigkeit von diesem alle brutalen Untersuchungen rechtfertigte. Ein weiterer Mittäter war Freiherr von Crailsheim und, vor allem beachtlich und immer noch ziemlich unbekannt, der Prinzregent von Bayern mit seinen Söhnen, vertreten durch Freiherrn von Freyschlag von der Geheimkanzlei.

Lutz war nun Anführer aller Verwerflichkeiten, die gleichsam ohne Hemmungen ausgeführt wurden, um den Gegner zu vernichten.

Um nur einen Umstand seiner langen Verfolgung des Opfers zu charakterisieren, muss erwähnt werden, dass Lutz die Tagebücher von Ludwig II., die er sich im geheimen Archiv erschlichen hatte, in seiner Privatwohnung deponierte und sie dort kopierte und veränderte, ein brutaler Akt, denn sein Stiefsohn verkaufte den Raub seines Vaters für hohe Werte.

Zwischen den aufgeführten und benannten Personen und den vielfältigen Abhängigkeiten versuchte König Ludwig II. gewisse Abwehrmechanismen aufzubauen, da er erkannt hatte, welche rüde Feindschaft nun auf ihn zukommen würde.

Der König konnte sich diesen fremden Manipulationen gegenüber oftmals nicht erwehren, daher suchte er Zuflucht in seiner äußerst fein ausgebildeten Phantasiewelt, die seiner traumhaften Vorstellung entsprach.

Die Verdichtung seines Wissens war ein positiver Grenzzustand des Königs und gleichzeitig eine große Hilfe, die ihn abschirmte.

Ludwig II. konnte mehrere latente Traumgedanken, Vergangenheit und Gegenwart, zu einer Bildeinheit verbinden. Die Anmutungen, die von der Architektur Ludwig II. ausgehen, zeigen bis heute wichtige Gefühlsskalen, die sich im Laufe der Zeit auswechselten. Sehr deutlich ist erkennbar, dass sich in den Touristenströmen, die die Ludwig-II.-Bauten in Bayern besuchen, sich die Traumgedanken des Königs tatsächlich zu einem Bild des Traumes entwickelten.

Das Erlebnis innerhalb der Besucherscharen auf Neuschwanstein, Linderhof, Herrenchiemsee u.a. und die zu beobachtenden Wahrnehmungsphasen der Touristen sind im Grunde genommen Kontemplationen des Königs selbst. Ludwig II. hat nicht nur gebaut, sondern er hat bis zum heutigen Tag durch seine Architektur eine ganz bestimmte Stimmung hervorgerufen, die weltweit, auch vor allem bei den Besuchern, das Gefühl einer Bewunderung erbringt, sodass es durch

Touristenführer keiner Verständlichkeitsforschung bedarf, weder bei den Führungen noch vor den Projekten.

So kommt es, dass Ludwig II., König von Bayern, noch heute weltweit Bildzeichen setzt.

Erstaunlich ist hierbei, dass das Empfangen der Signale weder abhängig ist von einer hohen Intelligenz, von sozialen Schichtungen oder vom Alter. Es ist eine neue Welt, die sich mit der alten Welt verbindet, es ist ein Gewinn für Kenner und Laien, Herrscher und Planer, die in das Zentrum des neuen Interesses rücken müssen. Damit bleibt die Bedeutung Ludwigs II. als Herrscher und Planer im Mittelpunkt dieser Erlebnisse und Erfahrungen immer gegenwärtig.

# Der Schrecken und die Gruppengewalt

Die Zeit, in der Ludwig II. von Bayern würdevoll regieren konnte, war kurz. Das 19. Jahrhundert unterlag zahlreichen politischen Psychosen und abgründigen Entwicklungen. Für den Schilderer der Ausmaße dieser Vorgänge steht die Gewalt im Mittelpunkt der jeweiligen Entwicklung. Die negativen Energien beginnen sich zu steigern. Die innere Anspannung der Gruppierungen nimmt zu – in den politischen Auseinandersetzungen äußern sich unruhevolle affektbetonte Stimmungen, die hier in der Verfolgung des Monarchen zu beobachten sind und die anderswo in den Königs- und Zarenmördern anschaulich werden.

Es ist festzustellen, dass in den Grausamkeiten Ermüdungen und Sättigungen der Gewalt auftreten. Die Verfolgung von König Ludwig II. von Bayern unterliegt diesen Entwicklungen in gestaffelten Abläufen.
Ausgehend von einer Person, die um ihre Macht fürchtete, wie Lutz – wurde ein künstliches Problem zur Ablenkung der sich bildenden Negationen erdacht und durch die politischen Medien verbreitet. Die immerwährende Wiederholung der Beschuldigungen fand affektbeladene Teilnehmer wie Prof. Gudden, Graf Holnstein, Dr. C.F. Müller, Freiherr Freyschlag mit seinem Kreis, sie alle unter der Führung von Minister Johann Freiherr von Lutz.
Diese Gruppe, ehemals vom König begünstigt, baute ihre Maskierung auf einer Idee auf, die gleichsam wie ein Ansteckungsphänomen zu wirken begann. Die Vorstellungen von Lutz und Gudden waren zunächst undeutlich, erhielten jedoch mit sich bildenden Wahrnehmungen diese neuen Bedeutungen. Gudden erhoffte sich wissenschaftliche Anerkennung, Lutz dagegen politischen Gewinn. Hinzu kam Graf von Holnstein mit wüsten Vorstellungen und negativen Phantasien. Das Gottesgnadentum war erloschen mit der Erschießung Kaiser Maximilians 1867 in Mexiko. Die Attentate auf die Monarchen Europas mehrten sich.
Der Umgang mit König Ludwig II. wurde schärfer, die Vorurteile subjektiver, sämtliche Schranken gegenüber dem Souverän gingen verloren, ein verwüstender Tötungstrieb setzte ein. Wie in einzelnen Passagen nachgewiesen werden kann, sind die Beteiligten oft von euphorischen und depressiven Stimmungslagen abhängig.

1.) Dass Lutz die Tagebücher von König Ludwig II. raubt, um Beweise zu haben „wenn alles herauskommt“, ist aufschlussreich.

2.) Dass Holnstein höhnisch und euphorisch sein Angelgerät mitnimmt, auf die Fangsituation Königs Ludwig II. in Hohenschwanstein –, dass er den Reichsräten im Regierungsapparat euphorisch den Schund und geistigen Abfall seiner Stallknechte mit Freuden übergibt.

3.) Dass er ein „Souper de sa Majesté le roi“ mit den Irrenpflegern der Anstalt seines Bruders arrangiert und durchführt.

4.) In seiner depressiven Phase sagte er dann, „er (Holnstein) wolle blind werden, wenn ihn eine Schuld am Tode des Königs träfe“.

Gudden gab sich Lutz gegenüber stets euphorisch, doch er sagte dann äußerst depressiv seiner Frau beim Abschied: **„Ich komme wieder, lebendig oder tot".** Auch bei Dr. Carl Müller können wir in seinem Bericht von 1929, „Die letzten Tage Ludwig II." die depressive Aufarbeitung mit euphorischen Passagen nachweisen. Der Erfinder und Lenker der so genannten Geheimkartei, Freiherr Freyschlag von Freyenstein, der enge Vertraute des Prinzregenten Luitpold von Bayern, fiel durch seine Verdrossenheit auf, die er fast neurotisch zur Schau stellte, denn er wollte sämtliche Unzulänglichkeiten **gegen sich absichern.** Freyschlag ging soweit, dass er sogar das Kriegsministerium unter seine Macht zwingen wollte, fern jeder wirklichen Anteilnahme.

Es ist interessant, dass nach dem Tode Ludwig II. die Erkundungsgespräche über seinen Tod weiter geführt wurden. Gespräch und Information haben bis heute nicht nachgelassen.

Einmal oder in die Zukunft hinein Gedachtes steigert die Phantasie, aber auch den Willen über die Wahrheit.

Die Forschung in diesen Bereichen muss eine viel umfangreichere und unbefangene Leistungsfähigkeit entwickeln, ohne **Vermessenheit** und ohne dialektisches Scheindenken.

Die nüchterne Forschung ohne geheime Zentren bringt neues Licht in die Thematik und führt zu neuen Verfügbarkeiten. Verständnis und Wissen ist die Quelle des historischen Ablaufes, sie sollte nicht mit geheimen Auflagen zerstört werden.
Ursachenforschung muss gefördert bleiben. Das Prinzip des Geschehens im Ablauf der Verfolgung und der Tötung des König Ludwig II. ist eine Gesamtheit von Vorgängen, aber eine ganzheitliche Folge von „Innen-Zuständen" der Feinde, sind Vorgänge in der Außenwelt; sie stehen dennoch in einmaliger innerer Erfahrung. Die Fotoreihe in dem hier vorliegenden Buch, die „Tötung des Königs Ludwig II." von Joseph Albert von ca. 1850-1886, zeigen diese Innenzustände.

Das Prinzip der gesetzmäßigen Verknüpfungen, die belastenden seelischen Vorgänge durch lange Vorbereitungen auf die jeweilige Lage, auf die Stimmung und die vielfältigen Unterstellungen gegen den König werden zur Qual gesteigert. Anhand der 40-jährigen Fotoreihe von Joseph Albert erkennen wir eine Art Tötung des Königs auf Zeit.
Die Lebensprozesse des bayerischen Königs Ludwig II. können daher in Teilbereichen erahnt werden.

# Joseph Alberts Porträtfotografie von König Ludwig II. von Bayern

Joseph Albert, der Fotograf des Königs, hatte sich auf seinem Anwesen in München eine Art „Tempel der Fotografie“ geschaffen mit Palmen, Draperien, echten Möbeln aus dem 16. und 17. Jahrhundert und einem Luxus, der die Anwesenden in eine bedeutsame Stimmung versetzte. Über die fotografischen Ateliers in Berlin und München berichtete die „Photographische Correspondenz“ Band II. 1865 und hob das Atelier des bayerischen Hoffotografen Josef Albert hervor. Diese Stätte der künstlerischen Ablichtung wird im lebensvollen Roman „Der Stimmungsvogel“ von F.W. Hackländer beschrieben. „Sämtliche Fotografen von Rang trieben diesen einmaligen Luxus, so auch Nadars in Paris (Baier, S. 511f). In einem der größten Wohnhäuser der breiten Avenue befand sich die Anstalt des berühmten Fotografen. Sie betraten den Vorsaal, ein großes Gemach mit dunkelroter Wandfarbe, auf der sich lebensgroße fotografische Porträts von Kaisern und Königen, auch interessante Köpfe berühmter Leute, schöne Frauengestalten, liebliche Kindergesichter stattlich abhoben. Auf einem Marmortisch in der Mitte lagen Alben und Fotografien der verschiedensten Größen durcheinander. In zwei Ecken des Gemaches sah man reizende Marmorfiguren zwischen hoch emporstrebenden Pflanzengruppen. Wenn der Chef der berühmten und weltbekannten Anstalt auch nicht sogleich selbst erschien, um die Angemeldeten zu empfangen, so hatten sie doch schon viel erreicht. Die große Aufnahmegalerie war ein herrlicher Raum, taghell wie die Straße, ... da die riesigen Fensterreihen, welche die ganze Seite einnahmen, gegen Norden gekehrt waren, und sich obendrein auch Vorhänge, bewegliche Wände und dergleichen zur Dämpfung des zuweilen grellen Lichtes vorfanden. Dabei war es ein freundlich lichter Raum, dem durch Pflanzen- und Blumengruppen, durch rankende Gewächse an der Fensterseite, durch zierliche Fächerpalmen in den Ecken sowie durch Springbrunnen alles steif Geschäftsmäßige genommen war. Dabei herrschte ein köstliches Durcheinander der verschiedenartigsten nötigen und unnötigen Gegenstände: Fauteuils, Lehn- und Schaukelsessel in den verschiedensten Größen und Formen. ... Man sah neben ernsthaften Balustraden und zierlichen Gittern, über welche der zu Fotografierende sich hinauszulegen pflegt, jene würdigen Piedestale von künstlichem Marmor, auf denen Urnen und Vasen stehen, sowie auch vielleicht das Brustbild eines Philosophen oder Dichters, den man sich zum Vorbilde genommen hat, und an welche – an die Piedestale nämlich – man sich in malerischer Haltung anzulehnen pflegt, ein halb geöffnetes Buch in der herabhängenden Linken. In ein paar Ecken erblickt man einen förmlichen Kinderspielladen, das Entzücken junger Damen und Herren von gewissem Alter, welche es ganz besonders lieben, das fotografische Atelier zu besuchen, weil es nirgendwo als hier so köstliche Dinge gibt... Mitten zwischen allen diesen Sachen sah man auf gespreizten Stativen die geheimnisvollen Maschinen, mit grünen Tüchern verhüllt, so bis zum entscheidenden Augenblick das gierige Riesenauge geblendet, welches deine Züge aufsaugen wird, um sie später in so schattenhafter und doch wahrer Gestalt als Negativ auf der Glasplatte erscheinen zu lassen. Trat man an die Fenster der Galerie, um in den zierlichen gartenähnlichen Hof hinabzuschauen, so bemerkte man auch da Dinge und Apparate von seltsam eigentümlicher Form, welche uns erscheinen wie die unbegreiflichen Gerätschaften eines mächtigen Zauberers.“ (W. Baier, Quellendarstellungen zur Geschichte der Photographie, Halle 1964, S. 511 ff).

Joseph Albert war in seiner Zeit ein anerkannter Fotograf, der neben A. Steinheil in München erhebliche Fortschritte in der Porträtfotografie erreicht hatte.
Albert verwendete schon 1867 das Pigmentverfahren zur Herstellung farbiger Papierbilder (Baier, S. 376) und fertigte 1874 das erste Bild von Ludwig II. in dieser komplizierten Technik. Zwischen dem König und dem Fotografen bestand ein enger Kontakt. Auch Albert hatte an dem Aufwand der Weltausstellungen teilgenommen. Durch das Trauma der sozialen Revolution, die sich im beginnenden 19. Jahrhundert vorbereitet hatte, waren neue stimmungshafte, tendenziöse, mythisch relevante, auch überzeitliche Vorstellungen im Kunstverbrauch üblich. Die „gute Stube" mit dem überladenen Vertiko im „Stil der Könige" war der Standard und konnte auf den Weltausstellungen gesehen und erworben werden.
Das Atelier Alberts zeigt im Kleinen den Einfluss der Weltausstellungen zwischen 1851 in London, 1853/54 in New York, 1854 in München, 1855 in Paris, 1857 in Bern, 1862 in London, 1867 in Paris, 1872/73 in Wien, 1876 in Philadelphia, 1878 in Paris. Nach Aufzeichnungen seines Sohnes Wolfgang Baier war es dem Vater ein Anliegen gewesen, sämtliche Weltausstellungen in Europa gesehen zu haben.

Albert hatte immer Zugang zu König Ludwig II. An die Stelle der Transzendenz der mittelalterlichen Königswürde trat nun das individuelle Verhalten des Monarchen, der seinem Land durch sein Wissen und Können eine allgemeinverständliche Bedeutung verschaffte.

Dadurch war die Entstehung des vierzigjährigen Bildniszyklus möglich, der für die heutige Ludwig II.-Forschung von Bedeutung ist, da die brutale Verfolgung und die stete Drohung der Widersacher Lutz, Holnstein, Gudden, Freyschlag Gestalt und Wesen des Königs Ludwig II. veränderte. Die hier zeitlich geordneten Aufnahmen von Joseph Albert mit den dazugehörigen Texten zur Situation des Königs Ludwig II. zeigen eine direkte Veränderung des Königs durch das Leiden, das die Widersacher ihm angetan haben.

Joseph Albert hat über vierzig Jahre lang von König Ludwig II. Porträtaufnahmen angefertigt. Die technische und gestalterische Brillanz dieser Aufnahmen ist gerade auch in der Auseinandersetzung Ludwigs II. mit der Staatsmacht in Bayern zwischen 1870 und 1885 von großer Bedeutung.

Albert hat es verstanden, bei aller königlichen Würde und Isolierung des Herrschers, einen Teil von dessen Ausstrahlung widerzuspiegeln. Wir können an den Fotografien Alberts ablesen, welche Qualen und Demütigungen König Ludwig II. erleiden musste, vor allem durch die skandalsüchtigen Biographen. Ludwig II. war rund zwanzig Jahre lang in einer extremen Abwehrhaltung, die andere Menschen und Charaktere nicht ausgehalten hätten.

Die zahlreichen Fotografien Alberts zeigen dem eingeweihten Betrachter auch die allmähliche Verschlechterung der Gesundheit des Königs Ludwig II. Albert war ein genauer Betrachter und ein origineller Fotograf, er hat die großartige Gestalt Ludwig II. in aller Würde dem bayerischen Volk nahe gebracht, indem er dem Dargestellten einen machtvollen, packenden Ausdruck verlieh. Bei aller monarchischen Erhöhung, die er mit einem poetischen Hauch verklärte, stand die

Erfassung des Menschen Ludwig II. im Lichte seiner Zeit. Ohne Rücksicht auf politische und geschichtliche Treue gibt die große geschlossene, erkenntnisreiche Fotoreihe eine Atmosphäre wieder, die einzigartig ist.

Wir haben uns deshalb entschlossen, diese informative Albert'sche Bildreihe in die dramatische und thematisch einmalige Darstellung des Todesganges dieses strahlenden Königs aufzunehmen, – zumal die verkommenen Feinde des Monarchen aufgrund ihrer ungezügelten Wut nicht mehr in der Lage waren, die eigentliche Normalität und Wahrheit zu begreifen.

Auffallend ist, dass es Joseph Albert gelingt, König Ludwig II. bildhaft zu erfassen, ohne dass dieser in seiner Erscheinung verblasst. Hingegen zeigen sämtliche Porträtaufnahmen Alberts, die er von den Feinden das Königs anfertigte, deren minderwertige Ausstrahlung in dem von dem Fotografen total gesehenen Gesichtszügen.

Gewiss gibt es in der Albert'schen Fotoreihe der Feinde des Königs geniale, korrupt verkommene und bösartige Physiognomien, aber sie sind unbedeutend im Vergleich zur Ausstrahlung des Königs. Die Schatten und Dunkelheiten lässt Albert in scharfer Beleuchtung hervortreten. Man kann dann die Formen mehr ahnen, doch weiß er die wichtigsten kleinen und unscheinbaren Dinge in der Beleuchtung hervorzuheben. In der Bildnisfolge steigert sich Albert zu einer äußerst eigenwilligen Aussage, die dann in den Aufnahmen des älteren Ludwig II. außerordentlich ergreifend hervortritt, er gibt dem Porträt ein anteilnehmendes Gepräge.

Trotz der Beschränkung auf die Porträtaufnahme erkennen wir den Leidensweg durch eine Vertiefung in das Detail sowie eine Verinnerlichung als Anteilnahme am schleichenden Königsmord.

**König Max II. und Königin Marie mit den Prinzen Ludwig und Otto**
Anonyme Lithografie
um 1863
Privatbesitz

Maximilian II., der dritte König von Bayern mit seiner Familie, links Kronprinz Ludwig, rechts sitzend die Königinmutter Marie Frederike (1825-1889), aus dem Geschlecht der preußischen Hohenzollern, Tochter des Prinzen Friedrich Wilhelm Karl von Preußen. Rechts davon stehend Kronprinz Otto, der Bruder von Ludwig II.

Max II., der seinem Vater Ludwig I. im Jahre 1848 auf den Thron der Wittelsbacher folgte, war das Sinnbild eines klugen Regenten. Nach seinem Tod im Jahre 1864 folgte sein Sohn Ludwig II. auf den Thron

Die sich hier bereits anbahnende zweiundzwanzigjährige Regierungszeit ist eine ruhmreiche Epoche, die König Ludwig II. gestaltete aufgrund seiner vielfältigen Begabungen und Interessen sowie der in die Zukunft wirkende Entscheidungen, die den bayerischen Landen Wohlstand und höchste Anerkennung brachten. Da die zahlreichen Bücher über König Ludwig II. seine angebliche Krankheit hervorheben möchten, wird hier auf die einmaligen, genialen Wandlungen innerhalb der politischen Maßnahmen hingewiesen.

Sowohl als Kronprinz wie später als König beschäftigte sich Ludwig nicht nur mit Pferden um sie zu reiten, vielmehr war die Pferdezucht sein besonderes Anliegen. Rassepferde, wie Lucrezia, waren edle Rösser, ebenso Hugibert, Woluspa, Gunloed, Thorilde, Eboli, Alswidr, Diotwina, Ralf, Cosa-Rara, Yelva, Nikur, Wala, Luitprand und Erda, die alle edle Rappen waren, die die Zuchtzentren berühmt machten.

König Ludwig II. als Reiter in den bayerischen Alpen Bezeichnet: Fedor Dietz, 1866, Öl auf Leinwand, ca. 180 x 150 cm, Marstallmuseum, Schloss Nymphenburg, Inv.-Nr. 78 (BSV) Literatur: Abb. Elmar D. Schmid, Friedrich W. Pfeiffer „Maler der Reitpferde König Ludwig II.“, S. 21.

Das Bild geht auf eine Skizze von 1860 zurück und spiegelt das damalige Alter des Kronprinzen wider.

1864 schrieb Ludwig II. in einem Brief, „die stärkende Gebirgsluft übt einen wohltätigen Einfluss auf mich aus; fast täglich mache ich einen Ausflug zu Pferd. – Da wegen der unerträglichen Sonnenhitze das Reiten am Tage in Wahrheit eine Qual statt eine Freude wäre, so verließ ich neulich nach Mitternacht Berg (Schloss Berg, Starnberger See) und zog auf treuen Rossen nach meinen lieben Bergen." E. D. Schmid, F.W. Pfeiffer, Maler der Reitpferde..., Dachau 1988, S. 14.

König Ludwig II. hatte veranlasst, dass in den Monaten der Kuren, die Bismarck und seine Frau in Bad Kissingen durchführten, eine Kutsche mit edlem Pferdegespann zur Verfügung stand. Bismarck hatte dafür dem König viele Dankesbriefe geschrieben, die sich auch politisch auf die Entwicklung des Welfenfonds auswirkten

König Ludwig II. als Reiter im Gebirge Bezeichnet: Fedor Dietz, 1864, Öl auf Leinwand, 80 x 66,5 cm, Archiv Ludwig II.-Museum, Inv.-Nr. 7 (BSV) Literatur: Abb. 2/Kat. 28, D. Schmid: F. W. Pfeiffer 1988.

Ludwig besuchte schon 1861 die Oper von Richard Wagner „Lohengrin“, die zunächst die Musikwelt in Aufruhr versetzte. Der Kronprinz erlebt am 12.1.1862 in München die Oper Faust (Margarete) von Charles Gounod und am 23.1.1862 Iphigenie in Tauris von Christoph Willibald Gluck, am 29.6.1862 Wilhelm Tell von Gioacchino Rossini, und am 30.11.1862 erneut Faust von Charles Gounod.

Am 25. August 1862, dem Geburtstag des Kronprinzen Ludwig, wird er in Gegenwart der königlichen Familie in der Kirche St. Bartholomä am Königssee feierlich in den Hubertusritterorden aufgenommen.

Ludwig II. sprach schon 1862 ein ausgezeichnetes Englisch und beherrschte hervorragend die französische Diplomatensprache. Archiv: Ludwig II.-Museum, Inv.-Nr. 54 (BSV).

Am 14.2.1864 sah der König von Richard Wagner „Der Tannhäuser", am 21.2.1864 „Lohengrin", schließlich am 28.2.1864 nochmals den „Tannhäuser".

Am 10. März 1864 starb König Maximilan II., der Vater. Ludwig wurde am gleichen Tag zum König proklamiert.

27. März 1864: Eröffnung des Landtages, der seit 1863 tagt. Einladung sämtlicher Abgeordneter zur königlichen Tafel; Generalamnestie für alle, die an den Unruhen von 1848/49 beteiligt waren.

Am 4. Mai 1864 fand die erste Begegnung von Ludwig II. mit Richard Wagner statt.

25. August 1864: Richard Wagner besuchte den König an dessen 19. Geburtstag.

Am 4.12. 1864 sah König Ludwig II. „Der fliegende Holländer".

Nach einer Fotografie trägt König Ludwig II. hier die gleiche Kleidung wie auf der Fotografie von Joseph Albert von 1867, „Ludwig und seine Verlobte, Herzogin Sophie Charlotte in Bayern“.

Ludwig II. und Sophie verband die gemeinsame Begeisterung für das Werk Richard Wagners.

Am 11.6.1867 nahm Ludwig II. an der Generalprobe der Neuinszenierung des „Lohengrin“ teil und am 16.6.1867 an der Premiere des „Lohengrin“.

Ludwig II. löste am 18. Oktober 1867 die Verlobung auf.

Ludwig II. besuchte die Weltausstellung in Paris und gewinnt damit Einblick in die europäische Staatsökonomie, ebenso Anregungen für seine architektonischen Pläne. Er gewinnt Einblick in das europäische Kunsthandwerk im Bereich der Antike und der Gründerzeitkunst.

Erstes Treffen mit Napoleon III. Ludwig lehnte zunächst ein Bündnis mit Frankreich ab.

**König Ludwig II. von Bayern in Generalsuniform mit dem Krönungsmantel**
Bildnis von Ferdinand Piloty d.J., München 1865. Öl auf Leinwand, 240 x 160 cm, Ludwig II.-Museum, Herrenchiemsee, Inv.-Nr. 901 (BSV)

Der junge König, frontal stehend, mit hermelinbesetztem Krönungsmantel, rechts auf einem Kissen die bayerische Krone. Oben links das bayerische Wappen, darunter:

LUDOVICUS II
BAVARIAE REX.
MDCCCLXV

Wandbehang
Ludwig II.-Museum
Inv. Nr. 901

Obwohl Ludwig II. sich der Musik Richard Wagners verbunden fühlte, musste er aus politischen Rücksichten Richard Wagner entlassen.

Der Monarch passte sich den Wünschen der Parteien an, hielt aber an den kulturellen und wissenschaftlichen Plänen fest. Die monarchischen Vorgaben drücken im vorliegenden Porträt in Generalsuniform mit umgelegten Hermelin den Willen des Königs aus.

Elisabeth Ney (1830-1907)
Marmorstatue König Ludwig II.
Weißer Marmor,
H. 205 cm,
sig. An der Plinthe rechts: Elisabeth Ney.
fec. 1870., an der Plinthe hinten Fr. Ochs./
fec. Marmor. Ludwig II.-Museum Herrenchiemsee,
Inv.-NR. 1 (BSV)

Ludwig II. im Ornat des Georgi-Ritterordens, die Rechte in der Hüfte aufgestützt, die Linke am Degen. Das Modell einer lebensgroßen Statue Ludwigs II. für die Aula des Polytechnikums in München – wozu der König der Künstlerin viermal, Goethes Iphigenie lesend, Modell saß – wurde von E. Ney 1870 fertiggestellt und zur Ausführung in Marmor dem Berliner Bildhauer Friedrich Ochs übergeben, bevor sie im gleichen Jahr nach Amerika auswanderte (gest. 1907 in Austin/Texas). Die Marmorstatue dürfte schließlich in den Jahren 1883-1885 von Ochs ausgeführt worden sein und befand sich 1886 bereits im Maximilianeum.

Ursprünglich sollte die Figur des Königs eine Nische in der Aula des Polytechnikums zu München zieren. Nach langen Irrfahrten fand sie – in der Marmor-Ausführung des Berliner Bildhauers Friedrich Ochs – schließlich in Herrenchiemsee Aufstellung. Der Kontrast zwischen fein ziselierter Skulptur und rohem Backsteinmauerwerk des unausgebauten Treppenhauses mag dabei als sinnbildhaft für das unvollendete Werk des feinsinnigen Königs gelten. (Das Gipsmodell befindet sich im Elisabeth-Ney-Museum in Austin/Texas.)

Das Moment des Heroischen wird in dieser Skulptur dem Repräsentativen verbunden, trotz gesteigertem Naturalismus ist es der Ausdruck einer stofflichen Oberfläche. Auch die denkmalhafte physiognomische Neigung in diesem Bildwerk in allen Details hat eine raumerobernde Kraft im Sinne eines bleibenden Denkmals.

**König Ludwig II.**
**Fotografie von Joseph Albert**
**1872**

Die Regierungsgeschäfte hatte der König stets und immer korrekt und genau erledigt.

Als Architekturplaner war er genial, als Sammler geschult und kenntnisreich. Als Pferdekenner, Züchter und Reiter war er erfolgreich.

Er sprach perfekt französisch und schrieb altfranzösisch. Ludwig II. kannte die islamische Kunst, vor allem Architektur, Keramik und Textil. Der König interessierte sich für die islamische Kalligrafie.

Die Gestaltung seiner Umwelt war gelungen und ist wirksam bis in unsere Zeit.

Ludwig II., ein Kenner der Musik, vor allem des 19. Jahrhunderts, förderte Richard Wagner und legte damit den Grundstein für dessen Weltgeltung bis in die Jetztzeit.

Der König war aufgrund seiner Begabungen und seiner sensiblen Erfahrungen den verschlagenen unwahren Anklägern aus dem Politikbereich ausgeliefert. Die verschwörerischen Absprachen der verschiedenen Ankläger, des Ministers Lutz und seines Kreises, des Grafen Holnstein und seiner Vertrauten, Dr. Guddens und der Arztfamilie, Dr. Müllers, Prinz Luitpolds und seiner Söhne ließen ihn nie zur Ruhe kommen. Die Gruppe der Ankläger setzte auf ständige Verunsicherung und Freiheitsentzug.

Obwohl gewappnet und voller Hoffnung, musste das Ziel der Ankläger und Feinde die Hoffnung Ludwigs zermürben. Gesundheitliche Schäden stellten sich ein.

**König Ludwig II. als Großmeister des Hausritterordens vom heiligen Hubertus**

Ferdinand Piloty d. J. München 1882
Öl auf Leinwand,
222 x 115 cm,
Bezeichnet: F. P. 1882,
München, Städt. Galerie im Lenbachhaus, Inv. Nr. K. 2848

Nachdem König Ludwig II. Lutz 1866 zum Chef des Kabinetts erhob, dieser für das Justizministerium in die engere Wahl kam und schließlich Justizminister durch des Königs Förderung wurde, gab Lutz im August 1871 das Justizministerium wieder ab.

Lutz legte Wert auf die Förderung des Königs, obwohl er seinen Untergang plante.

1884 erhob der König Lutz in den erblichen Freiherrnstand, und dieser nutzte sämtliche Wohltaten, einschließlich der Schulbildung für seine Kinder. Hinterhältig nahm Freiherr von Lutz sämtliche vom König gewährten Vorzüge wahr. In besonders bösartiger Strategie verwendete er aber mit großer Arglist seine Stellung als Kabinettschef gegen den König.

Die Aktivierungsmethoden in den Unterstellungen gegen den König wurden heftiger, man wollte Schuldbekenntnisse aufzwingen, indem Gudden zum König sagte, „dass es an entsprechender Ausbildung des Charakters seiner Majestät fehlt“.

**Ludwig II. in bayerischer Generaluniform 1864 von Wilhelm Tauber**
Öl auf Leinwand, 77,0 x 57,0 cm, Herrenchiemsee, Ludwig II.-Museum, Inv.-Nr. 10 (BSV),
Schüler der Akademie München, bei Piloty III, geb. 1820

Ein repräsentatives Bild des Königs Ludwig II. Er trägt unter der roten Schärpe den Ordensstern des St. Hubertus-Ritterorden und darunter das Ordenskreuz des St. Georgs-Ritterordens. König Ludwig II. trägt die Uniform des bayerischen Infanterie-Leibregiments.

Die mehr und mehr verdeckte Verstärkung seiner Hoffnung und die Eigenleistung begünstigten die täglichen Aufgaben. Ludwig II. hatte eine vielfältige, sehr bildhafte Vorstellung durch die Verdichtung bestimmter Wahrnehmungen. Ihm war die traumhafte Abkürzung eine Hilfe bei den vielfältigen Terminen. Das Traumbild, dem er sich öffnete, führte ihn auch in eine Gemeinschaft mit den gestaltenden Mitarbeitern und Freunden, sowohl in künstlerischen wie auch auf technischen Gebieten.

**König Ludwig II. in Chevauxlegers-Uniform**
Foto:
Archiv Ludwig II.-Museum,
Inv.-Nr. 105 (BSV)
Foto: Joseph Albert

Eine Vielzahl von Verhaltensformen des Königs, eine Fülle von Missverständnissen wurden von dem kriminell agierenden Grafen Holnstein zu gefährlichen Situationen hochgesteigert.
Holnstein wurde der Mündel des Königs nur mit Zustimmung des Prinzregenten Luitpold.

Der Freund Luitpolds, Freiherr Freyschlag, der Lenker und Leiter der Geheimkanzlei, sah eine Art „Bedrohung in König Ludwig II.“. Im Grunde hatte man es wohl eher in Hinsicht auf den Welfenschatz so empfunden. Freyschlag hatte aus seiner Institution einen Zustand geschaffen. Die Angriffe auf den Souverän zielten auf dessen Persönlichkeit. Im Mittelpunkt stand der Schrecken als Abstrafung.

Den König bestimmte eine Erinnerungsphantasie; die immer wieder auftauchenden Verknüpfungen als Einfluss auf die Situation umschrieben den Alltag. Sie steigerten die Gewissheit, die vielen gleichzeitig auftauchenden Aufgaben voranzubringen.

In vielen Fällen waren dies die Einzelereignisse seiner zahlreichen Aufgaben der Staatsführung und der Umweltgestaltung und Bauten. Mit großem Ernst nahm er, wie das Foto zeigt, diese Aufgaben wahr.

Absichten und Überzeugungen waren Teile des Tagesablaufes. Mit starkem Willen folgte Ludwig II. diesem Ziel.

**König Ludwig II. in Chevauxlegers-Uniform**
Franz Hanfstaengl Lithografie, 17,5 x 23,0 cm München 1876, Privatbesitz

Franz Hanfstaengl war der Sohn des Landschaftsmalers Ernst Hanfstaengl (1857-1914). Zunächst war er Schüler seines Vaters und später ab 1878 Schüler von Ferdinand Piloty d.J. (1828-1895). Hanfstaengl war Porträtmaler und arbeitete in der Münchner Akademie als Assistenzlehrer für Lithografie-Technik und Fotografie.

Der König in Generalsuniform, mit umgehängtem Hermelinmantel und Großkreuz in Form des Malteserkreuzes – ein Ordenskleinod. Ludwig II. König von Bayern sah 1876 in Bayreuth Richard Wagner wieder. Das Festspielhaus wurde mit dem Ring der Nibelungen eingeweiht.

**König Ludwig II. in Chevauxlegers-Uniform**
Foto: Archiv Ludwig II.-Museum, Inv.-Nr. 120 (SVV) Foto: Joseph Albert

Gudden, der begleitende Irrenarzt des Königs Ludwig II., begann den Monarchen zu verunsichern, indem er als Arzt von den Stallknechten des königlichen Marstalls angefangen bis hinein in den gestaffelten Staatsapparat der Ministerialbürokratie den König entwürdigte. Gudden schürte über den Minister Lutz zunächst die Ungewissheit der Staatsgeschäfte um den König, er schmälerte geschickt Ludwigs Schaffen. Lutz und Gudden trüben die Erwartungen des Souveräns, sie griffen seine Persönlichkeit an. Ludwig II. wurde in Frage gestellt, indem die Staatskasse im Untergang mit dem König zusammengesehen wurde.

In diesen Dosierungen hatte sich Freyschlag von Freyenstein mit seiner Geheimkanzlei in Stellung gebracht. Der König sagt: „Das ist kein Prinzregent, das ist ein Prinzrebell."

Professor Grashey (1839-1909), der Schwiegersohn Guddens, strebte eine Modifizierung der Geisteskrankheiten und des Selbstmordes an.
Nicht Selbstmordgedanken hegte der König, sondern Fluchtgedanken bewegten ihn, und darin zeigte er große Stärke, das wusste Gudden und deshalb musste er ihm zuvorkommen.

Die Irrenärzte vergaßen, dass Ludwig ein durch und durch schöpferischer Mensch war, – und in diesem Bereich unterschätzten Lutz, Gudden und Grashey die Kombination des widerstandsfähigen Königs, in ihrer bedrängenden Tötungswut erahnten sie nicht ihren eigenen Tod.

*Hubert von Grashey 1882*

Bisher war unbekannt:
Freiherr Freyschlag von Freyenstein drohte mit seinem Geheimarchiv, denn Schaden oder Belohnung standen im Mittelpunkt dieser Strategie.
Der „Wille zur Macht“ basierte für die Gruppe Lutz auf den Tötungsvorbereitungen gegen König Ludwig II.

Die Verfügungsgewalt von Lutz beherrschte allmählich immer mehr auch das Wesen König Ludwigs II. Das politische Versagen von Lutz entwickelte sich aus einer stetigen Kompensation von Minderwertigkeitsgefühlen und Machtinteressen.

Das Vorgehen der 1. und 2. Fangkommission gegen den König Ludwig II. waren erstaunliche Missgriffe.
Auch die Bevölkerung konnte die diktatorischen Maßnahmen nicht dulden.
Ludwig sagte: „So bin ich nun Gefangener, ohne etwas verbrochen zu haben!“
(Wöbking, S. 95; vgl. auch Albrecht in Spindler, Handbuch der Bayern. Geschichte IV. 1, S. 346).

Der Schwiegersohn des Obermedizinalrates Prof. Dr. Bernhard Gudden war der Würzburger Psychiatrieprofessor Dr. Hubert Grashey (F.C. Müller, S. 782).

Zusammen mit seinem Schwiegervater verfasste Grashey am 8. Juni 1886 das Gutachten gegen König Ludwig II., in dem dieser bis in alle Ewigkeit als geisteskrank erklärt wurde.

*Durch die Krankheit ist die freie Willensbestimmung Seiner Majestät vollständig ausgeschlossen, sind Allerhöchstdieselben als verhindert an der Ausübung der Regierung zu betrachten und wird diese Verhinderung nicht nur länger als ein Jahr, sondern für die ganze Lebenszeit andauern (Grashey, s. S. links).*

**König Ludwig II. in Zivilkleidung**
Fotografie von Joseph Albert um 1883/86 Archiv Ludwig II.-Museum Inv.-Nr. 27079 (BSV)

König Ludwig II. stand nach der Entmündigung durch Dr. von Gudden und durch die hart und unbarmherzig zugreifenden geschulten Aufseher, von Lutz „Pfleger“ genannt, unter Aufsicht.

Sie waren ausgerüstet als Irrenwärter mit Zwangsjacken und Chloroform und sogar bewaffnet (Vandenberg, S. 93); ihre Namen sind bekannt: Schneller, Mauder, Braun, Hack und Barth.

Das Lebensgefühl des Monarchen bestand nur noch aus einer groß angelegten Bedrohung. Die Bedrohung ist zunächst angepasster als die Angst. Jedoch die verdeckte Bedrohung durch den gesamten Staatsapparat führte zeitweise beim König zum totalen Schock, es sind jene Erschütterungen, die der König im Schloss Berg durch das Trinken von Arrak mildern und lenken wollte.

Die Begleitung durch Gudden beim Gang durch die Parkanlagen des Schlosses Berg am Todestag waren Furcht erregende Vorbereitungen der Gewalt auf das Leben des Monarchen. Das ahnte der König. Sein Leben hing an den Gedanken der Flucht, das wusste Gudden und Lutz und das musste um jeden Preis verhindert werden, – ein schneller Tod war wohl besser als eine lange Flucht.

Wer hätte einen besseren Vorschlag gehabt? Die Regie der Todesnacht war nur möglich durch Gudden, er hatte beim Abschied zu seiner Frau gesagt, „Ja ich komme wieder, lebendig oder tot.“ (Grünthal, S. 131 ff).

**König Ludwig II. in Zivilkleidung**
Stahlstich auf gelblichem Papier,
48,5 x 29,5 cm,
beschnittener Rand,
München, Privatbesitz

Wohl nach Vorlage einer Fotografie von Joseph Albert, München, 1883. Ludwig II. ist hier dargestellt als ein konsequent denkender und vorausschauender Monarch, der sich dem Volke verbunden fühlt und der seine ganze Kraft für die kulturellen Leistungen und politischen Vorgänge einsetzte.
Je mehr Ludwig II. seine Umwelt beschäftigte und seine Aktionen durchsetzte, umso mehr hat die Konspiration um den Ministerpräsidenten Lutz Abwehrmaßnahmen eingeleitet. Man wollte die politische Kraft Ludwigs II. von Bayern nicht zur Wirkung kommen lassen, daher hintertrieb man systematisch seine Münchenbesuche.

**Lithografie nach einer Fotografie von Joseph Albert**

Seit März 1886 war der Minister Lutz bemüht, eine Entmündigung des Königs zu erreichen, dabei ist Obermedizinalrat Dr. von Gudden, Direktor der Münchner Kreisirrenanstalt und Professor der Psychiatrie, beteiligt. Man hatte durch die Stallknechte des Königs Belastungsmaterial gesammelt. Ministerpräsident Freiherr von Lutz, der vom König in dieses Amt berufen wurde und vom König den erblichen Adel erhalten hatte, war die treibende Kraft in dem Entmündigungsverfahren. Wichtig war Freiherr Freyschlag von Freyenstein, Adjutant und Berater des Prinzen Luitpold. Über ihn führt der Weg des Ministerpräsidenten Lutz zu Luitpold, Ludwigs Oheim. Es ging um die Entthronung des Königs, und Lutz mischte kräftig mit. Welche Gründe bewegten ihn und das Ministerium dazu?

8. Juni 1886: Das Gutachten der vier von der bayerischen Regierung eidlich vernommenen Sachverständigen erklärt Ludwig für geisteskrank im fortgeschrittenen Stadium. Eine Staatskommission wird gebildet und beauftragt, dem König seine Absetzung mitzuteilen.

9. Juni 1886: Prinz Luitpold wird zum Regenten ausgerufen.

12. Juni 1886: Nach einem vergeblichen Versuch der Staatskommission, den König festzunehmen, gelingt es dem Irrenarzt Obermedizinalrat von Gudden, Ludwig von Neuschwanstein nach Schloss Berg am Starnberger See zu bringen (vgl. Müller, S. 786), der sagte, „Da kam Mauder und meldete, der König habe Gudden befohlen. Das war das letzte Mal, dass ich Gudden im Leben gesehen habe". „Der König wünschte spazieren zu gehen. Ich bestimmte den Pfleger Schneller, er sollte hinterdrein gehen, obwohl Gudden mir mitgeteilt hatte (in Gegenwart Grasheys und Washingtons), dass er allein ginge. Als die beiden, der König und Gudden, unten aus der Türe traten, sagte Gudden zu dem daneben stehenden Pfleger Mauder: Es geht niemand mit. (F.C. Müller, S. 787). Der Pfleger meldete sich bei mir, und ich entließ ihn mit den Worten: ‚Es ist gut.'"

**Bildnis nach rechts im Halbprofil von König Ludwig II.**
**in Zivil mit weißem Kragen und dunkler Jacke,**
monogrammiert unten rechts: WW.T., legiert, rechts daneben die Jahreszahl 1886, Öl auf Leinwand, 81,0 x 65,6 cm, München, Privatbesitz.

Das Bild wird Karl Wilhelm Wohnlich zugeschrieben. Es wurde nach seinem Tode, 1885, von seinem Sohn Theodor Wilhelm Wohnlich fertig gemalt und monogrammiert. Wohnlich war Schüler von Philipp Voltz, Karl von Piloty und Moritz von Schwind in München. Seit 1864 war Wohnlich in Breslau ansässig, später, seit 1872, in München. Wiederholte Reisen nach Dresden unternahm er für durchzuführende Aufträge. Im Schlesischen Museum in Breslau befindet sich das Gemälde „Die Mongolenschlacht bei Liegnitz", 1241, um 1870 entstanden. Im Maximilianeum in München führte Wohnlich das Fresko aus: Pfalzgraf Christoph verlässt Heidelberg und wird zum König von Dänemark gekrönt, 1439. In der Barbara-Kirche in Breslau das Hochaltarbild, desgleichen das große Altarblatt in der Jesuitenkirche zu Breslau.
An beiden Bildern hat sein Sohn Theodor mitgearbeitet. Dieser starb 1916 in Dresden. Das Porträt zeigt den König äußerst entschlossen und in konzentrierter Haltung. 1886 ist das Todesjahr Ludwigs II. Wir erkennen vor allem in diesem Bild die gute gesundheitliche Verfassung des Königs.

Ludwig II. verfolgte eine ständige Ausbildung, um seine Aufgaben erfolgreich bewältigen zu können. Die französische Sprache war ihm eine tägliche Übung. Auch forschte er im Altfranzösischen und konnte literarische Zeugnisse, vor allen Dingen in seinen Briefen, genau wiedergeben (Brief Dr. Schleiss von Löwenfeld, Privatbesitz).

Seine Handschrift in der steten Veränderung und Steigerung ist fast mit den ostasiatischen und islamischen Kalligrafien zu vergleichen. Er entwickelte vor allem in den letzten Jahren eine spontane und schöpferische Kalligrafie. Graphologen, die bemüht sind zur Zeit diese Schrift zu analysieren, sind nicht in der Lage, dies durchzuführen, da sie nicht Vergleiche treffen können, wenn sie über keine Kenntnisse der internationalen Kunstkalligrafie verfügen.

Die von Minister Lutz bestellten Irrenärzte, die den König vorwiegend nach dem Hörensagen entmündigen sollten (Dr. Müller hatte den König überhaupt nur rund 40 Minuten in seinem Leben sprechen können), haben allesamt gegen ihre ärztlichen Pflichten verstoßen, denn sie haben sich dem Ferngutachten Guddens angeschlossen.

Die Irrenärzte der Lutz-Konspiration bedienten sich daher einer Hintertür, um – falls es schief laufen sollte – entkommen zu können. Wiederholt wurde fachgerecht betont, der angeblich irre König sei geisteskrank, hätte aber „lichte Momente". Die Ärzte waren nicht bereit, darüber Auskunft zu geben, ob denn 90 Prozent lichte Momente, oder nur 3 Prozent messbar wären. Doch wer von den weltbekannten Politikern des 19. Jahrhunderts hatte nicht geniale, über den Alltag verstreute Malaisen oder ein gespaltenes Leben, wer hatte keine Depressionen? Viele Herrscher im 19. Jahrhundert lebten in einer Bühnengesundheit, König Ludwig II. von Bayern wurde von seinen Feinden, der so genannten Lutz-Konspiration, in eine „Bühnenkrankheit" aus politischen Gründen gedrängt. Diese Bühnenkrankheit war ein nahezu zwanzig Jahre andauerndes Drama, das der radikalliberale Minister Lutz in hinterhältiger Regie führte (Brief Dr. Schleiss von Löwenfeld, Privatbesitz).

Gewiss war Otto von Bismarck ein weiser Staatsmann und listenreicher Diplomat, aber welcher Zeitgenosse kannte seine neurotischen Ausfälle, seine Gallenkoliken und Gesichtsneuralgien? Nein, nur Ludwig II. von Bayern war angeblich krank. Er musste krank sein, da es die Gruppe Lutz verlangte.

Der Spurenzerfall seiner Gestalt setzte erst in den letzten Tagen seines Lebens ein. Die Masse der Feinde, die Lüge als absolute Unwahrheit wurde dem König bewusst als eine Gewalt der totalen Unterdrückung in geistigen und körperlichen Bereichen. Damit ist erkennbar, dass Lutz und sein Kreis unerbittlich vorgingen, die einflussnehmenden Bedingungen der Schergen wurden unerträglich

Das Willkürgutachten von Obermedizinalrat Gudden wurde durch vielerlei Wendungen, Befragungen und Winkelzüge schließlich dem König Ludwig II. nahegebracht (Wöbking, S. 70).
„Die Abgabe des Gutachtens erfolgte zwar nach Lage der Umstände ohne vorherige persönliche Untersuchung und Beobachtung seiner Majestät des Königs, aber es haben sich nicht nur Dr. Grashey und, wie von diesem bekundet wird auch Dr. von Gudden gelegentlich ihrer späteren persönlichen Beobachtung von der Richtigkeit ihrer Anschauung überzeugt, sondern es wurde auch von Dr. Grashey, Dr. Hagen und Dr. Hubrich vor dem Auschuss das abgegebene Gutachten mündlich in erschöpfender und vollkommen überzeugender Weise näher begründet.“
Die Umstände des Todes von Ludwig II. wurden seither von allen Seiten beleuchtet. Keiner war dabei gewesen – und viele hatten etwas anderes gesehen. Vor der Tatrekonstruktion (Wöbking, S. 253) wird von diesem Autor mitgeteilt, dass Dr. Schleiss von Löwenfeld nun plötzlich abschwören musste, „dass der König Ludwig II. nicht geisteskrank war.“ Autor Wöbking übernimmt die nicht überprüfbare Meinung von Staatsrat Pfistermeister, da dieser Dr. Schleiss von Löwenfeld zu der Erklärung zwingen ließ: „dass der Geisteszustand des Königs als getrübt und gestört anzuerkennen ist.“ Da der Autor des vorliegenden Buches über die Quellenschriften des Dr. Schleiss von Löwenfeld verfügt, ist es mit den Worten von Professor Dr. Wöbking „offensichtlich“ frei erfunden. Um der Willkür eines erteilten Reinigungsauftrags zu folgen, ist nicht mehr die Wahrheit der so genannten INVERWAHRNAHME, sondern die Willkür des Auftraggebers maßgebend geworden.

Der rechte farbige Ausschnitt des Porträts des Königs zeigt deutlich das fein gezeichnete rechte Ohr, den leicht geschwungenen Mund mit der klar zugespitzten Oberlippe. König Ludwig trug 1886 den Oberlippenbart heruntergezogen bis zum Kinnbart, beidseitig am Kinn leicht ausrasiert. Der Ausdruck des Gesichtes ist entschlossen. Der König hatte während der zwanzig Jahre andauernden Verfolgung durch das Ministerium Lutz reiche Erfahrung gesammelt. Er hatte die zahlreichen Unterstellungen, die ihm von seinen Widersachern zugefügt wurden, stets entkräftet und verarbeitet. Das Jahr 1886 sollte dann eine Entscheidung bringen. Die hier vorgelegte Publikation befasst sich mit den unhaltbaren Angriffen seiner Gegner, die schließlich zum Mord am König führten.

Der König gewann eine neue Kontrolle über sich. In diese war auch sein Leidensweg eingeschlossen.

Sein Erfolg im Alter war die große Erfahrung, auch die Empfindungen und das erprobte und bewährte Wissen.

„Die Gewissheit, dass seine Beobachtungen stets abgestimmt waren auf die äußeren und die inneren Dinge, gab ihm die Kraft für die beginnenden Tage 1886.“ (Dr. Schleiss von Löwenfeld, Briefe 1885).

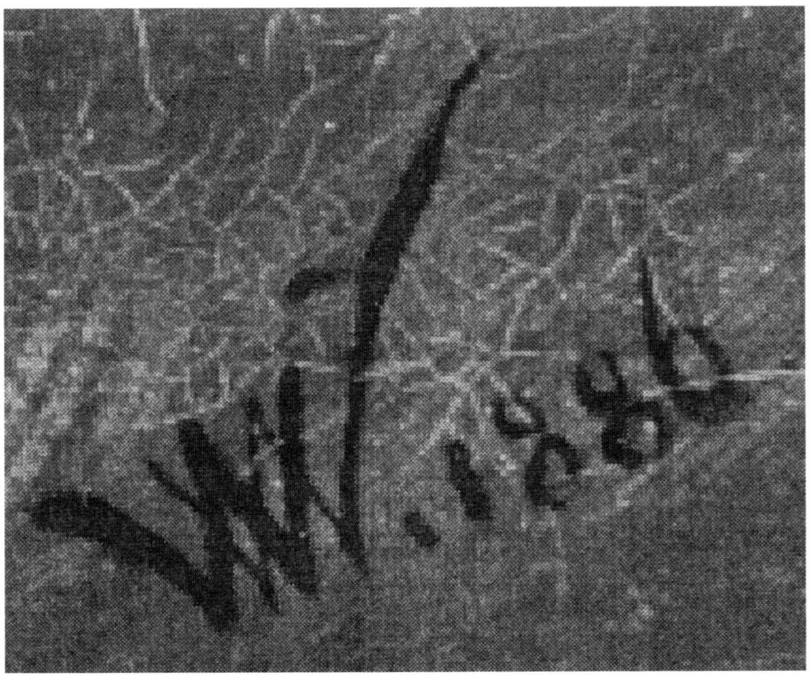

Tiefe Bitterkeit Ludwigs II. und Verachtung gegen Prinz Luitpold, seinen Oheim: „Ein schöner Verwandter ...“. Die Ankunft in Berg am 12.6.1886 in das verrammelte Schloss Berg, eine Art Verwahranstalt (vgl. Wöbking, S. 118 ff).

Der Pfleger-Aufseher Mauder verfügte über die härtesten Zwangsgriffe im Bereich der „Schwarzen Bande“, wie sie genannt wurde (F.C. Müller, S 773). Er war von Schloss Fürstenried, der Gudden'schen Verwahranstalt, nach Schloss Berg abgestellt, um den König allein durch seine Anwesenheit zu „beruhigen“.
Mauder hatte bei der Festnahme im Schloss Neuschwanstein bewiesen, dass er den König wie gewünscht Gudden vorführen konnte.
Dr. Müller, der Assistenzarzt der Münchner Irrenanstalt, berichtet: „Wir gingen sofort zur Tat. ... Auf einmal hörten wir feste Tritte. ... Da stürzten die Pfleger von oben herab ... Der König wurde an den Armen gefasst (Gudden hatte vom Prinzregenten Luitpold Generalvollmacht erhalten). Der König stieß bloß ein schmerzlich überraschtes Ah! aus.“ (F.C. Müller, S. 778).
„Nun sprach Gudden: ‚... Majestät sind von vier Irrenärzten begutachtet worden, und nach deren Ausspruch hat Prinz Luitpold die Regentschaft übernommen.'“ (F.C. Müller, S. 778).
Mauder sah stets, wie das Foto zeigt, teilnahmslos aus, seine „schmerzhaften Griffe“ erregten Furcht.

„... Dass man mir die Krone nimmt, könnt' ich verschmerzen, aber dass man mich für irrsinnig erklärt, überlebe ich nicht. Ich könnte es nicht ertragen, dass es mir ergeht wie meinem Bruder Otto, dem jeder Wärter befehlen darf und den man mit Fäusten droht, wenn er nicht folgen will.“ „... aber mein Blut komme über alle die, welche

**König Ludwig II. in Zivilkleidung (rechte Seite) (Ausschnitt)**
Fotoaufnahme von Joseph Albert um 1883/85 Archiv Ludwig II.-Museum, Inv.-Nr. 119 (BSV)

mich verrieten.“ „...ein schöner Verwandter, der sich die Herrschaft anmaßt und mich gefangensetzen lässt. Das ist kein Prinzregent, das ist ein Prinzrebell.“

Die lang andauernde Bedrohung übte Einfluss auf die Gesundheit des Königs aus. Wer würde nicht erkranken bei einem ständigen hohen Bedrohungspotential einer bösartigen Ministerrunde, die über geheime Karteien verfügte und die von einem bösartigen Kabinettsdirektor geleitet wurde, auch dass die Krankheiten der Familienmitglieder des Königs als Vergleich herangezogen wurden, war nicht zu ertragen.

Man wollte eine Dauerangst erzeugen und bestärken, man wollte niederdrückende Empfindungen steigern. Der König soll gesagt haben, er fühle sich, „als gehe es zum Schafott“.

Gudden zwang den König seit den 70er Jahren in eine Art dauerhafte Zwangsbehandlung. In ständiger negativer Anteilnahme verfolgte auch der Kabinettschef Lutz den sensiblen König und steigerte damit die negativen Informationen und die motorische Erregungsphase.

Woher hatte Lutz diese Anregungen eines „brechenden Verhörs“ oder einer medizinischen Beschuldigung dieser Art?
Hier müssen Gespräche zwischen Lutz und Gudden stattgefunden haben.

*Der Gendarmerie-Wachtmeister Boppeler berichtete bei einer Kontrolle: „Der König Ludwig II." stöhne qualvoll und sei leichenblass, händeringend klage er, „wie arm bin ich Ihnen gegenüber, ich habe keine Seele, die meinen Schmerz mit mir teilt, – ach wäre es doch vorüber!" (Bericht Gendarmerie-Wachtmeister Boppeler, in: G.H.A. 36/16 – s. u. 96 Anm. 9).*

Die Angst, die sich auch beim König zur Todesangst steigerte, wurde systematisch geschürt. Der Irrenarzt Gudden, der die gewalttätigen Häscher auf den König ansetzte, sollte eine als schmerzhaft empfundene Bedrohung hervorrufen. Hier brachte Lutz als Vertreter des Staatsapparates den Psychiater ins Spiel als eine Art „geistige Brechstange". Das stellt wohl das ungeheuerlichste Vorgehen in den vielfältigen Königsmorden des 19. Jahrhunderts dar.

Lutz, der vom König zum Minister erhoben worden war, der vom König den erblichen Adel erhalten hatte, dessen Kinder in den Prinzenschulen würdevoll auf Kosten des Königs erzogen wurden, entwickelte schon zu Beginn der 80er Jahre Aversionen gegen den König, die in den 70er Jahren begonnen hatten und die ersichtlich sind in den späten Fotografien von Joseph Albert. Auffällig ist die gestaute Erregung und Verzweiflung, jener Affekt, der den König mehr und mehr überdeckte, – es ist der Schrecken.

Der Schrecken, als da ist die Staatsmacht, die sich des Königs auch durch schwere Angriffe der so genannten Pfleger bemächtigte. Das Vorgehen des Irrenarztes Gudden gegen den König selbst bewirkte in schleichend quälender Form elementare Erschütterungen. Angst kann umschlagen in Flucht und Aggression.

**König Ludwig II. im Ornat des Georgi-Ritterordens**

Von Gabriel Schachinger München
1850 – 1912
Bezeichnet: Gabr. Schachinger/München
Ludwig II.-Museum, Herrenchiemsee,
Inv.-Nr. 6

Schachinger war Schüler von K. v. Piloty; er hat das repräsentative Gemälde erst 1887 fertig gestellt.
Schachinger beschäftigte sich lange mit der Gestalt des Königs. In Haltung und Gebärde folgt er der Darstellung von Ludwig XIV. im Beratungssaal von Schloss Herrenchiemsee. In die Gestalt des Königs Ludwig II. legte Schachinger seine eigenen gesteigerten Emotionen, er bereitete das Bild durch viele Zeichnungen und Skizzen vor.

Die Gestalt des Königs gab ihm auch später viele Anregungen, die Bedeutung des Herrschers bewunderte er, – die Ordnung der Handlungen des Monarchen in seiner Regierungszeit und gleichzeitig die Gestaltung seiner unmittelbaren vorausschauenden, willenskräftigen, surrealen Steigerung. Die starke Gefühlsintensität, – auch die Erregung, mit der König Ludwig II. seine künstlerischen Ziele verwirklichte, hatten Schachinger zu dem repräsentativen Bild herausgefordert.
Der verstärkte Ausdruck – die Entschlossenheit – geht mit der bühnenhaften Bewegung einher.
Die Wahrnehmung der Gestalt im Bild vermittelt ein neues „Erleben des Königs“, er ist wie Schachinger in einem Brief 1889 (Privatbesitz) vermerkt: „Er ist nach seinem dramatischen Tod – neu auferstanden“.

Das Urteil über den bayerischen König Ludwig II. war zunächst durch seine Gegner aus dem Lutzkreis bestimmt worden.
Die politische Zielrichtung war eng gefasst, sodass der Kreis um den einseitig und trockenen Juristen Lutz nur auf die von ihm missverstandene Bismarckpolitik reagieren konnte.
Ludwig II. war dagegen ein aufgeschlossener Souverän, er konnte entdecken.

Erinnerungen:

In dem hier vorliegenden Buch wird auf den Entdecker Ludwig II. hingewiesen, eine Eigenschaft, die der Lutz-Konspiration nicht entsprach, die Metaphorik in der Sprache und im Denken war auch dem Prinzregenten fremd.

Die hier vorliegende Untersuchung zeigt, dass der tote König eine geniale Planung auch in dem umfangreichen Stilpluralismus hinterlassen hat.
Die für diese Darstellung nur selten publizierte Auswahl aus dem von König Ludwig II. gewählten zentralen Begriff des Fremden ist eine Entdeckertat, die seine Gegner tief in den Schatten stellt. Die historische Forschung, ein Thema der europäischen Völker des 19. Jahrhunderts, vermittelt durch Ludwig II. einen unmittelbaren Impuls, der sich bis heute erhalten hat.
Die Duplizität der Symbole folgte einer eigenständigen Wiederkehr, so dass sie unvergesslich wurden.
Der Maler G. Schachinger sieht Ludwig II. als den mächtigen König der Zeitenwende.

Ein Bild der Illusion 1882

Wir wiederholen nochmals:

Dr. Müller, der Assistenzarzt von Guddens, schildert, wie seine Irrenwärter in Schloss Neuschwanstein den König von oben her angreifen, es handelte sich um die sogenannten Anstaltspfleger aus dem Schloss Fürstenried (F.C. Müller, S. 772):

Mauder, Schneller, Bruno Braun, Hack und den Oberpfleger Barth. (Abbildung: Mauder mit Griffstudien.)

Aufgrund ihrer Ausbildung im harten unerbittlichen Zugriff wurde der König von Bayern im Handstreich gefangen genommen und Gudden vorgeführt, eine Tat auch gegen das Gesetz und den Souverän.

Der Handstreich wurde mit großen Schmerzen für den König durchgeführt, obwohl Dr. Müller nur eine kurze schmerzhafte Reaktion registrierte.

(Festnahme des Königs durch brutale Wärter (Pfleger) (vgl. Vandenberg, S. 94).)

Foto:
Nachlass:
Dr. Schleiss von
Löwenfeld U.S.A.

Die Irrenanstaltspfleger wurden die „schwarze Bande“ genannt (Zitat: K. Möckl, S. 61).
Der Oberpfleger war Franz J. Schneller. – Ausgebildet in der Kreisirrenanstalt München.

Weitere Männer mit hartem Zugriff waren Bruno Braun und vor allem Oberpfleger Barth. Eine wichtige Rolle unter Gudden spielten F. Mauder und sein Genosse Hack, zugelassen von Hubert von Grashey, dem Schwiegersohn Guddens, ein scharfer Intellektueller; dieser wurde vor der Kammer der Reichsräte aufgefordert, über den Geisteszustand des Königs Ludwig II. ein mündliches Gutachten abzugeben (F.C. Müller, S. 791).

**König Ludwig II.**
nach Joseph Albert
Archiv Ludwig II.-Museum
(1884-86) Inv.-Nr. 3378 (BSV)
od 122 (BSV)
(Ausschnitt)

Die Abbildung ist eine sehr eindrucksvolle Aufnahme und deutet schon die schweren Belastungen durch die Verfolger an.

Die Lebensbedingungen des Königs wurden immer komplizierter. Der persönliche Lebensraum wurde vom Ministerpräsidenten Freiherr von Lutz und dem Obermedizinalrat Professor Dr. Bernhard Gudden, Direktor der Kreisirrenanstalt München zur Qual gemacht.

Auch Prinz Luitpold, der Onkel des Königs, forcierte über den Freiherrn Freyschlag die Vorgehensweise. Das folgenschwere Gutachten Guddens war niederdrückend. Gudden, – so meint Vandenberg, „habe sich als Psychiater an der Paranoia-Prognose aufgegeilt“ (Vandenberg, S. 86).

Gudden, der Chef der Kreisirrenanstalt in München, versicherte dem politisch angeschlagenen Minister Lutz, „Er, Gudden, werde ihm den König Ludwig II. von Bayern schon bringen“. Das heißt, Gudden war sich seiner Sache sicher, dass er den König „schon jetzt unter seiner medizinischen Gewalt habe.“

„Gudden macht die Gerüchte um den König Ludwig II. zum politischen Kalkül.“ (K. Möckl, S. 89).
„Der König solle bereits durch Dr. Gudden regierungsbehindert erklärt sein.“ (K. Möckl, S. 126).
Der Obermedizinalrat Gudden erklärt am 23. März 1886, „dass Seine Majestät originär verrückt seien“ (K. Möckl, S. 154). Der bayerische Kultusminister Lutz war ein Aufsteiger ohne Bedenken, er war zufrieden, als er in Gudden einen ähnlichen Typus gefunden hatte. Gudden war selbst ein Gefangener seiner politischen Intrigen und kam schließlich darin um.

# Das Mordkomplott gegen den König

Ludwig II., König von Bayern, wurde erschossen: An seinem Tod waren verschiedene Gruppen seiner Feinde beteiligt:

1. Der linksliberale Ministerzirkel um Lutz und seine Helfer.
2. Die persönliche Revanche des Grafen Holnstein.
3. Die diffuse politische Ministerialbürokratie schwankender Richtungen.

In der Abteilung „Feinde des Königs“ dieser hier vorliegenden Publikation wird auf die Konspiration dieser Gruppen anhand der Personen unter Hinzuziehung der Quellen hingewiesen.

Die drei Gruppen waren entsprechend dem Denken des 19. Jahrhunderts wissenschaftsgläubig. In diesem Sinne interpretierte der Irrenarzt Dr. von Gudden seinen in überheblicher Weise durchgeführten Auftrag, den Monarchen des Landes Bayern (Gudden war Norddeutscher) aus dem bedeutenden Geschlecht der Wittelsbacher durch ein Ferngutachten zu entmündigen und letztlich damit dem Schicksal eines gewaltsamen Todes auszuliefern.

*Dr. Bernhard von Gudden*

Die intellektuelle Überheblichkeit war bei dem Irrenarzt Dr. Gudden übermäßig stark ausgeprägt. Scheinbar findet sich auch bis zum heutigen Tag kein Einsehen bei seinen Nachfahren, denn Wolfgang Gudden, selbst Nachfahre des Irrenarztes Dr. Bernhard von Gudden, schreibt in seiner Dissertation: „Bernhard von Gudden, Leben und Werk, vom 15. Mai 1987, S. 188: „Das Verhalten Guddens, eine körperliche Untersuchung vor der Inverwahrnahme des Königs abzulehnen und die Diagnose Paranoia aufgrund des Aktenmaterials zu stellen, ist in neuerer Zeit unter dem Begriff Ferndiagnose bekannt geworden und wird im ärztlichen Pflichtenkodex als obsolet angesehen. Dieses Verhalten ist einer, wenn nicht der Hauptpunkt der berechtigten Kritik.“ Wolfgang Gudden wiederholt diese Meinung in seiner Dissertation mehrmals.

Er ist sich scheinbar nicht recht darüber im Klaren, wie dieses Ferngutachten im Allgemeinen wirkte und welche Folgen daraus abzuleiten sind. Zum Gutachten, das später auch von Gudden selbst als Obergutachten bezeichnet wurde, vergleiche auch weitere Ausführungen in der Dissertation von Wolfgang Gudden.

Die Frage muss hier gestellt werden: Sind weitere europäische Monarchen als krank oder geisteskrank bezeichnet worden? Gegen den Zaren Alexander II. von Russland wurde aufgewiegelt. Die Bluterkrankheit seiner Kinder, aber auch die Eingliederung von Rasputin in das familäre Leben wurden ihm angelastet. So wie Minister Lutz den König Ludwig II. verfolgte und ihn durch Gerüchte zum Kranken machte, gingen die Nihilisten in Russland gegen den Zaren vor.

Friedrich III. von Preußen kam durch seinen Arzt um. Der Ansturm auf die Monarchien in Europa hatte begonnen. Ähnlich wie in Russland, gebrauchte auch Lutz politische Ablenkungsmanöver, und so war die Krankheit König Ludwigs II. ein wesentlicher Vorwand, um vom Scheitern der Lutz-Politik abzulenken. Erstaunlich bleibt, wie Professor Gudden mit geradezu wirren und eitlen Machtinteressen den König verfolgte. Er wollte den König, wie er sagte, „gegen ihn selbst schützen". Graf Holnstein brauchte Geld für seinen dunklen Lebenswandel und als Kurator; mit dem König als Mündel, bedenke man, stehen sie in der Geschichte des 19. Jahrhunderts einzig da. Aus dem Fond von Prinz Otto waren immer noch große Summen locker zu machen, wenn man als Kurator arbeitete. Außerdem bescherte Holnstein die Macht über den König ein seltenes und anhaltendes Gefühl der Rache. Das waren die täglichen schweren Belastungen des Königs.

Wir haben heute eine umfangreiche Literatur über die Krankheit, die gruppenhaft auf den Einzelnen ausgeweitet wird. Diese Vorgaben sind vor allen Dingen im 19. Jahrhundert nachzuweisen. Wie sollte der König ähnlichen Symptomen entgehen können, wenn wir uns vor Augen halten, welche unglaublichen Maßnahmen der Staatsapparat gegen einen einzelnen Menschen über 15 Jahre lang durchführte? Wie konnte der König unter diesen Bedingungen leben? Dass man die Krankheit seines Bruders Otto auf ihn übertrug und daraus so etwas wie eine Sippenhaft machte, lässt die Feindschaft erkennen, die dem König entgegengebracht wurde. Es ist jener Missbrauch, der zur Schrankenlosigkeit führt und im Königsmord endet.

Wir haben zahlreiche Berichte, aus denen nachgewiesenermaßen hervorgeht, dass der König nicht krank war. Natürlich musste er sich im alltäglichen Leben wehren. Vielleicht war auch seine überschießende Phantasie daran beteiligt, dass er diesen Zwang durchbrechen musste. Interessant sind die Urteile zur „Krankheit des Königs". So sagt der Reichskanzler Bismarck: „Der Beste in den oberen Regionen (Bismarck meinte innerhalb der politischen Figuren in Bayern) ist noch immer der König. ... Ich bin mit ihm bis an sein Lebensende in günstigen Beziehungen und in verhältnismäßig regem, brieflichen Verkehr geblieben, und habe dabei jederzeit von ihm den Eindruck eines geschäftlichen, klaren Regenten von national-deutscher Gesinnung gehabt." (Bismarck: Gedanken und Erinnerungen, in: Süddeutsche Monatshefte, H. 11/26. Jg., August 1929, S. 267).

Richard Wagner schreibt: „Von dem Zauber seines Auges können Sie sich keinen Begriff machen: Wenn er nur leben bleibt; es ist ein zu unerhörtes Wunder".

Der Irrenarzt Dr. Franz Carl Müller führte lange Diskussionen über die Krankheit des Königs und sah ihn am 12. Juni 1886 zum ersten Mal für etwa 45 Minuten. In diesem Gespräch kamen Müller Bedenken über das Ferngutachten seines Chefs. Aber dennoch fühlt er sich der Konspiration verpflichtet. Er spricht über den „finsteren Blick" des Königs, wobei er sich auf eine Radierung des Zeichners Hecht bezog und war aufgrund dessen überzeugt, dass der König krank sei (F.C. Müller, in: Süddeutsche Monatshefte a.a.O., S. 771). Müller bezeichnet in seinem Unverstand die künstlerisch-architektonische Leistung des Königs als „Ausgeburten eines kranken Gehirns". – In seiner gesamten medizinischen Laufbahn immer nur Assistent, dazu recht ungeschickt, maßt er sich dieses Urteil an!

Feilitzsch stellte fest, dass der König überhaupt nicht krank sei. Er sah in diesen Gerüchten lediglich politische Erwägungen (Politischer Bericht des Österreichischen Gesandten, Freiherr Karl von Bruck vom 30.2.1877. Haus-, Hof- und Staatsarchiv Wien, Politisches Archiv, IV, S. 44).

Zusammenfassend muss gesagt werden, dass das Gutachten Guddens, das sich wie eine Krankengeschichte liest, vor allen Dingen auf Aussagen der bestochenen Dienerschaft beruht. Es ist selbstverständlich, dass der König beobachtet hatte, dass man ihn herausforderte, um Material gegen ihn zu sammeln. Daher spielte er mit den Betreibern des Lutz-Auftrages Katze und Maus. Die Berichte, die von primitiven Leuten weitergegeben wurden, haben Lutz sowie Gudden und Holnstein emsig gesammelt und in das Entmündigungsprotokoll eingebracht.

Kultusminister Ludwig August von Müller (1846-1895) versteckte sich hinter dem Erlass des Regenten, obwohl er ihn doch selbst formuliert hatte. Oberst-Hofmeister Graf Castell erkannte zwar die Sache als eine so starke Schädigung seiner Königlichen Hoheit, des Prinzregenten und des gesamten Hofstaates, dass er es für seine Pflicht hielt, einzuschreiten. Er forderte, dass Klug, Ludwigs königlicher Hofsekretär von 1838-1913, wenigstens bis nach dem Prozess beurlaubt werde, hatte aber wenig Erfolg, da er in dieser Angelegenheit persönlich beim Regenten nicht vorgelassen wurde und eine geeignete Vermittlung nicht fand. Die ganze Angelegenheit wurde als eine lästige Sache angesehen. Klug hatte innerhalb der Ministerialriege für erheblichen juristischen Aufruhr gesorgt und man hielt sich zurück. „Sichtlich scheute Crailsheim, **entgegen seiner Pflicht als Minister des Königlichen Hauses**, vor energischen Schritten zurück, da er offenbar aus der Zeit um 1886 Konsequenzen befürchtete.“ Es ist also klar, dass Friedrich August Ernst Gustav Christoph Krafft von Crailsheim (1841-1921) damals mit Lutz, Holnstein und Gudden Dinge unternommen hatte, die innerhalb des königlichen Hauses (damit gemeint vor allem der Prinzregent) nicht unbekannt waren (vgl. Möckel, S. 375).

Am 23. März 1886 wurden Lutz und Gudden in einem dreiviertelstündigem Gespräch darauf verpflichtet, dass der König unzurechnungsfähig und originär verrückt sei (vgl. stenografische Berichte der Bayerischen Kammer der Abgeordneten, 1885/86, Bd. VI, S. 784 ff). Diese Entscheidung war jedoch in konspirativen Gesprächen bereits vorbereitet und getroffen worden. Zur Verunglimpfung des Königs streute Lutz Gerüchte gegen Ludwig II. aus, um ihm zu schaden (K. Möckl, S. 154). Der König wurde vom Staatsapparat absichtlich falsch informiert. (K. Möckl, S. 95/96).

Frhr. v. Crailsheim,
kgl. Staatsminister.

Es entwickelte sich nun unter den Widersachern des Königs eine Arbeitsteilung gegen diesen. Der Irrenarzt Gudden bereitete das Entmündigungsprotokoll vor und verstieß damit gegen den Eid des Hippokrates. Ganz entschieden umging Gudden den Leibarzt des Königs, Dr. med. Maximilian Schleiss von Löwenfeld (1809-1897).

Der unberechenbare Graf Holnstein sammelt Material gegen den König bei den Reitknechten und bei seinen eigenen Untergebenen, die Holnstein fürchteten. Graf Holnstein hatte Geld des Königs unterschlagen und war daher entlassen worden. Das Unrechtsgutachten gegen den König wurde deshalb von Graf Holnstein aus Rache besonders vorangetrieben. Graf Holnstein gab einen Brief des Königs mit angeblich delikatem Inhalt zu den Akten, um den König zu belasten. Minister Lutz setzte seine ganze Ökonomie sowie den Leiter der Geheimkartei, Freiherr Freyschlag ein, um das teuflische Werk baldigst in die Tat umsetzen zu können. Er wollte außerdem den Prinzen Luitpold für den Plan gewinnen (K. Möckl, S. 375).

Die unmittelbare Unterrichtung des Prinzen Luitpold wurde in einseitiger und direkter Weise durch Crailsheim durchgeführt.
Graf Holnstein, Minister Lutz und Professor Gudden übertrafen sich geradezu im Sammeln von Belastungsmaterial gegen den König. Nicht uninteressant sind die Beziehungen des Grafen Holnstein zur kriminellen Hildegard Rixinger, sie sind quellenkundlich gesichert.

Es ging dabei um Unterschlagung, Erpressung und Fälschung der Unterschrift des Königs. Wenn man sich nun überlegt, dass dieser Graf Holnstein später Kurator des Königs wurde und Ludwig II. somit sein Mündel in diesen Angelgenheiten, so kann man sich ungefähr vorstellen, welche Konspiration im Einzelnen eingefädelt wurde. Nicht uninteressant sind in diesem Zusammenhang die Akten des königlich-bayrischen Staatsministeriums, des königlichen Hauses und des Äußeren (siehe dort 36/1/4). Es handelt sich dabei um die Entmündigung seiner Majestät, des Königs Ludwig II., und die Einsetzung der Regentschaft in den Jahren 1886-1889. Das Konvolut enthält vielfältige Schreiben, Entwürfe und Auskünfte über die Begutachtung des Königs und weitere Tatsachen, die herangezogen wurden, so z.B. über Zeugen und weitere Personen aus der Umgebung des Königs, ferner fünf Schreiben des bayrischen Gesandten in Berlin-Lerchenfeld sowie weitere Entwürfe.

Gudden befand sich auf dem Zenit seiner Macht, die Vollmacht, die er von Luitpold Prinz von Bayern erhielt, ist eindrucksvoll: „Alle Zivil- und Militärbehörden werden angewiesen, dem genannten Königlichen Obermedizinalrathe zur Erfüllung seiner Aufgaben jede erforderliche Unterstützung zu gewähren.“ (Wöbking, S. 110).

# Das Schloss Berg am Starnberger See – eine überwachte Haftanstalt für König Ludwig II.

Das Schloss liegt am Ostufer, und der Kronprinz und spätere König verband mit dem Gebäude viele Erinnerungen an seine Jugendzeit.

König Maximilian II. von Bayern, der Vater Ludwigs, hatte das Schloss zwischen 1849 und 1851 im neugotischen Stil umgestalten lassen.

Hier richtete sich Ludwig II. von Bayern im Stil der internationalen Weltausstellungen ein, die er genau beobachtet und jene von 1867 in Paris sogar selbst besucht hatte.

Die Räume des Schlosses beherbergten auch die Erinnerungsstücke an die von ihm gesehenen Wagner-Opern. Diese waren sehr repräsentativ in den Raumfluchten aufgestellt. Das Schloss war für den König immer ein Ort der Entspannung gewesen, daher war es besonders tragisch, dass die Feinde des Königs, Lutz, Freyschlag, Gudden, Grashey und Holnstein das Schloss wählten, um von München aus König Ludwig II. unter ständiger Bewachung, in einer Art Freiheitsentzug zu halten.

Professor Hubert von Grashey, der Schwiegersohn von Gudden, erhielt den Auftrag, Schloss Berg in ein Gefängnis zu verwandeln. Damit war Gudden immer in der Nähe seines Opfers. Es war sogar geplant, das Schloss mit einem hohen Zaun aus Stacheldraht zu umgeben (Wöbking, S. 129).

Noch wichtiger war, dass die Irrenpfleger aus Schloss Fürstenried geschlossen nach Schloss Berg verlegt wurden, da sie schon einige Erfahrung mit dem Bruder des Königs, Otto, hatten. Es war die „Schwarze Bande", Männer ohne Achtung, aber mit hartem Zugriff: Mauder, Schneller, Hack (vgl. Wöbking, S. 127, der allerdings nur einen Teil der „Schwarzen Bande" nennt).

Die von Kindheit an bekannten Zimmer waren zu einer Überwachungseinheit zusammengefasst worden.
Professor Grashey, der Schwiegersohn Guddens, meinte: „Es wäre für **alles** gesorgt (Wöbking, S. 128). Das Bett des Königs war zur Überwachung mit einem elektrischen Läutapparat versehen worden. (Wöbking, S. 128).
Bei sämtlichen Türen waren die Türdrücker ausgebaut, die Türen konnten nur mit dem auch in der Anstalt Fürstenried gebräuchlichen Dreikant geöffnet werden (Wöbking, S. 128).
In die Türen waren Beobachtungslöcher durch Messingeinsätze eingefügt. Der König sagte dazu: „Man kann sich ja nicht einmal waschen".

Der Irrenpfleger Mauder versprach dem König „er werde nicht ständig hereinschauen" (Wöbking, S. 128).
Die Läden der Fenster waren fest verschlossen, es folgte eine „ständige Überwachung" (Wöbking, S. 128).

Weiterhin waren von Gudden eiserne Gitter vor den Fenstern geplant. Der Irrenhaus-Assistentsarzt F. C. Müller bezog seine Überwachungswohnung im Kavalierhaus des Schlosses, zuvor über 35 Jahre lang die Wohnung von Dr. Schleiss von Löwenfeld. Dem König wurden scharfe Messer zum Essen verweigert sowie nach dem Schlafen auch seine Kleidung (Wöbking, S. 129).

Professor Dr. Gudden und sein Schwiegersohn Professor Dr. Grashey (die Macht lag damit im Familienverbund) wohnten im 1. Stock über dem König. Gudden und Grashey waren bewaffnet. Der Irrenpfleger Mauder, ein Schläger, musste den König frisieren (Wöbking, S. 130).

Gudden und sein Schwiegersohn berichteten, der König „sei fügsam“, wohl durch Härte und Bedrohung! (Wöbking S. 131).
Gudden vermerkte, der König habe sich „wunderbar gut in seine Lage eingefunden, der König sei wie ein Kind“. Gudden bemerkte weiter, **„er werde am Abend wieder mit dem König spazieren gehen – und zwar allein“** (Wöbking S. 132).
Hier baute Gudden sehr entschieden vor. Beim **letzten Gang** sollte **keiner** zugegen sein. Wie hatte doch Gudden zu seiner Frau zum Abschied gesagt: **„Ich komme wieder, lebendig oder tot“.** Bei diesem unmittelbaren Treffen sagte Irrenarzt Dr. F. C. Müller über seinen Vorgesetzten Dr. Gudden: **„Ich kenne meinen Chef gar nicht mehr.“** (Wöbking, S. 132).

Dr. Müller erkannte die Wandlung Guddens richtig, dieser musste sich in seinem Denken und Verhalten wandeln, denn die Tötung des Königs Ludwig II. durch einen gedungenen Mörder stand unmittelbar bevor und Gudden war in diesen Plan eingeweiht.
Washington, der Leiter in der Mordnacht, sagte aus, dass „trotz des verschlossenen Mitteltors im Schlosspark (Berg) frische Wagenspuren mit Richtung nach München festgestellt worden seien“ (Wöbking S. 144). Es könnte angenommen werden, dass man dem gedungenen Mörder des Königs das Mitteltor des Schlossparks Berg für Hin- und Rückfahrt geöffnet hatte (Wöbking, S. 144). Auffällig ist, dass nach dem Eingeständnis des Todes des Königs durch Dr. F. C. Müller sofort gesicherte Tragbahren und Abdecktücher zum Bedecken des Leichnams bereitstanden. Die Abdecktücher sollten die Schusswunden des Königs und die Strangulierung Guddens durch die Stallmeister Hornig vollständig allen Blicken entziehen.
Diese Leichenabdecktücher durften auf Anweisung der Tötungsgruppe um Lutz nicht einmal die Starnberger Ärztegruppe, die den Tod feststellen musste, anheben.
(Protocoll: über Besichtigung der Leiche durch Oberamtsrichter Jehle und Gerichtsschreiber Bolz, Schloss Berg Nachts 12 Uhr 20 Min., in: Wöbking, S. 177).

Schloss Berg nach dem Umbau durch
König Max II. um 1851
Lithographie nach einer Fotografie
25,0 x 19,3 cm Privatbesitz

# Hoffnung und Illusion

Die Verdammung durch den schärfsten Gegner des Königs Johann Freiherr von Lutz, wurde immer schärfer, eine Untergangsstrategie machte sich breit. „Es liest sich, ob der Verfasser es darauf abgesehen hätte, den Monarchen mit so gesteigertem Majestätsgefühl da zu treffen, wo er am empfindlichsten war, als wolle er ihn durch Androhung der GANT, der Unehre der Abdankung, durch hoffnungslose Abschneidung seiner einzigen Lebensfreude in die Verzweiflung treiben." (Gottfried Böhm: Ludwig II., König von Bayern, sein Leben und seine Zeit, Berlin 1924).

Die in diesem Buch, auch in den Einzelkapiteln, quellengestützt dargelegte Niedertracht der Tötungsgruppe der Feinde des Königs lässt in den Schilderungen den moralischen Tiefstand der Gegner König Ludwigs II. erkennen.

Die Fluchtgedanken des Königs waren daher berechtigt. Dennoch blieben die Hoffnungen des Königs Ludwig II. stärker. Der phantasiebegabte Monarch erkannte zwei Möglichkeiten zur Lösung seiner ausweglosen Situation der Jahre 1885/86 zur Beruhigung seines politischen und seines privaten Lebens:

1.) Die Flucht vor den Schergen – oder:
2.) Aufgabe des Lebens in eine abgehobene, historisch und doch gegenwärtige Stätte von der Art eines Katafalks, zum Schutze des ewigen Lebens.

Die Verfolgung durch die Staatsmacht hatte 1885/86 zugenommen, das Programm für die zahllosen Entwürfe zum Ausbau oder Aufbau der Burg Falkenstein wurden weitergeführt, sie wurden zur abstrakten und ideellen „einsamen Wohnstätte" unter der zunehmenden Verfolgung des Königs von ihm hochstilisiert – also Wandlung in einen höheren Status, gleich einer Wiedergeburt (vgl. H.G. Evers, Ludwig II., München 1986, S. 230).

So unwahrscheinlich und auch kaum nachvollziehbar dieses Verhalten ist, war es eine Hoffnung der letzten Tage, die seine Todessehnsucht bestärkte, wenn die Flucht fehlschlagen sollte.

Der Verlust der königlichen Würde, die Entschlossenheit seiner Gegner, führte im Leben des Königs zur „abermaligen Erhöhung" (Evers, S. 230). Der König drängte einerseits auf ein mysterienhaftes Zeichen und zusätzlich in eine verklärende Dichtersprache des „Ariost Orlando furioso", für die Hermann Kaulbach 1885 fünf Entwürfe lieferte. Es bleibt nun erstaunlich, wie sich König Ludwig II. aus der Todesnot erhebt und in die italienische Dichtkunst des 16. Jahrhunderts eindringt, indem er als Kenner Orlandos Werk versteht, denn das Aufbäumen gegen den Freiheitsentzug war ein Trancezustand, den der König wahrnahm im Sinne der Gnosis – eine Art Erkenntnis, die ihm beistand.
Der König teilte die Sicht des Dichters, die Worte sollten ihm helfen, zur Erlösung vorzudringen, daher musste noch kurze Zeit vor seiner Tötung eine Auseinandersetzung mit seinem Aufbahrungsort Falkenstein vollzogen werden. Die Architektur ist die Aufgipfelung eines riesigen Felsgesteins, hier erschließt sich die Symbolik des Königs, der Ort ist ihm ein Sanktuarium, ausgehöhlt in der Einsamkeit, erlöst von den Qualen der Verfolgung.

Die Burg Falkenstein wurde in den Stunden der Erkenntnis des gedemütigten Königs gedanklich, ohne Widerruf, zum Totenlager, geschmückt mit den nicht ausgeführten Fresken von **Hermann Kaulbach**, denn der Maler und Arzt begleitete den Monarchen mit Briefen und Gesprächen (Dr. Schleiss von Löwenfeld, Brief 1887) in den Tod und darüber hinaus als Schilderer des getöteten Königs Ludwig II. Hermann Kaulbach folgte in seinen Vorstellungen Ludwig II.
„Das Totenlager in Falkenstein ist einem als Ewigkeit aufgefassten Tode errichtet: Tod als diejenige Macht, die dem Tode nicht unterworfen ist. – Die Aufbahrung als ewiges Leben, als Wiedergeburt." (H.G. Evers, Ludwig II., München, S. 233). Die Beschäftigung mit der Burg Falkenstein war für den König eine Art innere Vorsorge. Noch 1886 sind die zahlreichen Pläne, Modelle und Bilder eine Hoffnung, – eine Loslösung von der geplanten Gewalt einer Staatsmacht, in die auch der Prinzregent Luitpold verstrickt war.

**Ansicht der Burgruine Falkenstein**

Zeitgenössische Kopie in Form einer Zeichnung nach der Lithografie von Domenico Qualio (1787-1837). Ludwig II.-Museum, Inv.-Nr. 508 (WAF).

Der König beauftragte Julius Hofmann 1885/86 mit der neuen Planung dieser Burgruine, die den König von aller Erdenschwere erheben sollte. Er hatte den Felsen mit dem Gemäuer bei Pfronten für eine geringe Summe erworben und ließ zahlreiche Baupläne anfertigen.

Noch kurz vor der Katastrophe im Juni 1886 hatte der König im Arbeitszimmer in Neuschwanstein auf einer Staffelei ein Aquarell von Falkenstein stehen.

Die Ruine Falkenstein bei Pfronten befand sich in einer Höhe von 1277 m. „Viel hätten die alten Mauern zu künden von vergangener Herrlichkeit", bemerkte der König. Hier war alles unzugänglich und die Freiheit war gesichert.

Der König gab Hermann Kaulbach den Auftrag für fünf Wandgemälde nach Ariosts „Orlando furioso", die Kaulbach dem König 1885 lieferte und ihm in der Planung 1886 dieser oft veränderten Ein-Mann-Burg auch noch 1886 folgte.

Der König hatte jedoch nach der zwanzig Jahre andauernden Verfolgung nicht mehr die Kraft zu reagieren, das Verhängnis kam über ihn!

# Daten zum Leibarzt des Königs

**Die Tötungsnacht in der Schilderung und Wiederholung des Leibarztes des Königs Ludwig II., Obermedizinalrat Dr. Max Joseph Schleiss von Löwenfeld. Der erste Tatzeuge in der Nacht der Ermordung des Königs Ludwig II. von Bayern am 13. Juni 1886 gegen 19.°° Uhr**

**Schleiss von Löwenfeld, Max Joseph** (Sulzbach 1809 – 1897 München), **Leibarzt von drei bayerischen Königen (Ludwig I., Max II., Ludwig II.):** Nach eigenem Bericht war er seit 1848 behandelnder Arzt des jungen Kronprinzen und späteren Königs Ludwig II. (vgl. V & H Auktion 76; Katalognr. 1394 u. 1924).

**Sammlung von Dokumenten zu seinem Leben**, insbesondere zu seinem beruflichen Werdegang: Zumeist handelt es sich um die offiziellen Urkunden mit Siegeln und Unterschriften der ausstellenden Behörden, teils mit Begleitschreiben. Vorhanden zum beruflichen Werdegang:

24.7.1832: Doktorurkunde der Münchner Universität.
18.6.1833: Assistenz-Arzt in der chirurgischen Abteilung des städtischen allgemeinen Krankenhauses (und Zeugnis für seine Tätigkeit als Assistenz-Arzt).
23.6.1837: Praktischer Armen-Arzt für München („Verpflichtung des praktischen Arztes betreffend").
21.6.1840 (bzw. 25.6.1840): Bestellung zum Kgl. Hofstabschirurgen.
7.9.1842: Bestellung als kommissarischer Leiter der chirurgischen Abteilung des Krankenhauses.
23.11.1842: „Primär-Arzt" des Krankenhauses.
5.1.1848: Bestellung zum Kgl. Stabsarzt.
28.12.1849 (bzw. 10.1.1850): Batallions-Arzt-Patent (Rang eines Oberstleutnants).
24.3.1851: Hofstabsarzt und Hofstabschirurg.
11.2.1853: Erhöhung der Bezüge.
17.4.1864 (bzw. 21.4.1864): Beförderung zum Kgl. Ober Medizinalrat. Orden und Ehrungen (Urkunden und Mitteilungen)
3.3.1842: Societas Medicorum Hamburgensium. Aufnahme als korrespondierendes Mitglied.
13.8.1842: Verein Großherzogl. Badischer Medicinalbeamter: Korrespondierendes Mitglied.
20.10.1843: La Société des Sciences médicales et naturelles de Bruxelles: Member correspondant.
27.12.1852: Ritterkreuz des Kgl. Verdienstordens vom Hl. Michael.
10.7.1853: Ritterkreuz des österreichischen Franz Joseph Ordens.
12.6.1858: Ludwig III., Großherzog von Hessen und bei Rhein verleiht das Ritterkreuz des Verdienstordens Philipps des Großmüthigen (mit Statuten etc.).
3.12.1861: Ritterkreuz des Verdienstordens der bayerischen Krone.
25.8.1868: (bzw. 27.8.1868): Komtur-Kreuz des Kgl. Verdienstordens vom Hl. Michael.

**Gegenstände aus dem Nachlass v. M. J. Schleiss von Löwenfeld:**
**Wappenpetschaft** des Schleiss von Löwenfeld mit den verschlungenen Initialen „SL" unter fünfzackiger Krone. Das Petschaft in Form eines Geweihs, versilbert mit Auflage von versilberten Eichenblättern. (1 Schraubenkopf fehlt; stark berieben bzw. Silber abgerieben).
**Ordenskreuz.** Vierzackiges Kreuz mit Lorbeerkranz und der Jahreszahl 1866 in der Mitte; rückseitig Löwe. (Alt- und Gebrauchsspuren). 2 Siegelabdrucke in Pappkästchen.
Dabei weitere Dokumente aus der Familie Schleiss von Löwenfeld: Kopie des Adelsdiploms der Familie Schleiss von Löwenfeld (für Jakob Schleiss) aus dem Jahr 1630. Beglaubigte Kopie des österreichischen Staatsarchivs, Wien. Doktorurkunde für Joseph Schleiss von Löwenfeld, Universität München 1804. Weitere Familiendokumente, die Nachfahren von M.J. Schleiss betreffend. Eine umfangreiche Sammlung von Dokumenten aus der Familie Schleiss, die den Werdegang des einflussreichen Leibarztes von drei bayerischen Königen nachvollziehbar machen.

Obermedizinalrat Dr. Schleiss von Löwenfeld legte seine Aufgaben als Leibarzt 1876 nieder.

Schleiss von Löwenfeld ging mit Gudden hart ins Gericht (vergl. Vandenberg, S. 87 ff. 1809-1897).

# Wichtige Vorkommnisse in der Mordnacht

Dr. Schleiss von Löwenfeld (1809-1897) hatte über viele Jahre einen freundschaftlichen Kontakt zur Familie des bekannten Malers Wilhelm Kaulbach, der mit König Ludwig II. von Bayern in regem Kontakt stand. Dessen Sohn Hermann Kaulbach war am Abend gegen 19.00 Uhr zusammen mit Dr. Schleiss von Löwenfeld im Schlosspark in Berg eingetroffen. Dr. Schleiss von Löwenfeld hatte jahrelang im Kavalierbau des Schlosses Berg gewohnt, sodass er dort bekannt war und die räumliche Situation übersah.
Die beiden Stallmeister Hornig wohnten in Seeheim in der Nähe des Schlosses Berg.

Graf Holnstein, eine Art Krimineller aus den höchsten Chargen trug mit zur Lutz-Legende bei: „Der König sei der Mörder Guddens“ eine tägliche Unwahrheit, ein bänkelsängerhafter Presseknüller der fatalen Berichterstattung über Ludwig II.

Wir fassen daher nach den neuesten Kenntnissen zusammen:

1.) Die Feinde des Königs seit zwanzig Jahren, Lutz, Gudden, Holnstein, Müller, Freiherr zu Freyschlag für den Prinzregenten, auch Crailsheim, hatten den König entthront, ihn anrüchig gemacht „sie hatten alles erreicht, um ihn niederzuwerfen“
2.) Die Freunde des Königs Ludwig II. hatten Hinweise, dass am 13. Juni 1886 eine „Entscheidung“ fallen sollte: Sie waren daher im Schlosspark Berg anwesend. Es handelte sich um Dr. Schleiss von Löwenfeld, Hermann Kaulbach und die Stallmeister Hornig aus Seeheim, nahe des Schlosses Berg wohnend.
3.) Gudden, Müller und Washington waren zu diesem Zeitpunkt in Schloss Berg. Sie kannten ihre Aufgaben. Der Spaziergang Guddens mit König Ludwig II. am Vormittag des 13. Juni 1886 war eine Generalprobe gewesen. Gudden besichtigte wohl nochmals den vorgegebenen Platz, er hatte zu Lutz gesagt, „ich werde ihn (den König) bringen“.
4.) Beim zweiten Spaziergang Guddens mit König Ludwig II. am 13. Juni 1886 gegen Abend sollte dann die Entscheidung fallen. Der Abmarsch von Schloss Berg erfolgte zwischen 18.15 und 18.30 Uhr, die Wärter, die „Schwarze Bande“ (Franz Carl Müller, S. 773 und Möckl, S. 61) die immer dem König folgen mussten, wurden von Gudden bestimmt und eindringlich zurückgeschickt, denn Gudden führte Ludwig wohl nunmehr zum mit Lutz abgesprochenen Platz im Park, den die Lutzregierung ausgewählt hatte, an dem der beauftragte Mörder wartete, der mit Aufsatzschüssen die Tötungsaufgaben erfüllen sollte. Durch die vermutete Fluchtabsicht des Königs waren wohl im Lutz-Team radikale Maßnahmen vorgeschlagen worden; ob Gudden diese kannte, ist nicht bewiesen, es kann aber angenommen werden, dass er die Pläne kannte.
5.) Wir wiederholen nochmals: Die Todesschüsse an dem durch Lutz, Gudden, Müller und Washington wohl festgelegten Platz im Park von Schloss Berg müssen den Beteiligten bekannt gewesen sein. Gudden hat wohl in diesem Zeitrahmen bestimmte medizinische Aufgaben übernommen, wie z.B. Wechsel und Auslegung der Kleidung im Gelände, Stillung der Wunden usw.
6.) Der König Ludwig II. wurde im Park von Schloss Berg durch aufgesetzte Schüsse getötet, damit entfällt die vom Lutzkreis in der Nacht des 13. Juni 1886 konstruierte Tötung Guddens durch König Ludwig II. von Bayern, der König ist demnach kein Mörder. Gudden hatte Gegner, die ihm nachstellten; diese Namen der Guddenhasser werden nach einem bestimmten Ablauf und unter bestimmten Voraussetzungen genannt werden können.

Der scheinheilige Kavalier des Königs Ludwig II., Oberstleutnant Freiherr von Washington, stellte eine wichtige Beobachtung in der Mordnacht fest: „Das verschlossene Mitteltor im Schlosspark muss geöffnet worden sein, **stand offen**, denn frische Wagenspuren in Richtung nach München wurden festgestellt“ (Wöbking, S. 144).
„Das Dienstpersonal vom Schloss Berg wurde mit Fackeln ausgerüstet“ (woher so schnell?) (Wöbking, S. 146). Man hatte Osterholzer, einen Kutscher, in Verdacht, so wie jeder in der Verwirrung willkürlich beschuldigt wurde, gerade wenn man in dieser Problemnacht eine Ausrede suchte. „Washington mutmaßte, dass möglicherweise der Lakai Mayr mit dem mysteriösen Verschwinden des Königs in irgendeinem Zusammenhang zu bringen sei.“ (Wöbking S. 147).
Dr. Schleiss von Löwenfeld vermerkt „dass eine ‚geschlossene Kalesche‘ vor dem Park in Berg gestanden hätte“ (Vermerk zur Mordnacht 1886). Es ist sicher: Der gedungene Mörder des Königs war in einem geschlossenen Wagen kurzfristig angereist und sofort wieder nach erledigtem Auftrag eiligst abgefahren, daher das geöffnete und später wieder geschlossene Tor (Wöbking, S. 146).

Als Kriminalist, Staatsanwalt und Richter wäre es sicherlich eine hohe Aufgabe, diesen entscheidenden Fragen der Toröffnungen nachzugehen und zu klären. Warum tut Wöbking das nicht, der Kriminalist und Staatsanwalt ist? Genügend Fackeln im Schloss und Bahren in der Fischerhütte waren bereitgestellt worden, scheinbar war durch Gudden und Washington an alles gedacht worden. Auch die Abdecktücher lagen zur Auswahl bereit.
**Die Leichen durften von keinem aufgedeckt werden.**
Mit dem Schlage 12 Uhr sagte nun Dr. Müller mit lauter Stimme „Herr Oberstleutnant, ich konstatiere den Tod seiner Majestät und den des Oberarztes von Gudden. Alle Wiederbelebungsversuche sind vergebens.“

**Zeitlicher Ablauf der Mordnacht**

| | |
|---|---|
| 18.15 Uhr | Aufbruch Guddens mit dem König. |
| Um 18.30/45 Uhr | Tötung des Königs durch Aufschüsse am Rücken, Vorkehrungen Guddens an der Leiche des Königs und Verteilung der Kleider in der Umgebung. |
| 19.15/30 Uhr | Eintreffen von Dr. Schleiss von Löwenfeld, Hermann Kaulbach und den Brüdern Hornig am Mordplatz. |
| 19.30/40 Uhr | Kurzer Kampf mit Gudden und Tötung desselben. |
| Um 20.00 Uhr | Beginn Hermann Kaulbachs mit den drei Studien, erstens mit dem Porträt des Königs (Fortführung in Seeheim), Fertigstellung der beiden männlichen Porträts Dr. Schleiss von Löwenfelds und Hornigs im Atelier in München. |
| Gegen 21.30 Uhr | Dr. Schleiss von Löwenfeld, die Stallmeister Hornig und Hermann Kaulbach zurück nach Seeheim im Boot. |

**Beginn einer Beruhigung nach totalem Durcheinander. Auszugsweise erste Telegramme der Einsatzgruppe Schloss Berg, nachts**

Geheimsekretär Betz über festgestellte Verletzungen an der Leiche des Dr. v. Gudden (Wöbking, S. 155).

| | |
|---|---|
| 22.15 Uhr | Laut Telegramm Nr. 47: Park durchsucht – ohne Resultat (Wöbking, S. 155). |
| 22.35 Uhr | Telegramm Nr. 51 an Oberst Freyschlag durch Washington (Wöbking, S. 155). |
| 23.00 Uhr | Telegramm Nr. 52 an Lutz: Spaziergang des Königs ab 18.30 Uhr (Wöbking, S. 156). |
| 0.10 Uhr | Telegramm Nr. 53 an Freyschlag (Wöbking, S. 156). |
| | (vgl. Wöbking: Unglücksbotschaften und Versagen (Wöbking, S. 154-175)). |

Washington war am 12.6.1886 gegen 16.35 Uhr in Schloss Berg angekommen, ihm oblag die Organisation der Haftanstalt Berg. Die „Schwarze Bande“ Mauder, Scheller, Hack, Braun, Barth, wichtige Irrenhauspfleger mit hartem Zugriff, harrten der Aufgaben fürs Grobe.

Das Schloss Berg wird zu einem Sicherheitstrakt ausgebaut. Zuständig ist der Schwiegersohn Guddens Grashey (Wöbking, S. 127). –
„Ständige Überwachung“.
„Der König sei wie ein Kind“ (Wöbking, S. 132).
Washington meldet an Crailsheim, „der König sei seit 3/4 7 im Park (Wöbking S. 138).
Der Irrenpfleger Schneller wurde barsch von Gudden zurückgeschickt, „es geht keiner mit“, hatte Gudden gesagt. Grashey verneint diesen Befehl, aber Gudden braucht für seine jetzt kommende Entscheidung keine Mitwisser (Wöbking, S. 142).

Da sich die Entscheidungen in den historischen Berichten zum Tode Ludwig II. unterschiedlich darstellen, wird noch einmal auf die verschiedenen Situationen eingegangen, wobei diese Tatbeschreibungen noch oft wiederholt werden müssen.

Entscheidend für den Ablauf der Mordnacht war ein Irrtum Guddens, Washingtons und Müllers – denn sie waren nicht allein auf dem Gelände des Schlosses Berg. Neben dem gedungenen Königsmörder, den Dr. Schleiss von Löwenfeld nicht kannte, waren anwesend: Dr. Schleiss von Löwenfeld, der Leibarzt des Königs, Hermann Kaulbach, der Maler, und die beiden Stallmeister des Königs, Hornig.

Staatsminister Johann
Freiherr von Lutz
Radierung nach einer
Fotografie um 1875
Privatbesitz München

Nachdem Gudden um 18.25 Uhr mit dem König allein das Schloss Berg verlassen hatte, stand für Gudden und seinen Kreis fest, unmittelbar die Tat vollziehen zu lassen. Die Freunde des Königs kamen zu spät und sahen Gudden wohl bei seinem medizinischen Auftrag, durch Waschung und Wässerung der Leiche Spuren zu verwischen. Der Tod Guddens durch Strangulierung war ein Akt der Rache und wurde hastig vollzogen.

Die im Detail genau geplante Mordnacht war zusammengebrochen, die Gruppe der Täter in München und die Gruppe von Washington und Dr. Müller in Schloss Berg benötigten vier Stunden, um eine Legende des Todes zu entwickeln. Die Kämpfe am und im Starnberger See zwischen Gudden und dem König, die Tötung Guddens durch den König, die Verschleierung der Todeseinwirkungen sind Erfindungen unter Zeitdruck des Lutz-Komplotts.

Danach folgten Vergatterungen der Amtsärzte aus Starnberg, die Androhung durch Tod und Galgen gegen die Mitwisser aus Gründen der Staatsräson. Aber wie konnte das alles geschehen? Die brutale Tötung des Königs, die Bildung einer Art Bande, die diesen Tod plante und schreckensreich zu Ende führte – wer waren die entmenschten Feinde des Königs?

Ministerpräsident Lutz, dessen Politik fehlschlug, der ein Opfer für die Öffentlichkeit brauchte, stellte die Gruppe Gudden, Grashey, Holstein und Freyschlag zusammen. Lutz sah im König „eine Bedrohung seiner politisch-gesellschaftlichen Macht als Angriff auf die staatliche verfassungsmäßige Ordnung." (K. Möckl, S. 550).
Lutz war erfüllt von Argwohn und Feindschaft gegen den König, aber auch von Schwäche, er sah in König Ludwig II. eine totale Störung seiner politischen Ziele.
Lutz war unehrlich und ein Politiker der Verschleierung, er zog im Kampf gegen den König den korrupten Grafen Holnstein an sich, er hatte den Irrenarzt Gudden in dessen Ehrgeiz bestärkt, er pflegte einen direkten Draht zum Freiherrn von Freyschlag mit sämtlichen Folgen intimster Verbindungen. Sein schlechter Charakter wurde deutlich im Missbrauch der Tagebücher des Königs, die er in seiner privaten Wohnung versteckte und fälschte (vgl. Franz Merta, Die Tagebücher König Ludwig II. von Bayern, Sonderdruck aus der Zeitschrift für bayerische Landesgeschichte, Bd. 53, Heft 2, 1990, S. 319 ff).

Minister Lutz ließ seine Kinder auf Kosten des Königs in der Pagerie erziehen, seine Kreaturen erhielten Würden und Orden, sein Freund Türk wurde noch vor Torschluss zum „Ritter" gemacht (Fränkisches Volksblatt, 5. Juni 1886). Trotz jeder Beförderung Lutzens war dieser bereit, die Todesvorbereitungen gegen den König Ludwig II. zu verstärken.

Ludwig II. starb nur einmal, sein Widersacher Lutz starb ein halbes Leben. Er musste noch im Alter, nach dem Tod seines Opfers Ludwig II., Tagebücher des Königs heimlich in seine Privatwohnung nehmen, um Verteidigungsmaterial zur Hand zu haben, um, wenn alles herauskam, sich rechtfertigen zu können. Die Quellen weisen nach, dass er diese wichtigen Indizien pauste und manipulierte. Nach Lutzens Tod machte sich dann sein Sohn aus dritter Ehe mit seiner Haushälterin darüber her, um die Fälschungen zu publizieren (vgl. Franz Merta, Die Tagebücher König Ludwig II. von Bayern, Überlieferung, Eigenart und Verfälschung, Sonderdruck aus der Zeitschrift für bayerische Landesgeschichte, Bd. 53, Heft 2, 1990 ff).

Bei der Sektion der Leiche des Königs wurde der gute Gesundheitszustand wiederholt festgestellt (vgl. Geheimes Hausarchiv, 36/1/3). Der Leibarzt (Leibchirurg des Königs), der 20 Jahre den König betreute, der lange Zeit in Schloss Berg neben dem König wohnte und der nicht für die Gutachten von Minister Lutz hinzugezogen wurde, der aber von Gudden geschnitten, verdächtigt und verdrängt wurde, versucht sich zu Wort zu melden, denn er hatte unter der Lutz-Gudden-Crailsheim-Holnstein- und Prinzregenten-Gruppierung keine Chance, seine Meinung zu sagen. Daher schickt er ein Telegramm ab, das natürlich vom Lutz-Regime abgefangen und zur Fälschung erklärt wurde.

Der Leibarzt des Königs, Dr. Schleiss von Löwenfeld teilt an die Allgemeine Zeitung in München aus Berg am 10.6.1886 um 18.35 Uhr mit: „Zur Berichtigung: Von der Existenz eines schweren Leidens, welches seine Majestät, den König Ludwig II. an der Ausübung der Regierung dauernd verhindert, ist durchaus nicht überzeugt Dr. Schleiss von Löwenfeld, Leibchirurg seiner Majestät." (vgl. Geheimes Hausarchiv, 36/1/3 V – 36/1/4; s. auch Texte an die Wiener Presse).

In einer Mitteilung an die Wiener Presse vertritt der Leibarzt von König Ludwig II. die Meinung:
„Ein Separat-Votum habe ich nicht abgegeben – wahrscheinlich befände ich mich nicht mehr hier, wenn ich das getan hätte".

Um über die Gesundheit oder Krankheit des Königs urteilen zu können, muss darauf hingewiesen werden, dass die Feinde des Königs wiederholt bei irgendwelchen Missständen erkrankten. Als herauskam, dass Graf Holnstein betrügerisch in die Kasse des Königs gegriffen hatte, lag er lange Zeit zu Bett. Bei Crailsheim und Lutz wurde das Unwohlsein stets verheimlicht. Aber erstaunlich ist, dass König Ludwig II. seit 1875 von seinen Feinden hinterhältig verfolgt wurde, nicht nur die Schmähungen, ja, die tagtägliche nächtliche Belauerung durch die konspirative Dienerschaft, das Durchwühlen seiner Briefe, die Verdrehung der Texte, die Lügen über den Alltag, Schadenfreude, Voyeurstum, bis hin zum Klosett, am laufenden Band Untreue, Raub des Anonymen, Verächtlichmachung der künstlerischen Werke.

Doch zurück zur Mordnacht: Die blutenden Wunden, der Blutstrom aus dem Mund mussten gestillt, die blutüberströmte Kleidung musste beseitigt werden.
Die Leiche des Königs wurde vermutlich entkleidet, die Blutungen mit Alaun und Wachs gestillt. Danach erhielt der König ein neues Hemd und Unterkleider, der durchschossene Mantel wurde ausgetauscht, insgesamt ein wohl vorbereitetes Attentat. Tragbare Bahren und Abdecktücher standen bereit, die Mordgruppe hatte an alles gedacht.

Gudden nahm den Mantel des Königs um direkt am Ufer Wasser zu schöpfen. Er war dadurch selber durchnässt, daher die spätere Vermutung, Gudden und der König wären im See geschwommen. Die neuen, nicht blutverschmierten Kleider wurden auf dem Gelände ausgelegt, um bewusst Fehlspuren zu ersetzen.

Diese logistisch vorbereiteten Maßnahmen waren von langer Hand geplant worden. Auch die zunächst vorgesehene Verwahrung des Königs im Schloss Linderhof, aber auch die Absicht, das Schloss Berg mit Stacheldraht am Ufer unzugänglich zu machen, waren fehlgeschlagene Planungen, die die hinterhältige Gruppe der Königsmörder beherrschte.

Die Aktion der Feinde des Königs war noch nicht beendet. Gudden hatte vor Ort fieberhaft gearbeitet. Seine Tätigkeit sollte geheim bleiben, als Ludwig-Freunde auftauchten, um den König zu retten. Sie kamen zu spät, aber das Zusammentreffen führte zu einer heftigen Auseinandersetzung. Der Kampf, wie man annehmen muss, kostete dem Irrenarzt Gudden um 20 Uhr das Leben. Die Verletzungen waren nicht vom König verursacht, auch nicht der Tod Guddens.

Damit hatten Washington und Dr. F.C. Müller nicht gerechnet. Nun musste eine neue Version des behaupteten Tatablaufs erdacht werden, daher die Verzögerung der angeblichen Auffindung des Königs. Die Leute um Washington und Dr. Müller kannten die Stärke der Ludwig-Freunde nicht. Man musste die Gendarmerie abwarten. Die Durchsuchung des ganzen Parks in Gemeinschaft mit Graf Washington und dem Schlossverwalter Huber um 20.30 Uhr war eine reine Farce. Der Irrenarzt Dr. Müller und Washington kannten die Aufgaben Guddens. Erst um 22 Uhr nachts meinte Dr. Müller: „Jetzt wird's Zeit." (a..a.O., F.C. Müller, S. 789).
Inzwischen hatten die Freunde Ludwigs von ihrem König Abschied genommen. Die Skizze nach dem toten König und nach Schleiss von Löwenfeld und Hornig wurde von Hermann Kaulbach in dieser kurzen Zeit gefertigt. Dabei war es von Bedeutung, dass Hermann Kaulbach ein ausgebildeter, genauer Zeichner war, der als Historienmaler das Detail und die Gesamtsituation begriff und beherrschte. Kaulbach hatte im Schauhaus 1885 in München viele Leichen porträtiert, die für sein Bild „Tod der heiligen Hedwig" von großer Wichtigkeit waren.

# Der vermutete Platz der Tötung König Ludwig II. von Bayern

Die vorliegende Zeichnung wurde verändert übernommen aus: Süddeutsche Monatshefte 1912, S. 663. Weggelassen wurde der Kampf im See, der nicht stattfand.

Wichtig ist das Ufergelände an dem der König Ludwig II. mit Aufsatzschüssen getötet wurde.

Überzeugend sind die Eintragungen vom aufgefundenen Rock und Mantel des Königs, - noch wichtiger ist die Auffindung des Hutes von Ludwig II.
Ein bedeutender Hinweis ist der Schirm Guddens, denn hier empfing er die Stallmeister Hornig äußerst aggressiv auf Tod und Leben.
Entscheidend war das Gelände: von Westen nicht einsehbar und schallsicher, vor allem für Gudden und den bestellten bisher anonymen Schützen. Aufkommender Regen brachte Dunst aus Südwesten. Bei diesem Dunst wurde der tote König in das nahe Bootshaus gerudert, das wenige Stunden danach abgerissen wurde.
Das Boot von den Brüdern Hornig lag unmittelbar am Pfad hinter dem Weidengebüsch bereit.
Der König war vorher von Gudden kurzfristig mit Wasser gewaschen oder begossen worden.
Im Bootshaus malte Hermann Kaulbach an den schnell entworfenen Skizzen weiter.

In Schloss Berg warteten Washington und Dr. Müller auf die Nachricht von Gudden. Die Legende des Kampfes im See zwischen dem König und Gudden wurde von dem kriminellen Grafen Holnstein in München entwickelt und mit Lutz abgestimmt.

Die Freunde des Königs hatten in ca. einer Stunde 50 Minuten eine erregende Zeit mit energischer Logistik kaum vollenden können. Die Skizze des Königs hatte Hermann Kaulbach fertig gestellt. Die Skizzen nach Schleiss von Löwenfeld und dem Stallmeister wurden in Seeheim und München vollendet.

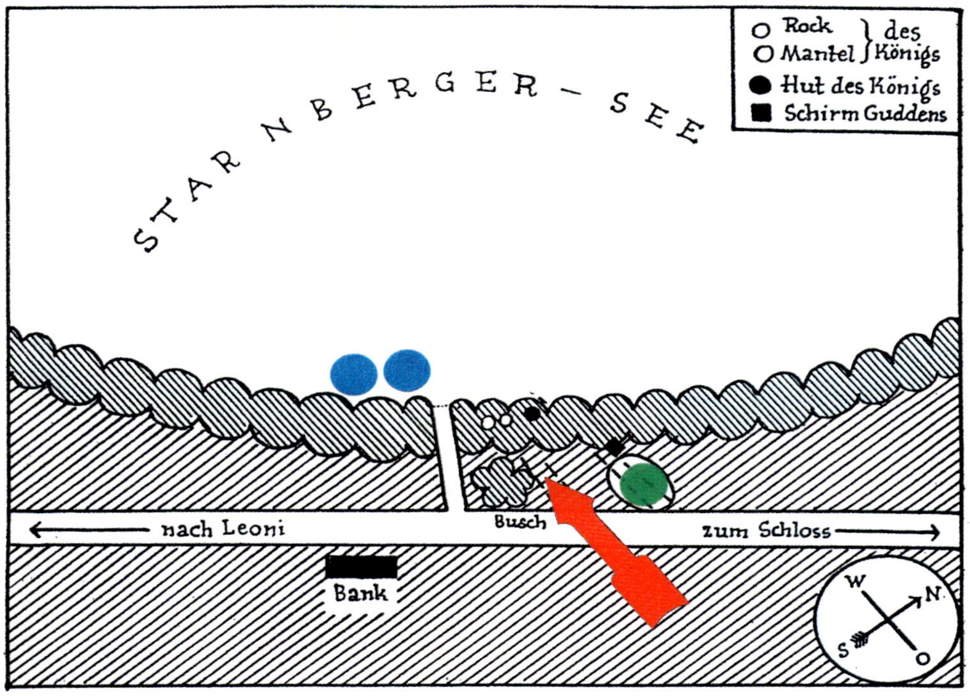


Abbildung zwei blaue Punkte:
Das Ruderboot der Stallmeister Hornig.

Roter Pfeil:
Ort der Tötung König Ludwig II. von Bayern.

Grüner Punkt:
Medizintasche von Dr. Bernhard von Gudden.

# Die Burgruine Falkenstein als Idee und Monument des Todes

Die Verschärfung der Verfolgung erfolgte durch den Minister Lutz und den Psychiater Prof. Dr. von Gudden sowie durch den heimlichen Intimfeind des Königs, Graf von Holnstein. Letzterer war Exzellenz des Königs und Ehrenritter des Malteser-Ordens, Oberststallmeister, Generalmajor à la suite – ihm waren keinen Grenzen gesetzt. Ein weiterer Feind war Freyschlag von Freyenstein, der Leiter der Geheimkartei in München, ein schwerwiegender Gegner, da eng verbunden mit dem Oheim des Königs Ludwig II., Prinz Luitpold, Regent von Bayern; er hatte die Entmündigung eingeleitet. Der König ahnte seinen Tod und sah in seinen Vorbereitungen zur Umgestaltung der Burgruine Falkenstein einen neuen Weg der Befreiung, indem er 1885 eine Serie von neuen Plänen für Falkenstein schuf, die dann Januar bis Juni 1886 vorlagen.
Die fünf Szenen (Gemälde) aus Ariosts „Orlando furioso", von Hermann Kaulbach entworfen, hatten ikonologisch einen tieferen Sinn nach Vergleichen, er hatte die Entwürfe von Hermann Kaulbach als „isolierte Ferne" (Zitat von Kaulbach), gleichsam und letztlich für ein Gehäuse, wohl einen byzantinischen Raum, geplant, um dann in einer Idee zu verblassen, bis zur Aufgabe des Planes. Eher dachte der König an die Allerheiligen Hofkirche in München, in der er alsbald ruhen würde. Letztlich war die Burg Falkenstein ein geplantes abstraktes Monument für den König: Tod, Wiedergeburt und Weiterleben in einem jenseitigen Status, diese Idee stand dem König näher (vgl. H. G. Evers, Ludwig II., München 1986, S. 233).

Das Falkenstein-Monument war kurz vor dem Tode des Königs eine Stätte, die dem Tod nicht unterworfen sein sollte, es war eine eigene Befreiung am Ende der Königs-Tötung, die im Gedenken Hermann Kaulbachs an die Mordnacht als Verpflichtung entgegengenommen wurde.

Der König wollte frei von Angst und Verfolgung leben, die vital bedrohliche Situation des gewaltsamen Todes wollte er verdrängen, daher suchte er nach Beistand – den Hermann Kaulbach leisten konnte. Als Arzt und Maler stand er ihm vor allem 1886 nahe, indem er mit dem König das Programm der von ihm gewünschten Entwürfe der Fresken von Burg Falkenstein besprach und kommentierte.

Der König hatte das berühmte Epos von Ludovico Ariosto (1474 – 1533) gelesen und mit Hermann Kaulbach durchgesprochen.
Nach Ludwig II. gebührte dem Werk unvergänglicher Dichterruhm – seine italienischen Landsleute gaben Ariosto den Beinamen „il Divino – der Göttliche".
Den Reichtum an Phantasie konnte König Ludwig nicht genug loben. (Brief H. Kaulbach an Dr. Schleiss von Löwenfeld, 10. Februar 1886): Der König lebte in großer Bedrängnis und er flüchtete in das bedeutende Epos. Orlando furioso gebührt der erste Platz unter den romantischen Heldengedichten und erlebte die ungeteilte Bewunderung des Königs Ludwig II. auch noch 1886 in der Todesahnung.

Hermann Kaulbach hatte fünf große Entwürfe zu den Wandgemälden in Schloss Falkenstein gefertigt:

1. Flug Rogers mit Angelica auf dem Flügelpferd 1885.
2. Befreiung Angelicas 1885.
3. Empfang Rogers in den Zaubergärten durch Alcine 1885.
4. Turnierkampf zwischen Roger und Mandricard 1885.
5. Brandamante in der Grotte Merlins 1885.

**Im Frühjahr 1886 hatte Kaulbach nochmals eine Begegnung mit dem König zum Thema Falkenstein, wobei Erinnerung, Geahntes, Geplantes und auch Erwartetes zur Sprache kamen, wobei bestimmte Auslöschungen der Erinnerungen im Mittelpunkt standen. Wer, so ist zu fragen, konnte sich unmittelbar in Todesnot dem Genius des Ariosto widmen? Das lässt die Gestalt Ludwig II. König von Bayern in hellstem Lichte erscheinen. Der Eigenwille seiner Gestalt und der Reichtum seiner Phantasie sind umfassend. Der König verklärte sein Umfeld, er trennte sich von Verfolgung und Zorn. Dem Neid seiner Feinde schutzlos ausgesetzt, der Gier seiner Töter unterworfen, bleibt er der strahlende König.**

# Der Porträtmaler Hermann Kaulbach (1846-1909) und König Ludwig II. von Bayern

Hermann Kaulbach, der Sohn von Wilhelm Kaulbach, war schon zu seinen Lebzeiten ein anerkannter Maler. Wichtig für das hier rechts abgebildete Porträt des toten Königs sind die Begegnungen mit Ludwig II., der ihm einer der wichtigsten Auftraggeber wurde und darüber hinaus ein verständiger Anreger in seiner Kunst.
Hermann Kaulbach als Porträtist, und das ist entscheidend in dieser vorliegenden Darstellung des toten Königs, gelang eine überzeugende und im Detail genau nachvollzogene Zeichnung, die auch stimmungshaft überzeugt. Dieses einmalige Bild wurde noch weit über den zeitgebundenen Realismus gesteigert und erhält dadurch beweisführende Kraft.
Hermann Kaulbach absolvierte an der Münchner Universität zwischen 1864 und 1869 ein Medizinstudium, in dem er sich auf die Schädellehre spezialisiert, die so genannte Phrenologie.

Mit Erfolg wandte er dieses Wissen in der späteren Porträtmalerei an; es ist besonders in dem Porträt des toten Königs Ludwig II. hervorgehoben. – Hier ist die Schädelform maßgebend – Stirn und Nasenbein. Die bewegte Physiognomie ohne Leichenstarre ist gegenwärtig in der Anspannung, auch in der Wangenpartie, die fein geformte Nase, die noch „bewegten" Augendeckel, der fein gezeichnete Mund mit der geschwungenen Oberlippe. Dennoch ist die Darstellung grausam und die Hoheit des Königs Ludwig II. bestimmt dieses Leichenporträt.
Erschreckend und dramatisch im gesteigerten Realismus ist die Öffnung der Lippen: Not und Tod sind hier in aller Gewalt dokumentiert als Anklage gegenüber den Mördern. Das Vergehen gegen den König konnte und kann, damals wie heute, niemand so gewalttätig für alle Ewigkeit dokumentieren.

Woher nimmt Kaulbach diese einmalige „schmachvolle Wirklichkeit", wie er selbst in einem Brief an Dr. Schleiss von Löwenfeld vermerkt (Briefe Dr. Schleiss von Löwenfeld, im Privatbesitz)? Nur daher, dass er mit dem König Ludwig II. in regem und unmittelbarem Kontakt stand!
Hermann Kaulbach lieferte dem König Ludwig II. 1885 fünf beachtliche Entwürfe für den großen Saal der Burg Falkenstein mit den Themen Ariosts „Orlando furioso" (wie oben beschrieben). König und Malerarzt verbanden enge thematische Bezüge.
Die Planung zur Ruine Falkenstein wurde um 1885 nochmals vom König Ludwig II. zu einer „Kombination von Kenotaph und Welt-Abschließung" gesteigert (vgl. H. G. Evers, Ludwig II., München 1986, S. 234).

Das Programm, das König Ludwig II. in Falkenstein kurz vor seiner Tötung wählte, diente einer merkwürdigen Ahnung. In vorliegendem Buch zeigt die chronologische Fotoreihe des Königs von etwa 1860 bis 1886 von Joseph Albert, den allmählichen Untergang des Königs Ludwig II. noch verschleiert aber eingedenk des Tötungswillen der Konspiration Lutz wird eben dieser Tötungswille sichtbar.

Die späteren Projekte „Falkenstein" des Königs um 1885, ein Jahr vor seiner Tötung, „weisen überwiegend auf die Bereiche von Tod und Wiedergeburt und Weiterleben in einem jenseitigen Status" hin (Evers, München 1986, S. 233).
Die Gespräche mit Hermann Kaulbach waren für den König wohl eine Befreiung – war Falkenstein eine Art geistige Aufbahrung? Die Ruine war in der Not der Verfolgung durch die Staatsmacht eine Art „Todespforte", von der Ludwig II. 1886 oft gesprochen hatte.

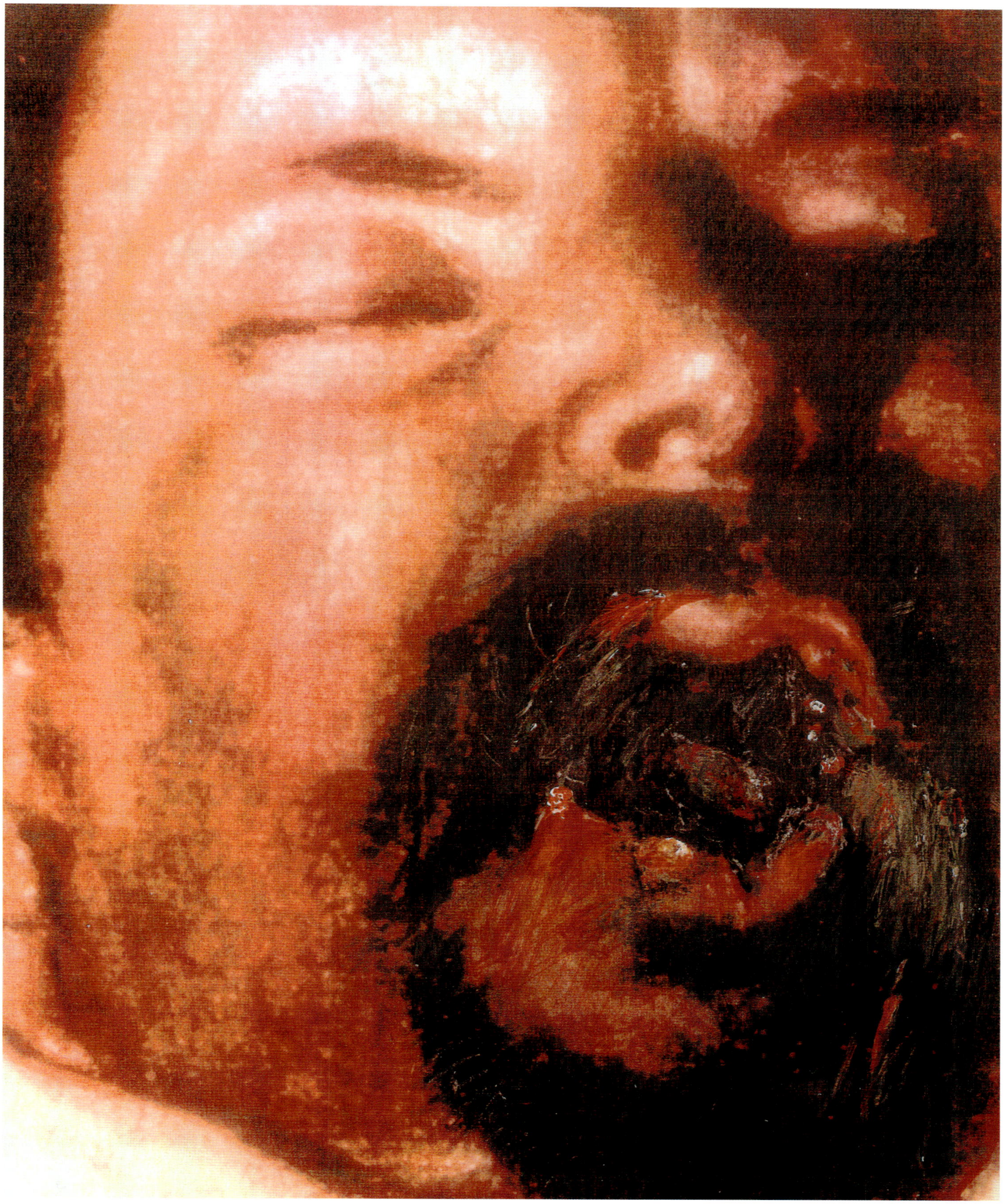

Ausschnitt aus dem Ölgemälde König Ludwigs II. von Bayern von Hermann Kaulbach, gemalt am Rande des Seeufers am Starnberger See am 13. Juni 1886, gegen 20.30 Uhr. Das schwärzlich gestockte Lungenblut tritt am linken Mundwinkel aus. Bei einem Ertrunkenen kaum möglich. Die Leichenstarre war noch nicht eingetreten!

Das Bild des toten Königs Ludwig II. von Bayern wurde am 13. Juni 1886 gegen 20.30 Uhr von Hermann Kaulbach gemalt. Der Ort oder Standpunkt war ungefähr das etwas zurückliegende Seeufer kurz oberhalb des Fußweges nach Leoni (südwestlich der Fortführung des Weges nach nordöstlicher Richtung zum Schloss Berg) (Vergleiche Karl Alexander von Müller, Unbekanntes von Ludwig II., Süddeutsche Monatshefte, Juni, Heft 9, 1912, S. 663).
Am 13. Juni 1886 waren Wind und Regen um 20 Uhr aufgekommen.

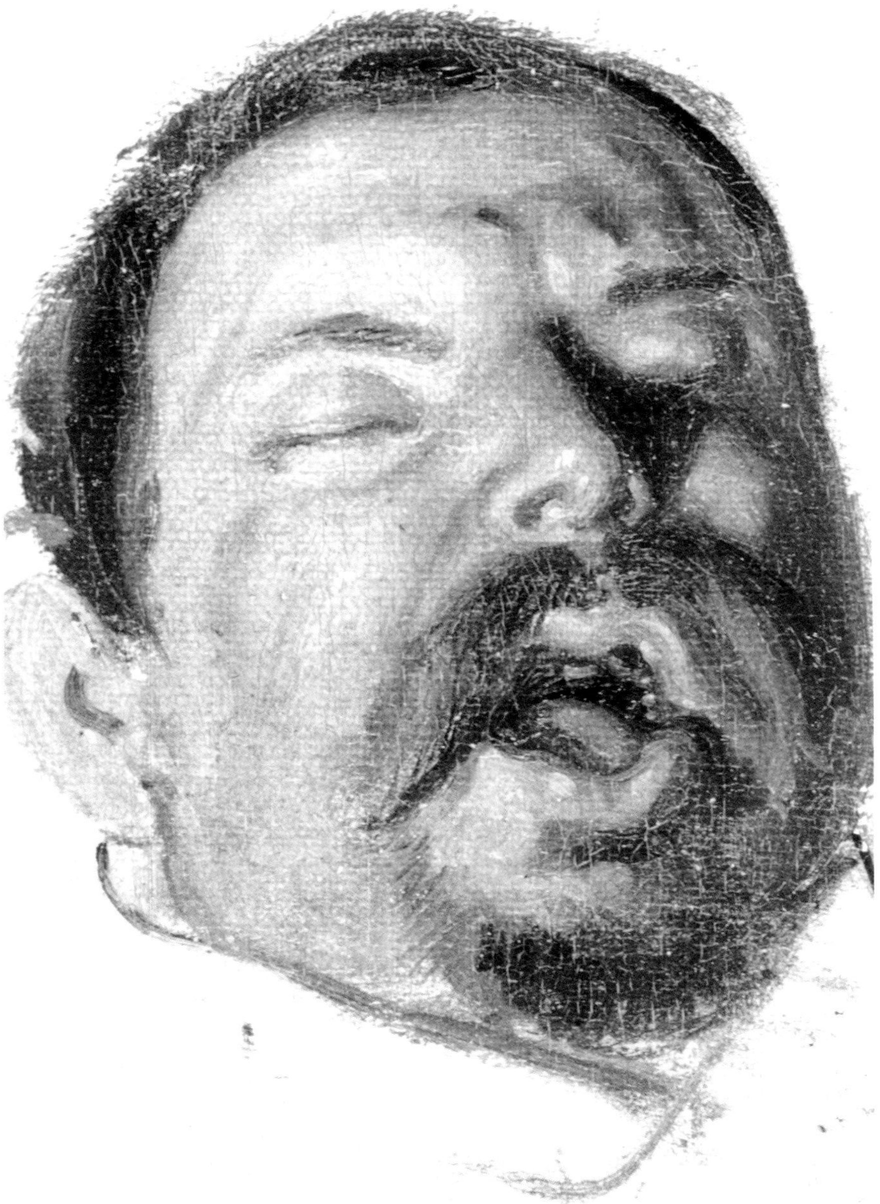

Die drei Porträts (unten):

1. Schleiss von Löwenfeld, der Leibarzt des Königs.
2. Der tote König Ludwig II.
3. Der weinende Stallmeister (siehe die Tränen) Richard Hornig.

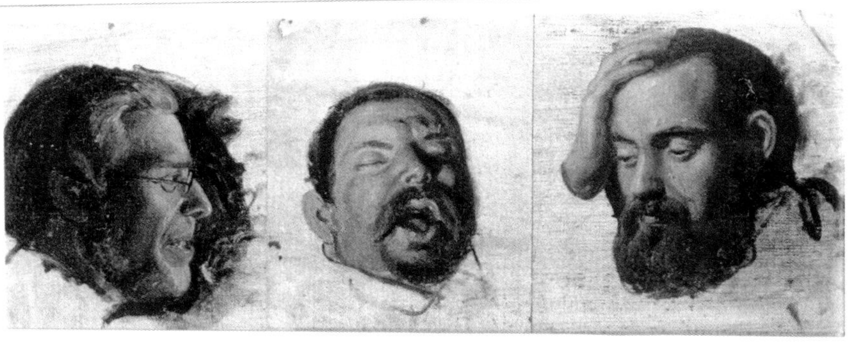

Die Bilder zeigen an der Oberfläche der drei Porträts Wasserflecken durch Regen und Reißnageleinstiche. Weiterhin waren Lagerungsflecken und Abreibungen festzustellen. Daher wurden durch den unterzeichnenden Dr. Siegfried Wichmann nach den Schwarz-Weiß-Aufnahmen (Fotothek Bayer. Staatsgemäldesammlungen München, Meiserstraße 10, Inv.-Nr. 1967/468) die drei Bilder in die Restaurierungsabteilung der Bayerischen Staatsgemäldesammlungen verbracht, um in Gegenwart von Oberkonservator Dr. Siegfried Wichmann leicht gereinigt zu werden. Nach diesem Vorgang, der am 7. November 1967 durchgeführt wurde, konnte das Mittelbild mit dem toten König von H. Kaulbach gegen 14.00 Uhr mittels einer Leica, mit Dreibein-Aufsatz Nr. 654 115, mit dem dazugehörigen Lichtfilter, fotografiert werden. Die Farbaufnahme entstand nach der Schwarz-Weiß-Aufnahme am gleichen Tag. Nach Fertigstellung dieser Aufnahme, wurden dem anwesenden Besitzer dieser Bilder, Herrn Dr. jur. Karl Michel, damals wohnhaft Oberlindau 53, Frankfurt/Main, die drei Porträtskizzen wieder zurückgegeben.

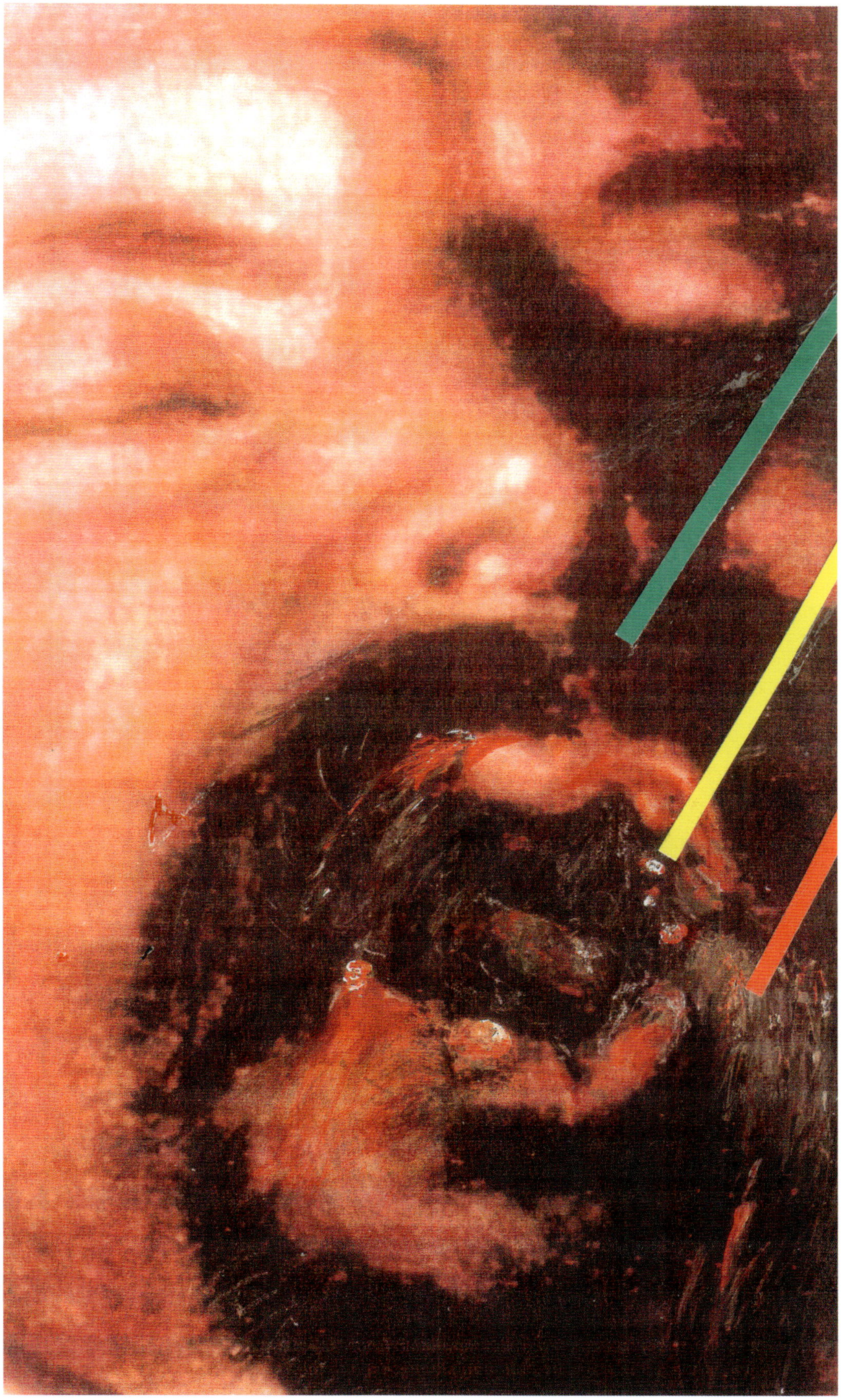

Grün:
Der Oberlippenbart des Königs entspricht dem auf den Fotografien um 1886

Gelb:
Im Protokoll der Leichenöffnung (Sektionsprotokoll) vom 15. Juni 1886 wird beschrieben: „Die Zunge etwas zwischen den Zähnen eingeklemmt, der Oberkiefer fast zahnlos, mit einer Zahnpièce versehen“. Hermann Kaulbach hat die Zahnspange im linken Oberkiefer genauestens wiedergegeben, ebenso die eingeklemmte Zunge.

Rot:
Das dunkel gefärbte Lungenblut ist links noch sichtbar (nur durch Lungenschuss möglich, kaum durch Ertrinken).

Ausschnitt aus dem Ölgemälde des Königs Ludwig II. von Bayern von Hermann Kaulbach, gemalt am Rande des Seeufers am Starnberger See am 13. Juni 1886, gegen 20.30 Uhr. Das schwärzlich gestockte Lungenblut tritt am linken Mundwinkel aus. Für einen Ertrunkenen kaum möglich. Die Leichenstarre war noch nicht eingetreten!

Album 31,5 x 25,0 cm, Stärke 2,5 cm, gebunden/Goldschnitt. Front feinste Elfenbein-Reliefauflagen, Höhe 2,5 cm, auf blauem Samt und Seide. Mit Echtgoldleisten, 900, gerahmte Eck-, Rand- und Mittelfelder (Archiv: Prof. Dr. Siegfried Wichmann, Starnberg):

| | |
|---|---|
| **Mitte:** | Der Schwanenritter (Relief) 14,0 x 8,0 cm |
| **Eckfelder:** | Vier Schwäne |
| **Seitenfelder:** | Horizontal: Lotos, 3,0 x 7,0 cm,<br>Vertikal: Seerosen über Schilf, 13,0 x 2,5 cm |
| Blatt I | Ausgeführt von Escherisch München, Signum auf Blatt 1 (Seide) |
| Blatt II | Widmung mit Königskrone Ludwig II. von Bayern<br>Geschenk<br>SEINER MAJESTAET KOENIG<br>Ludwig II.<br>meines allergnaedigsten Herrn<br>am Valentinstag 1873 |

Das Buch beginnt auf Seite 2 mit Eintragungen zum Hausbau von Dr. Schleiss von Löwenfeld, 4. März 1873, es wird als Gästebuch und Tagebuch weitergeführt bis 1897.

Wesentliche Eintragungen von Schleiss von Löwenfeld sind verschlüsselte Anmerkungen zum Tod des Königs Ludwig II. Schleiss von Löwenfeld war am Tag der Leichenöffnung von König Ludwig II. in München anwesend, in der Kommission der Ärzte.

Schleiss von Löwenfeld stand unter Eid. Keinerlei Beobachtungen als Facharzt durften mündlich, schriftlich oder verschlüsselt weitergegeben werden.
Versteckt unter dem Seidenfutter fanden sich Vermerke von Dr. Schleiss von Löwenfeld, der nicht nur bei der Leichenöffnung zugegen war, sondern der in der Mordnacht in der Nähe des Königs war, zusammen mit den Stallmeistern Hornig und Hermann Kaulbach.

Das Gemälde mit drei Porträts:
1.) Dr. Schleiss von Löwenfeld (links)
2.) der tote König (Mitte) und
3.) der Tränen vergießende Stallmeister Hornig

war nur zwei Tage in der Untersuchung des damaligen Oberkonservators der Staatsgemäldesammlungen, Meiserstraße 10, München, Dr. Siegfried Wichmann am 4.-6. November 1967, danach war die Adresse des ehemaligen Besitzers Dr. jur. Karl Michel, Oberlindau 53, Frankfurt/Main trotz vieler Nachfragen bis heute nicht mehr zu ermitteln. Aufgrund dessen sind die jetzt aufgefundenen Quellen zum Mord am König Ludwig II. im Ausland deponiert.

**Geschenk von König Ludwig II. an Dr. Max Joseph Schleiss von Löwenfeld**
**1809 Sulzbach – 1897 München**

Geschenk

SEINER MAJESTÆT KŒNIG

Ludwig II.

meines allergnaedigsten Herrn

am Valentinstag 1873.

Dr. Max Joseph Schleiss von Löwenfeld, der Leibarzt des Königs Ludwig II. von Bayern, stand unter der ständigen Beobachtung des Ministers Johann von Lutz. Lutz, ein trockener, strebsamer Jurist, sah in dem geistreichen, für die Wissenschaften aufgeschlossenen König Ludwig II. einen Gegner. Daher betrieb er mit erbarmungsloser Hinterlist eine gezielte Politik gegen den phantasiereichen Monarchen. Unter diese Beobachtung durch den Staatsapparat fiel auch der ehemalige Leibarzt des Königs Ludwig II. Dieser, Dr. Schleiss von Löwenfeld teilte der Allgemeinen Zeitung in München am 10.6.1886 um 18.35 Uhr aus Berg mit: „Zur Berichtigung: Von der Existenz eines schweren Leidens, welches seine Majestät, den König Ludwig II. an der Ausübung der Regierung dauernd verhindert, ist durchaus nicht überzeugt Dr. Schleiss von Löwenfeld, Leibchirurg seiner Majestät.“ (vgl. Geheimes Hausarchiv, 36/1/3 V – 36/1/4; s. auch Texte an die Wiener Presse.)
In einer Mitteilung an die Wiener Presse vertrat der Leibarzt des Königs Ludwig II. die Meinung:
**„Ein Separat-Votum habe ich nicht abgegeben – wahrscheinlich befände ich mich nicht mehr hier, wenn ich das getan hätte.“**
Jedoch müssen die Bedrohungen durch den Staatsapparat um Lutz beachtlich gewesen sein. Das geht aus der Zeichnung und den Vermerken von Dr. Schleiss von Löwenfeld hervor: Er spricht oft über den Paragrafen 77 als Bedrohungsfaktor (Vermerke Ludwig II. Archiv, USA und Kanada).
Schleiss von Löwenfeld fertigte eine Zeichnung, in der er zwei Zahlen, nämlich 77 hintereinander setzte mit schwarzem und blauem Pinselstrich, 18,7 x 21,0 cm. Das Blatt ist gefaltet und fand sich in seiner Mappe mit privaten Eintragungen zwischen dem Seidenfutter der Buchdeckel mit folgender Beschriftung: „Daß mich niemand braucht zu fragen will ich's jedermann gleich sagen: Zwei Siebener sind zwei Galgen sind's, an denen hängt mein Kragen.“
Es handelt sich bei diesem Bekenntnis einwandfrei um die Schrift von Dr. Schleiss von Löwenfeld.

Der überwachte Leibarzt Dr. Schleiss von Löwenfeld
Foto: Bayerische Staatsgemäldesammlungen, Fotothek: 67/468.

Dr. Schleiss von Löwenfeld spricht in einer Anmerkung von 77 Bewachern, die aus der ministeriellen Gruppe der sogenannten Reichsräte von der Geheimkanzlei ausgewählt wurden. Die Lutztreuen Aufpasser überwachten die gewünschte Ausbreitung der „Fama“ von der Königstötung.

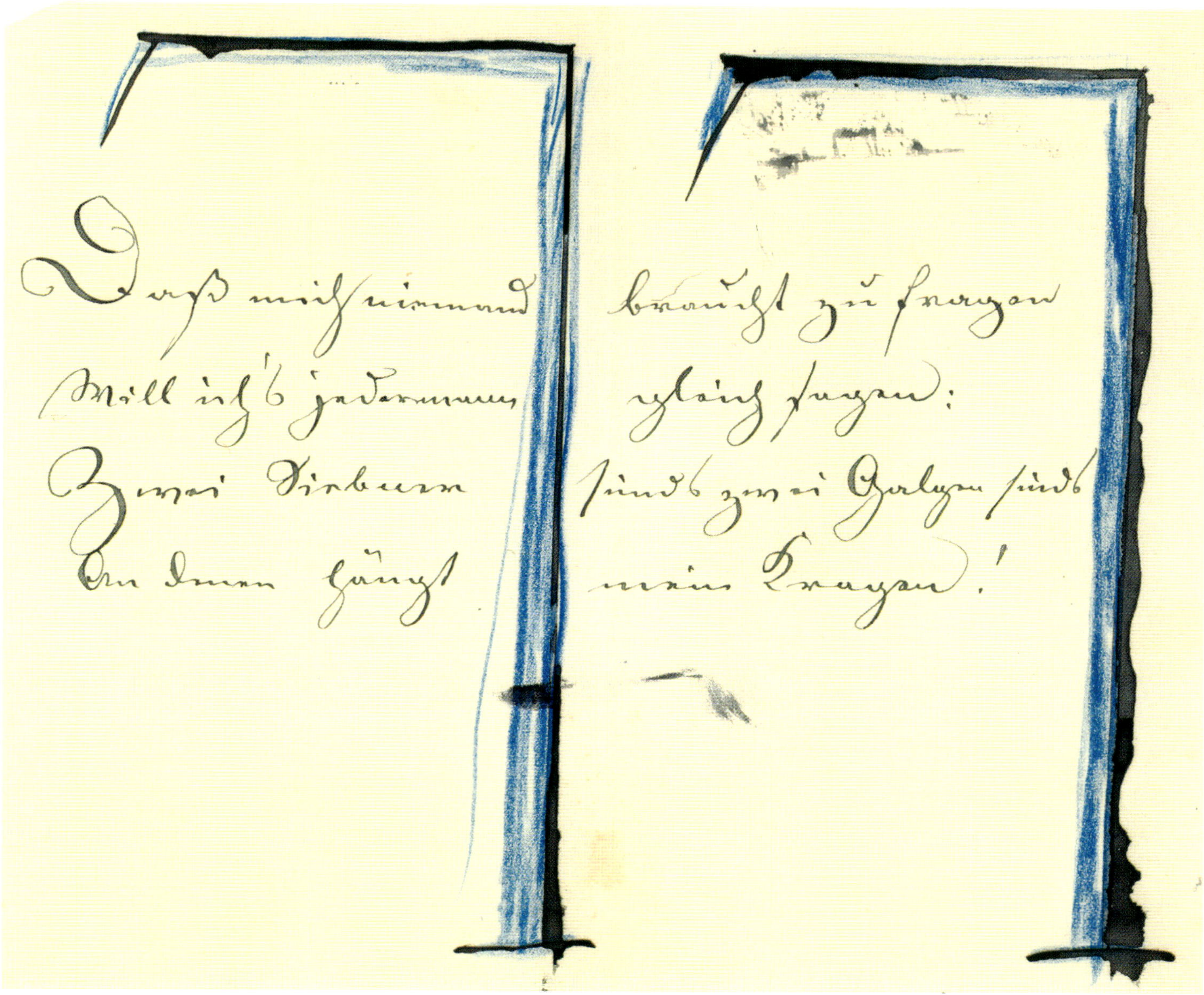


Der tagebuchähnliche Nachlass von Dr. Schleiss von Löwenfeld schildert stenogrammartig die Todessituation, die auch ihm angedroht wurde.
Die Nachlassschriften sind seit geraumer Zeit in das Ausland verlagert worden, um jeglichen Zugriff zu verhindern. Sie werden gesondert veröffentlicht.

Dr. Schleiss von Löwenfeld wurde also durch Drohungen gezwungen. Falsche Informationen über Schleiss von Löwenfeld wurden durch Staatsrat von Pfistermeister verbreitet. Schleiss fühlte sich zu dieser Erklärung gezwungen. Es heißt dort:
„Im Anschluss an die Krankheitsgeschichten des nun verstorbenen Königs, welche Eure Excellenz durch Herrn Staatsrath von Pfistermeister erhalten haben werden, **sehe ich mich zu der Erklärung gezwungen:** dass ich durch Jahre den Geisteszustand des Königs als getrübt und gestört erkannte und erklärte, dass eine Katastrophe herankommen werde.“
Das Telegramm von Dr. Schleiss von Löwenfeld vom 10.6.1886 um 8.35 Uhr an die Allgemeine Zeitung München wurde vom Geheimarchiv zur Fälschung erklärt (Wöbking, S. 252f), das ist natürlich Unfug!

1869

**Dr. von Gudden,**
kgl. Obermedizinalrath.

1885

1872

um 1870

**Dr. Freiherr v. Lutz,**
kgl. Staatsminister (†).

1868

1878

1860

**Graf Holnstein,**
kgl. Oberst-Stallmeister.

1893

1870

**Die Feinde des Königs Ludwig II. waren auch die Feinde des Dr. Schleiss von Löwenfeld.**

Die Abbildungsreihen auf der linken Seite zeigen die drei wesentlichen Feinde König Ludwigs II. Die Dargestellten waren auch die Hauptwidersacher von Obermedizinalrat Dr. Schleiss von Löwenfeld, der bereits die Todesdrohungen ahnte (Brief Schleiss von Löwenfeld, Privatbesitz, USA). Daher legte Dr. Schleiss von Löwenfeld schon 1873 sein Amt als königlicher Obermedizinalrat nieder. König Ludwig II. fühlte sich aber seinem Arzt verbunden, er wusste, dass er sich auf den Freundeskreis um Dr. Schleiss von Löwenfeld verlassen konnte.
Der engere Kreis bestand aus: Hermann Kaulbach, Wilhelm Kaulbach, seinem Vater, mit dem der König Briefe wechselte.
Hermann Kaulbach, **zunächst Arzt, dann Porträtmaler**, war von Ludwig II. 1883/85 beauftragt worden, fünf Szenen aus Ariosts „Orlando furioso" für den großen, nicht gebauten Saal der Ruine Falkenstein bei Pfronten zu liefern, daher der enge Kontakt mit dem König (vgl. J. Dürck-Kaulbach, Erinnerungen, München 1921, S. 359 sowie H.G. Evers, Ludwig II. S. 228f).

Die beiden Stallmeister Hornig, die immer wieder zum König zurückfanden, waren die Hoffnungsträger für die geplante Flucht des Königs, auch noch am 12. Juni 1886. **Nach dem Ableben der Gebrüder Hornig wurden ihre sämtlichen Briefe, die sie mit Ludwig II. gewechselt hatten, sowie sämtliche sonstige Quellen aus ihrem Besitz, die sich auf Ludwig II. bezogen, vernichtet.**

Dr. Schleiss von Löwenfeld äußerte sich wiederholt über seinen Antipoden Dr. Alois Gudden. Es bestand zwischen beiden Medizinern eine **unüberwindliche Abneigung**.
1876 unterstrich Dr. Schleiss von Löwenfeld nochmals seine Aufgaben als Leibarzt des Königs Ludwig II. und verfasste dabei einen Rechenschaftsbericht. Er ging dabei mit Gudden hart ins Gericht (Vandenberg, S. 87 ff).
Auffallend in der umfangreichen Ludwig II.-Literatur ist, dass die Taten und Entscheidungen des Arztes Gudden äußerst kritisch gesehen und in der Allgemeinliteratur mit einer gewissen Verachtung verfolgt wurden (einen Querschnitt aus der anonymen Literatur bietet: E. Hanslik und J. Wagner: Ludwig II., König von Bayern, Internationale Bibliografie zu Leben und Werk, Frankfurt 1986, S. 4-9).

Der Kanzler des Reiches, Fürst Bismarck, fühlte sich durch die Tötungserwägungen angewidert, es handelte sich um die hier abgebildete Gruppe (vgl. K.A. von Müller, Süddeutsche Monatshefte, Juni 1932, S. 658).

**Die Studenten des medizinischen Lehrstuhls an der Universität München forderten eine Sektion des toten Gudden,** die von den Reichsräten nicht genehmigt wurde. Da die ungeklärte Todesangelegenheit des Gudden in der Bevölkerung große Zweifel, ja Hass aufkommen ließ, steht Gudden nach wie vor in der Kritik.
Die Ernennung Carl Graf von Holnsteins zum **Kurator des Königs** steigerte die Macht dieses zwielichtigen Grafen, denn gemeinsam mit dem Irrenarzt Gudden wurde er zur Schaltstelle des tödlichen Komplotts gegen den König, das war auch die Meinung der Bürger in München und in ganz Bayern.

Gudden hatte sich als Arzt im Gestrüpp der Politik verloren, es gab für ihn kein **Zurück**, er **verabschiedete** sich daher von seiner Frau in München im Juni 1886 mit den Worten: **„Ja, ich komme wieder, lebendig oder tot."** (Ernst Grünthal, B. v. Gudden 1824-1886, in: Große Nervenärzte, S. 131).
Der Tod kam schneller, als Gudden vermutete, der Leichnam des Obermedizinalrates Gudden kam der Kammer der Reichsräte in München **nicht gelegen**, Lutz konnte zum Tode Guddens keine Fakten brauchen, daher musste der überaktive Medizinalrat Gudden in aller **Totenstille – gleichsam versteckt** werden. – Verlassen von den Antreibern des Mordkomplottes, wurde Gudden eiligst auf dem Auerkirchhof bei München am 14. Juni 1886 **sang- und klanglos** unter die Erde gebracht.

# Die Fotografien nach den Gemälden von Herrmann Kaulbach aus der Mordnacht in der Fotoabteilung der Bayerischen Staatsgemäldesammlungen München.

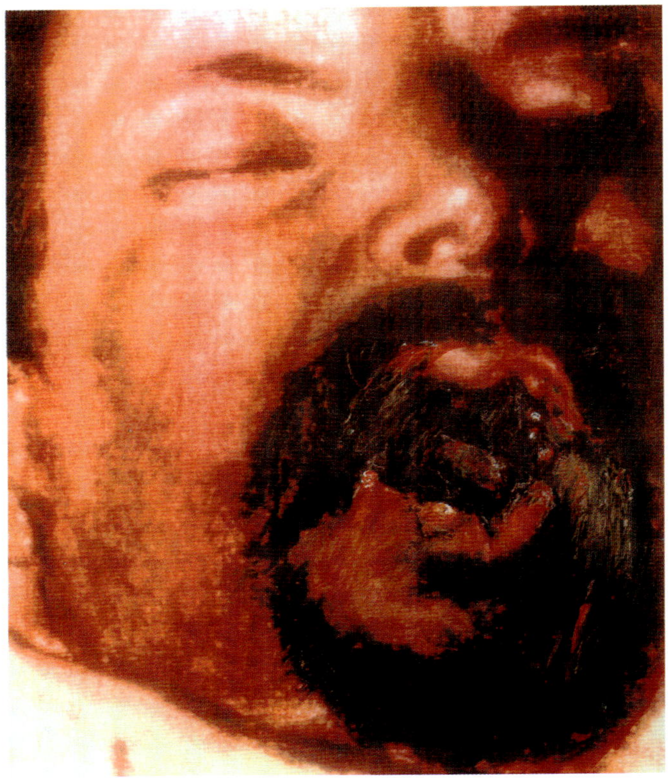

Der hier rechts vergrößerte farbige Ausschnitt wurde von Dr. Siegfried Wichmann am 7. November 1967, gegen 14.00 Uhr, mit einer Leica mit Dreibein-Aufsatz Nr. 654 115 mit dem dazugehörigen tonigen Lichtfilter Heliopan rot hell (Nachteffekte, gesteigerte Wirkung) aufgenommen. Die Aufnahme wurde im Nebenhaus, Meiserstraße 10, München, durchgeführt, heute wohl Meiserstraße 8. Die Genehmigung zur privaten Aufnahme wurde von Herrn Dr. jur. Karl Michel, Oberlindau 53, Frankfurt/Main (Eigentümer der drei Bilder), persönlich erteilt.

Hermann Kaulbach, 1846-1909
Der tote König Ludwig II. von Bayern **kurz** nach dem Attentat in der Mitte liegend, das Bild wurde dem Autor dieses Buches im Original **vorgelegt**. Links der Leibarzt König Ludwigs II., Dr. med. Maximilian Schleiss von Löwenfeld, rechts der Stallmeister Richard Hornig, Rückseite durch alten, losen Aufkleber bezeichnet mit H.K., dem Monogramm von Hermann Kaulbach.
Öl auf Leinwand, auf Karton aufgezogen,
20,0 x 55,0 cm,
1,7 cm und 2,3 cm vom linken Rand angestückt. Der Aufkleber locker auf den Anstückungen.

Die drei Porträts rechts, Dr. Schleiss von Löwenfeld, der tote König Ludwig II. und der Stallmeister Richard Hornig, sind farbig in einem einmaligen Inkarnal unterschiedlich behandelt, die farbigen Schattenflächen zeigen die tonige Helle des letzten Abendlichtes. Vor allem die Darstellung des Königs, noch vor Eintritt der Leichenstarre als Erster skizziert, vermittelt im höchsten Realismus die große Anteilnahme des Malers, der ihn noch wenige Tage vorher in seinen Todesahnungen stützen durfte.

Dr. Schleiss von Löwenfeld 1886

Jede Porträtstudie auf einem einzeln zugeschnittenen Stück Leinwand, jeweils rückseitig beschriftet von links nach rechts: Schleiss v. L., Ludwig II. und Hornig.

Die drei Einzelskizzen wurden auf einem Karton nachträglich aufgezogen. Reißnägeleinstiche auf den einzelnen Porträtstudien. Am oberen Rand leicht fleckig verschmutzt durch Regen während der Skizzierung durch den Maler.
**Entstanden: 13. Juni 1886, gegen 20.30 Uhr, in der abgerissenen Bootshütte am Ufer** bei Schloss Berg. Um Indizien zu verwischen, hatte man die Bootshütte kurz nach dem Attentat beseitigt. Erst später Überführung der beiden Leichname Ludwigs II. und des Irrenarztes Gudden in die Bootshütte des Fischers Lidl, Berg, Seestraße 2 ½ (alte Nummer); ehemaliger Besitzer des Bildes: **Dr. jur. Karl Michel, Oberlindlau 53, Frankfurt/Main.**

**Die Schwarz-Weiß-Fotografie ist im Fotoarchiv der Bayerischen Staatsgemäldesammlungen unter der Nr. 67/468 inventarisiert.**

Das gerahmte Bild wurde von Herrn Roth, Fotoabteilung der Bayerischen Staatsgemäldesammlungen, aufgenommen und von Frau Roth am 7. November 1967 inventarisiert. Das Bild wurde an Herrn Dr. Michel unter Eid von Dr. Wichmann wieder ausgehändigt.
Bei dem Bild handelt es sich um kurzfristige, **sehr eindrucksvolle Studien von Hermann Kaulbach**, der, ehe er bei Piloty in der Akademie arbeitete, **Medizin studierte**. Kaulbach malte 1886 das Bild „Der Tod der Heiligen Elisabeth“. Er war ein hervorragender, spontaner Porträtmaler, die stilkritischen Ausdruckswerte der hier wiedergegebenen Porträts zeigen die **typischen Merkmale** des Künstlers. Mehrfach untersucht vom Experten für Malerei des 19. Jahrhunderts, Dr. Siegfried Wichmann.

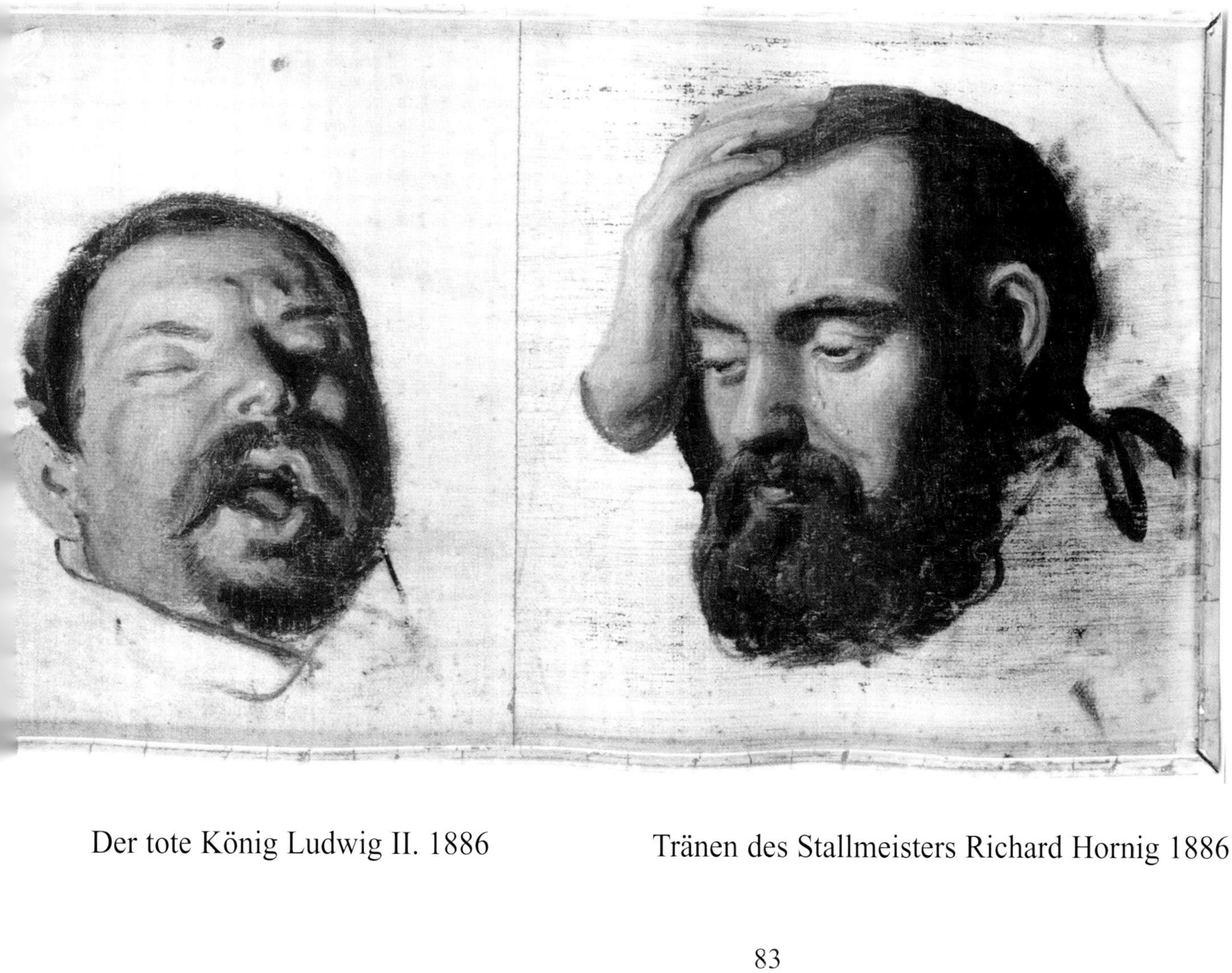

Der tote König Ludwig II. 1886 Tränen des Stallmeisters Richard Hornig 1886

Links der Ausschnitt nach dem eingangs gezeigten Gemälde von Karl Wilhelm Wohnlich und seinem Sohn, rechts daneben die Porträtstudie des toten Königs von Hermann Kaulbach, 1886, am 13. Juni gegen 20.30 Uhr gemalt. Wir erkennen die gleiche Form des Gesichtes, und wie wir aus dem Leichenprotokoll entnehmen, verfügte der König über eine gespannte Gesichtshaut. Die energischen Züge sind auch noch beim Toten vor der Starre festzustellen. Der Unterkiefer ist herabgesunken, die typische kirschförmige Oberlippe ist mit dem linken Porträt vergleichbar. Aus dem linken Mundwinkel dringt dunkles Lungenblut, das im Original des grisaillehaften Bildes besonders hervorgehoben war. Das Lungenblut versickert links im Backenbart und Kinnbart des Königs.

(Vgl. J. Wirth, Tote geben zu Protokoll – Todesursache Ertrinken, S. 88f.)

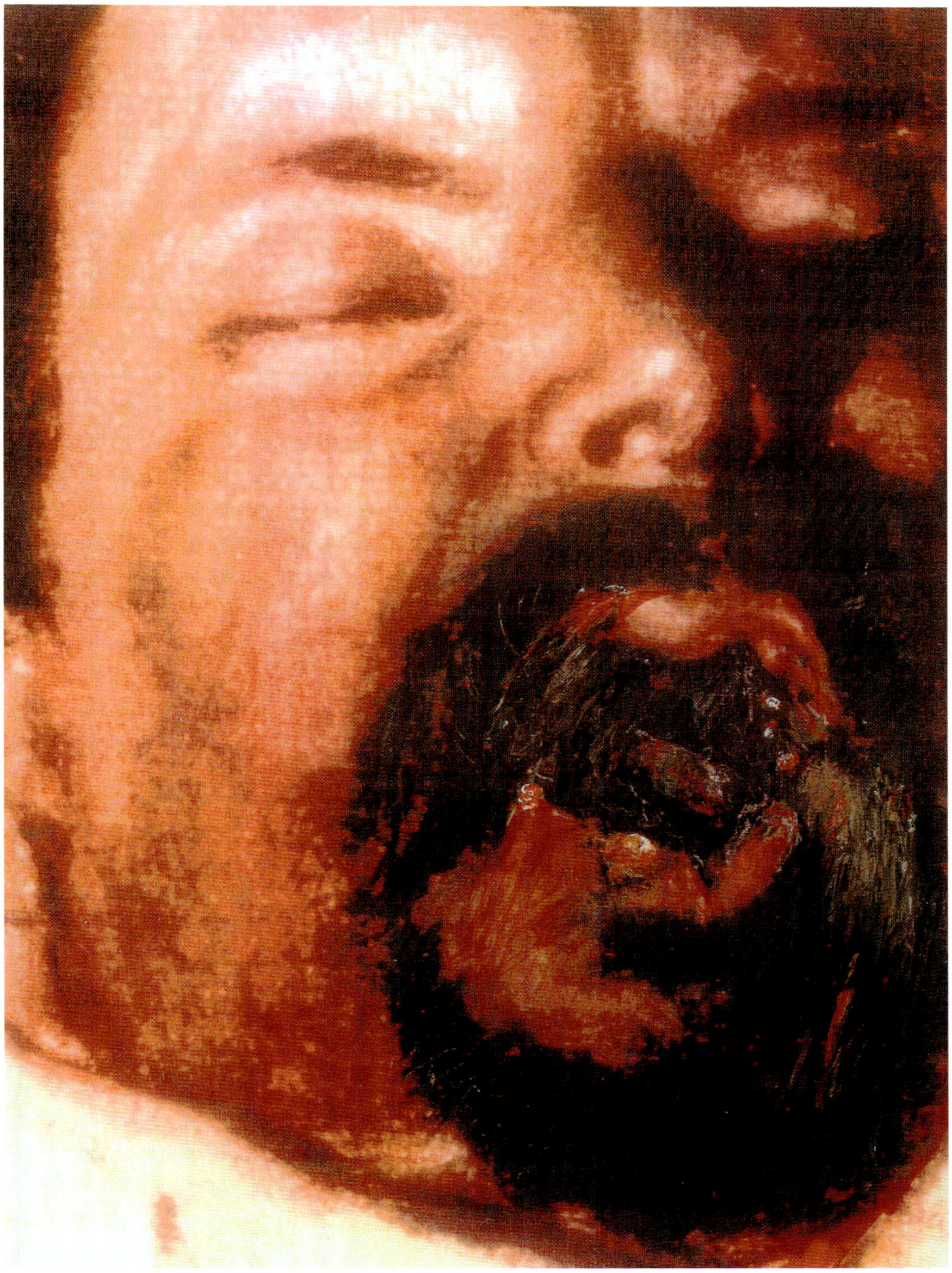

Der Ort der Katastrophe um Ludwig II., wie Quellen berichten (Briefvermerk von Dr. Schleiss von Löwenfeld), am Starnberger Seeufer, nahe einer „Ruhebank“ am Weg nach Leoni links und nach dem Schloss Berg nach rechts, beschrieben.

Autor Wilhelm Wöbking stellte 2006 in einem Fernsehfilm den Standpunkt vom Ufer aus durch Messgeräte nochmals nach, jedoch die schauerliche Darbietung war nicht überzeugend.

In der Todesnacht des Königs Ludwig II. hatte Gudden wohl in Vorbereitung der Untat einen Platz am Ufer des Starnberger Sees gewählt, denn er brauchte diesen Platz, um den toten König für die Unglücksmeldung vorzubereiten, denn dort wurde auch der Mantel, der Rock, Hut und Schirm des Königs gefunden. Die immer wieder beschriebenen Trittspuren im schlammigen Boden und Wasser wurden phantasievoll zum Sonderthema erhoben, brachten aber keine Resultate, wegen der zahllosen Begehungen. Jedoch der Platz am See mit Weidenbüschen und einem Taxusbusch (K.A. von Müller, Süddeutsche Monatshefte, Juni 1932, S. 662 ff.) hatte den Vorzug einer Schallminderung bei den auf dem Rücken des Königs durchgeführten Aufsatzschüssen. Außerdem war die Gruppe vor Dr. Schleiss von Löwenfeld, Herrmann Kaulbach und den Stallmeistern des Königs vorerst sicher, denn die Büsche verstellten die Sicht vom See her und vom darüber liegenden Gelände nach dem Schloss Berg. Außerdem war das später abgerissene Bootshaus noch in der Nähe am Seeufer.

Hermann Kaulbach war kurz nach den Schüssen eines gedungenen Mörders an des Königs Todesstätte anwesend.

Der König lag nicht im Wasser, das dunkle Lungenblut quoll aus dem linken Mundwinkel, ohne Verdünnung durch Wasser. Die Blutmasse im Mund, auf diesem Bild, ist zäh in der Konsistenz.

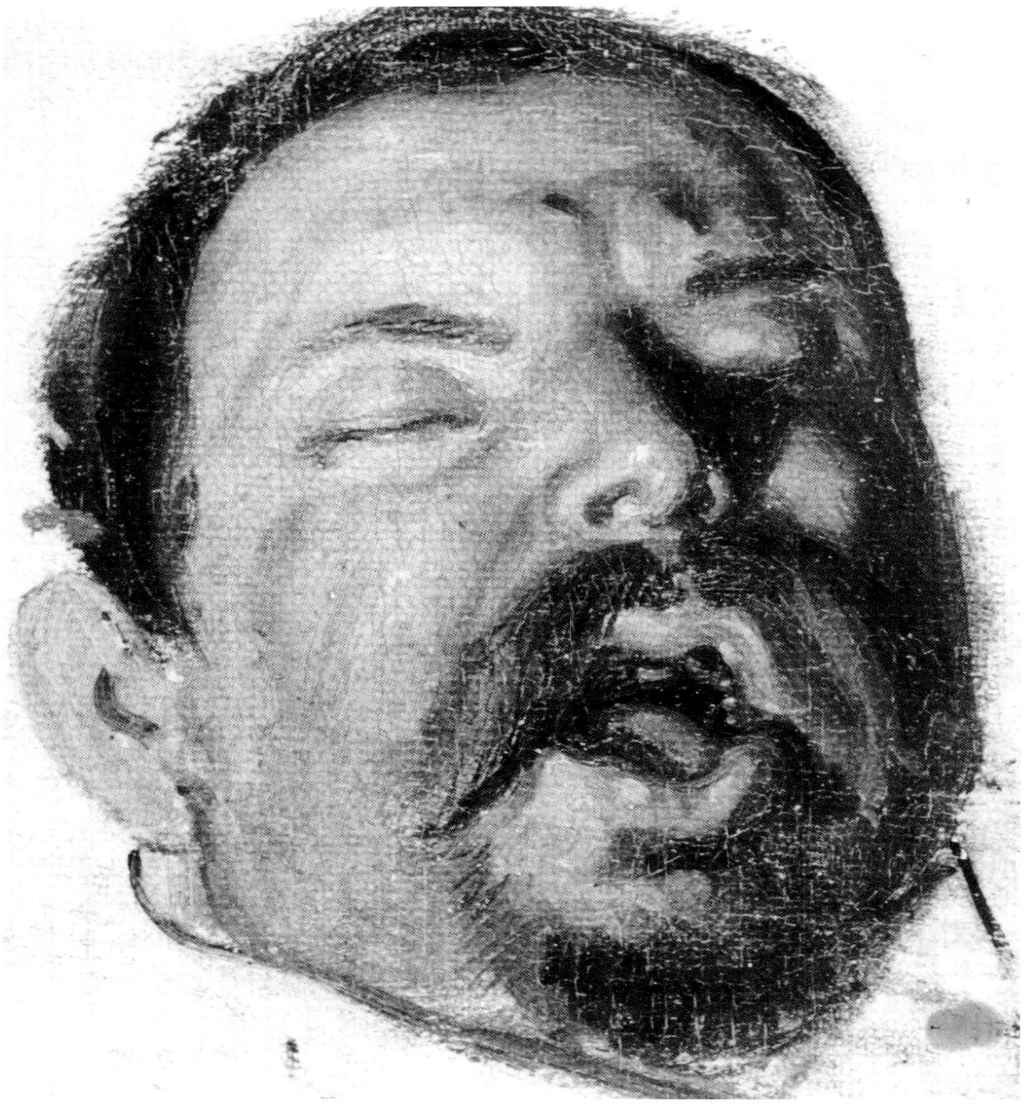

Gudden hatte den König ohne die so genannten Irrenhauspfleger an die Stelle des Todes geführt. Er hatte gesagt: „Es geht keiner mit." (Wöbking, S. 153). Gudden hatte es eilig, er musste den abgestimmten Zeitplan einhalten. Wut und Zorn erfasste die soeben eingetroffenen Zeugen am Tod des Königs, in Gudden sah man einen Verräter, der Racheakt an Gudden führte zur heftigen Strangulierung.

Gudden war entlarvt, geschockt, er war, wie Dr. Schleiss von Löwenfeld vermerkt: „unkontrolliert" (Privatbesitz). Scheinbar griff er die beiden Stallmeister an, die setzten sich zur Wehr! Der schwere Schlag auf die Stirn über dem linken Auge lässt auf einen heftigen Nahkampf schließen, die deutlichen Strangulierungen sind das Ergebnis von einem Bootsstrick – oder von einem Anlegekabel hervorgerufen.

Der gedungene Mörder des Königs Ludwig II. hatte Zugang zum Schlosspark Berg (vgl. Wöbking, S. 144). Das Haupttor war geöffnet und wieder geschlossen worden.

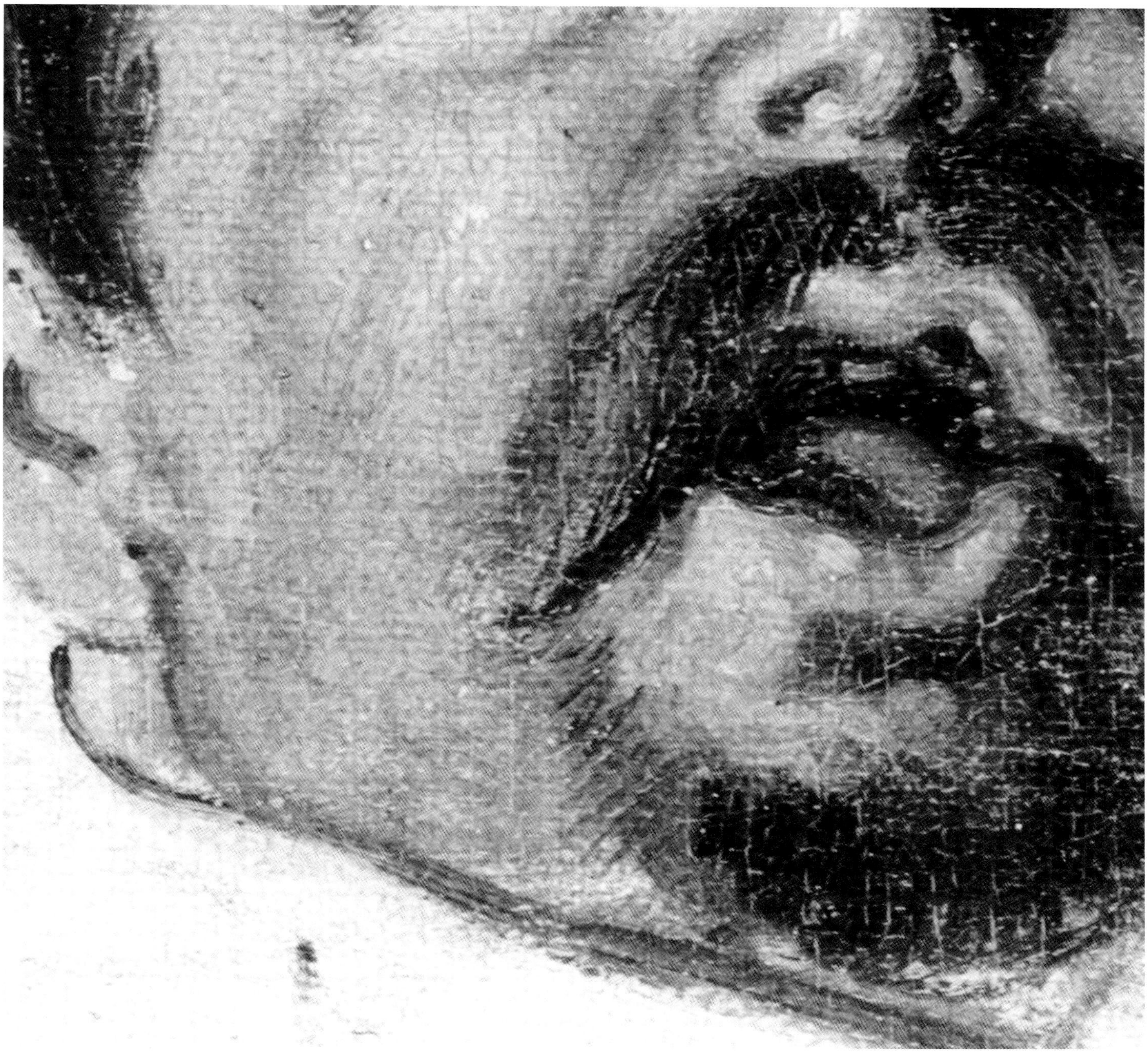

Vergrößerung der Skizze nach dem toten König Ludwig II. Rechts erkennen wir deutlich das dunkle Lungenblut, das aus dem linken Mundwinkel fließt. Auffällig sind die Zähne. Das Leichenprotokoll der Leichenschau vom 15. Juni 1886, 8 Uhr vermerkt: „Die Zunge etwas zwischen den Zähnen eingeklemmt, der Oberkiefer fast zahnlos mit einer Zahnpiѐce versehen, im Unterkiefer noch eine Anzahl lose sitzender Zähne (4 Schneide- und 2 Eckzähne).
Rachen, Kehlkopf und Trachea bieten nichts Abnormes."
Ein Tod durch Ertrinken kann nicht erfolgt sein.

Foto: München, Pinakothek, Fotoabteilung 67/468.

**Willkürliche Veränderung des Sektionsprotokolls König Ludwigs II. 1984**

Die Darstellung der Leichenöffnung (Sektion) wurde in dem Buch „Der Tod Königs Ludwig II. von Bayern, Rosenheim 1986“ unübersichtlich zerlegt und willkürlich verkürzt. Außer den von Wöbking genannten Anwesenden waren zugegen: **„Dr. Karl von Kupffer, Dr. Max Schleiss von Löwenfeld (Geheimrat und Leibarzt Ludwigs II.)**, Dr. Wilhelm Brattler (Medizinalrat), Dr. Alfred Halm (Hofstabsarzt), Dr. Ludwig Becker (Hofstabsarzt), Dr. Josef Ritter von Kerschensteiner (Obermedizinalrat).“

Scheinbar war Wöbking und den Auftraggebern Dr. Max Schleiss von Löwenfeld eine störende Figur, die weggelassen werden musste. Der weitere Text, hier nebenstehend, der Leichenöffnung wurde gekürzt und aus dem Zusammenhang gerissen (ca. 90 Zeilen im hier vorliegenden Zeilenfluss fehlen, siehe hier S. 99-101).

Wie ist es möglich, dass das Protokoll der Leichenöffnung des Königs am 15.6.1886 von einem Kriminalisten, der gleichzeitig Staatsanwalt und Verwaltungsjurist war, willkürlich verkürzt und verändert wurde? Bei diesem Vorgang handelt es sich um eine Befangenheit gegenüber der historischen Quelle, die analysiert wurde.

Der getötete König Ludwig II. von Bayern am 13. Juni 1886.

Ausschnitt aus der Farbaufnahme von Dr. S. Wichmann am 7. November 1967.

Herrmann Kaulbach (1846-1909) Öl auf Leinwand, auf Karton aufgezogen, 20,0 x 55,0 cm

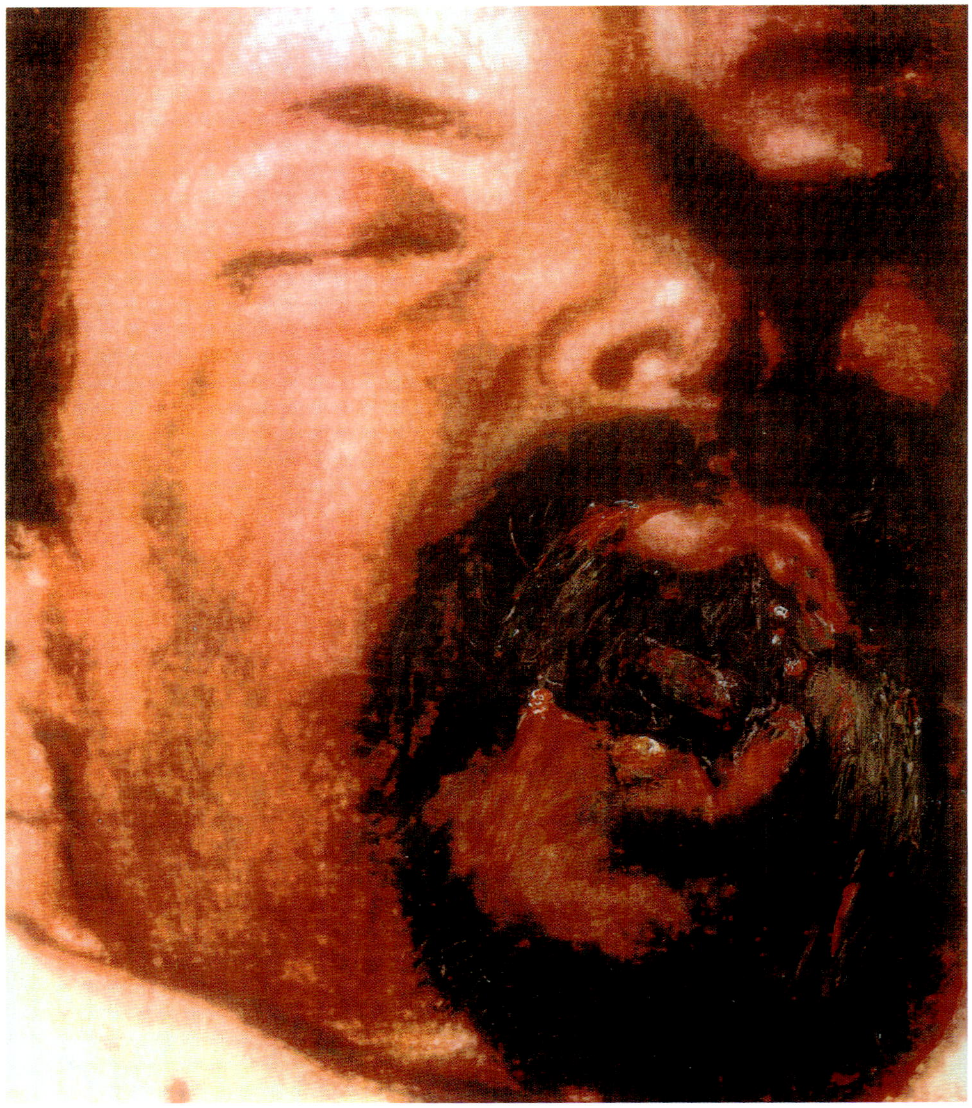

# Die Aufbahrung des Königs Ludwig II. in der alten Residenzkapelle

Ludwig II. auf dem Paradebett in der Residenzkapelle, 16./17. Juni 1886. Der getötete König im Ornat des Hubertusritterordens. Fotografie von Joseph Albert.

Die Aufbahrung in der Hofkapelle der Münchner Residenz zeigt das Haupt des Königs Ludwig II. entstellt. Der Bart ist sichtlich verrutscht, die Wachsauflagen nach der Zerlegung des Kopfes begannen sich durch die steigende Temperatur in der Hofkapelle zu verändern. Beim eiligen Wiederaufbau des Gesichtes nach der Sektion wurden die typischen Eigenheiten der Augenbrauen nicht berücksichtigt, sie sind zu hoch angesetzt und durch Einfärbung untypisch markiert, auch die Gesamtform des Bartes ist verändert, man führt den Bart über die Schläfenzone, da scheinbar der Bart die Wachsauflage halten musste. Auffällig und eigenwillig, im Sinne der rücksichtslosen Lutz-Konspiration, ist die Verdrängung der Tragik im Sinne der Abdrängung, das Ausweichen vor einer eventuellen Entdeckung, sie bestimmt den zeitlichen Ablauf.

Lutz und sein Kreis drängten auf schnellen Vollzug; da auch der Tod Guddens nicht in den Ablauf passte, sollte das eilige Wegschieben der gefährlichen Situation nochmals beschleunigt werden. Lutz und sein Kreis übergingen im Wahn der Vertuschung auch die grundlegenden rechtlichen Bestimmungen der Leichenöffnung im Sinne der Strafprozessordnung (vgl. P. Glowasz, Das Geheimnis um den Sarkophag König Ludwig II. von Bayern, S. 21 ff sowie auch Wöbking, S. 184). Wöbking lässt in seinem Buch die bei der Sektion der Leiche anwesenden Ärzte weg, vor allem Dr. Schleiss von Löwenfeld, das hat seine Gründe, dafür nennt er aber den Schwiegersohn von Guddens, Dr. Grashey, demonstrativ – es sollte alles in der Familie bleiben (Wöbking S. 184 ff.). Auch die Schädelöffnung wird von Wöbking weggelassen.

Hermann Kaulbach war Historien- und Genremaler. Er wurde am 26.7.1846 in München als Sohn des Wilhelm von Kaulbach geboren und starb daselbst am 9.12.1909. Sein Vater Wilhelm von Kaulbach war Porträt- und Historienmaler. Dieser wurde am 15.10.1805 in Arolsen geboren und starb in München am 7.4.1874. Kaulbach wurde mit dem Karton zur Hunnenschlacht, 1834/37, ein bekannter Maler und Ludwig II. von Bayern ernannte ihn 1837 zum Hofmaler. Wilhelm von Kaulbach war ein hochbegabter und bedeutender Zeichner. Diese Kunst vermittelte er auch seinem Sohn, Hermann Kaulbach. Die Bedeutung des älteren Malers Kaulbach wurde in der späten Gründerzeit verkannt. Wilhelm von Kaulbach sah in König Ludwig II. von Bayern einen „Bauherrn und Kunstfreund mit großem Verstand“. Auch Kaulbach verstand es, seine Umgebung zu verklären. Reichtum und Grazie der antiken Kunstschätze, die der Maler versammelte, entsprechen einem Lebensstil vergleichbar dem des Königs. Die kongeniale Verbindung wurde auch auf den Sohn Hermann Kaulbach übertragen.

Zunächst wollte sich Hermann der Dichtkunst widmen, er besuchte das Gymnasium in Nürnberg und arbeitete in der Werkstatt seines Schwagers Kreling, dem Direktor der Kunstschule Nürnberg. Dort entwickelte Hermann Kaulbach einen bereits perfekten Zeichenstil, der vor allen Dingen das Volumen der jeweiligen Körper umreißt und deutlich in den Vordergrund stellt. Anschließend studierte Hermann Kaulbach in München Medizin und zeichnet schon dort in den Schauhäusern Porträts. Der Malerfürst Piloty erkannte bald das Talent des jungen Kaulbach und nahm ihn 1867 in sein Atelier auf.

In der Familie Wilhelm von Kaulbachs verkehrte ein Mann, der für Hermann Kaulbach bedeutsam wurde: der Hoffotograf Joseph Albert, der mit seinem Vater eng befreundet war. Albert fertigte Fotografien nach Wilhelm von Kaulbach an. Das „Photographische Archiv“ erwähnt schon um 1861: „Die Kopien sind vortrefflich (von Joseph Albert), sie stehen gewiss dem Original nicht nach, selbst der Ton, die Farbe der Kreidezeichnung ist vollkommen richtig wiedergegeben.“

Man erzählte sich, Kaulbach selbst habe zu jemandem, der mit der Hand über eine dieser Fotografien wischte, gesagt: „Das sei nicht die Art, mit der man eine Kreidezeichnung behandelt“, indem er die Kopie für ein Original gehalten habe.“
Im Freundeskreis seines Vaters verkehrte auch der Leibarzt des Königs, Dr. Schleiss von Löwenfeld, der mit größtem Kummer die langsame Vernichtung des Königs Ludwig II. von Bayern aus unmittelbarer Nähe beobachtete (vgl. Briefwechsel Hermann Kaulbach mit Friedrich Geist, um 1885/86 (Privatbesitz)).

Hermann Kaulbach gehört zu den Freunden des Königs, die ihm am 13. Juni 1886 in Schloss Berg beistehen wollten. Außerdem ging es auch um eine Dokumentation der Nacht des 13. Juni.

Die drei Porträts, die Hermann Kaulbach gegen 20.30 Uhr im Schlosspark von Berg anfertigte, zeigen die typische Handschrift seiner Malerei. Es sind kleine Bilder, die jeweils in den Malkasten eingespannt wurden, welchen Hermann Kaulbach auch in den Leichenschauhäusern benutzte, als er 1886 das Bild „Der Tod der Heiligen Elisabeth“ malte.

Der mit wenigen Farbflecken und äußerst sensiblen Pinseldrehungen durchgeführte Malstil des Hermann Kaulbach bestätigte sich vor allem in den drei Porträts, die er am Abend fertigt. Der Kinnbart, die Epidermis des Königs, die aufgesetzten Lichter entsprechen dem Bild im Wiesbadener Museum „Der Tod der Heiligen Elisabeth“. Die äußerst sichere Zeichenkunst vermittelt im Porträt des Leibarztes Dr. Schleiss von Löwenfeld, das Profil nach rechts, die angedeuteten Schatten in der Kalligrafie der sich rundenden und auslaufenden Pinselschwünge, die Andeutung des Haarkranzes durch die Pinselborsten. Die Lichter im Bereich von Lippe und Nase sind durch kurze, stuppende Drehbewegungen erzeugt, wobei Hermann Kaulbach stets eine Lasur unter die dichtere Farbe legte und diese dann durch pastosere Beimischungen in Bewegung brachte. Insbesondere in der Schattenfläche der Wangen und des Haares nach links sind diese Merkmale gegeben.

Besonders eindrucksvoll ist das Porträt des Stallmeisters Hornig. Hier beweist Hermann Kaulbach seine ganze künstlerische Kraft, indem er die Verzweiflung dieses Mannes darstellt. Es ist ein $^3/_4$-Porträt nach links, die Rundung des Kopfes, die Tränen, die aus dem linken Auge herausrinnen, zeigen die psychologische Bedeutung der Situation, in die sich der Maler einfügen konnte. Auffällig an diesem Porträt ist die Vielfalt der Barthaare, des Kopfhaares, die er mit wenigen Farbgruppierungen von grisaillehaftem Grau, leichten Braun- und Schwarztönungen, mit etwas Rot gemischt, zum Leben erwecken kann.

Die Frage wurde von Interessenten an diesem Buch gestellt: Lehrstuhl für Rechtsmedizin und Kriminologie London, warum diese Situation nicht fotografiert werden konnte (London 1967).
Hermann Kaulbach hatte an Joseph Albert einen guten Berater. Dieser hatte den König in seinem letzten Lebensjahr mehrfach fotografiert, er wusste genau, wie schwer es war, in dieser Zeit eine so genannte Kurzzeitaufnahme durchführen zu können. In Berg waren Gendarmen unterwegs, die gespannte Situation war dem Bersten nahe, somit konnte sich Hermann Kaulbach in dieser Situation nicht zusätzlich mit schwer zu transportierenden Fotoapparaten belasten. Die Kurzzeitfotografie steckte in Bayern noch in den Kinderschuhen und daher musste sich Dr. Schleiss von Löwenfeld für die Zeichnungsdokumentation entschließen. Die fotografische Wiedergabe sehr schnell verlaufender Vorgänge muss bei sehr kurzen Belichtungszeiten geschehen. „Die Schnelligkeit, mit der man die Lichtbilder auf den empfindlichen Platten erhellt, ist so groß, dass man sich erlaubt hat, sie Augenblickliche zu nennen. Streng genommen sind sie es aber bei weitem nicht, denn alle Gegenstände, welche sich mit großer Geschwindigkeit bewegen, entgingen bisher der fotografischen Abbildung.“ (Geschichte der Photographie, 1964, S. 422).

Hermann Kaulbach erfüllte als angehender Mediziner sowie als hervorragender Zeichner und Maler alle Bedingungen, um den Königsmord festhalten zu können. Als die Freunde des Königs an dessen Todesort eintrafen, lebte Gudden noch. Es kann angenommen werden, dass Hermann Kaulbach Zeuge dieses Zusammentreffens war. Seine kühle Distanz, die er sich bei seinen Leichenzeichnungen und in den Schauhäusern erworben hatte, gab ihm die Konzentration, die einmalige Begebenheit festzuhalten. Wohl kein anderer Maler hätte bei der psychischen Belastung diese Aufgabe durchführen können.

Die Freunde des Königs hatten zunächst den König bergen können, er war nicht in der Totenstarre, sondern äußerst beweglich, das dunkle Lungenblut floss links aus dem Mundwinkel hinab in den Bart. Die Voraussetzung deckt sich mit der Obduktion der Leiche König Ludwigs II., denn ein Ertrunkener sieht anders aus: Schaum vor dem Mund, Schaum im Magen. Alle diese Voraussetzungen waren auch später durch die Obduktion nicht gegeben. Der König erlag einer unmittelbaren und vorher festgelegten Schussverletzung. Welche Aufgaben Gudden damals in den gerichtsmedizinischen Bereichen auszuführen hatte, kann man nur erahnen. Hermann Kaulbach besuchte seinen König in der Hofkapelle der Münchner Residenz, in der dieser öffentlich aufgebahrt war. Von dieser Situation am 17. Juni 1886 sind sechs Zeichnungen nach der Natur ausgeführt worden. Eine Zeichnung befindet sich im Ludwig II.-

Museum in München, Inv.-Nr. 1419 (BSV), eine weitere Zeichnung in bayerischem Privatbesitz. Vier weitere eindrucksvolle Zeichnungen von Hermann Kaulbach nach dem gleichen Motiv werden in einer Frankfurter Privatsammlung aufbewahrt. 1962 wurde dem Autor dieses Buches eine Sammelmappe von Hermann Kaulbach zum Thema Leichenporträt König Ludwig II. vorgelegt; es befanden sich in dieser Mappe mit den im Ludwig II.-Museum vergleichbare Zeichnungen, jedoch waren auch Zeichnungen frontal und von leicht links oben beigefügt. Wie heute rekonstruiert werden kann, handelte es sich damals um ungefähr drei Dutzend Einzelstudien, meist Zeichnungen, die überwiegend mit dem Nachlassstempel Hermann Kaulbachs versehen waren.

# Aufnahme Bayerische Staatsgemäldesammlungen

Links die Aufnahme der Bayerischen Staatsgemäldesammlungen, rechts eine Farbaufnahme im Leicaformat mit Dreibein-Stativ von 1967, Auszüge aus dem Sektionsprotokoll der Leichenöffnung: „Die Leiche Seiner Majestät ist kaum entstellt, nur das Gesicht und der Hals etwas gedunsen, die Haut auf der Rückfläche des Rumpfes und der Extremitäten mit diffusen Totenflecken bedeckt. Beide Ohrmuscheln und deren Umgebung stark cyanotisch..., Pupillen mäßig weit, beiderseits gleich, Kopfschwarte sehr dick (8,5 mm), enorm venos hyperämisch, Pericranium externum im Ganzen blutreich, in der Parietalgegend beiderseits etwas verdickt, Schläfenmuskeln im Ganzen schwach entwickelt, blass.

Schluss der Sektion 1 1/4 Uhr. Die Einbalsamierung der Leiche wurde sofort nach der Sektion von Prof. Rüdinger in Angriff genommen.“

(Protokoll über die Sektion der Leiche König Ludwigs II. vom 15.6.1886, Reinschrift Bayerisches Hauptstaatsarchiv, Geheimes Hausarchiv, 36/1/3, X. Beglaubigte Abschrift, Bayerisches Hauptstaatsarchiv, Neuere Abteilung, Kammer der Reichsräte 2095).

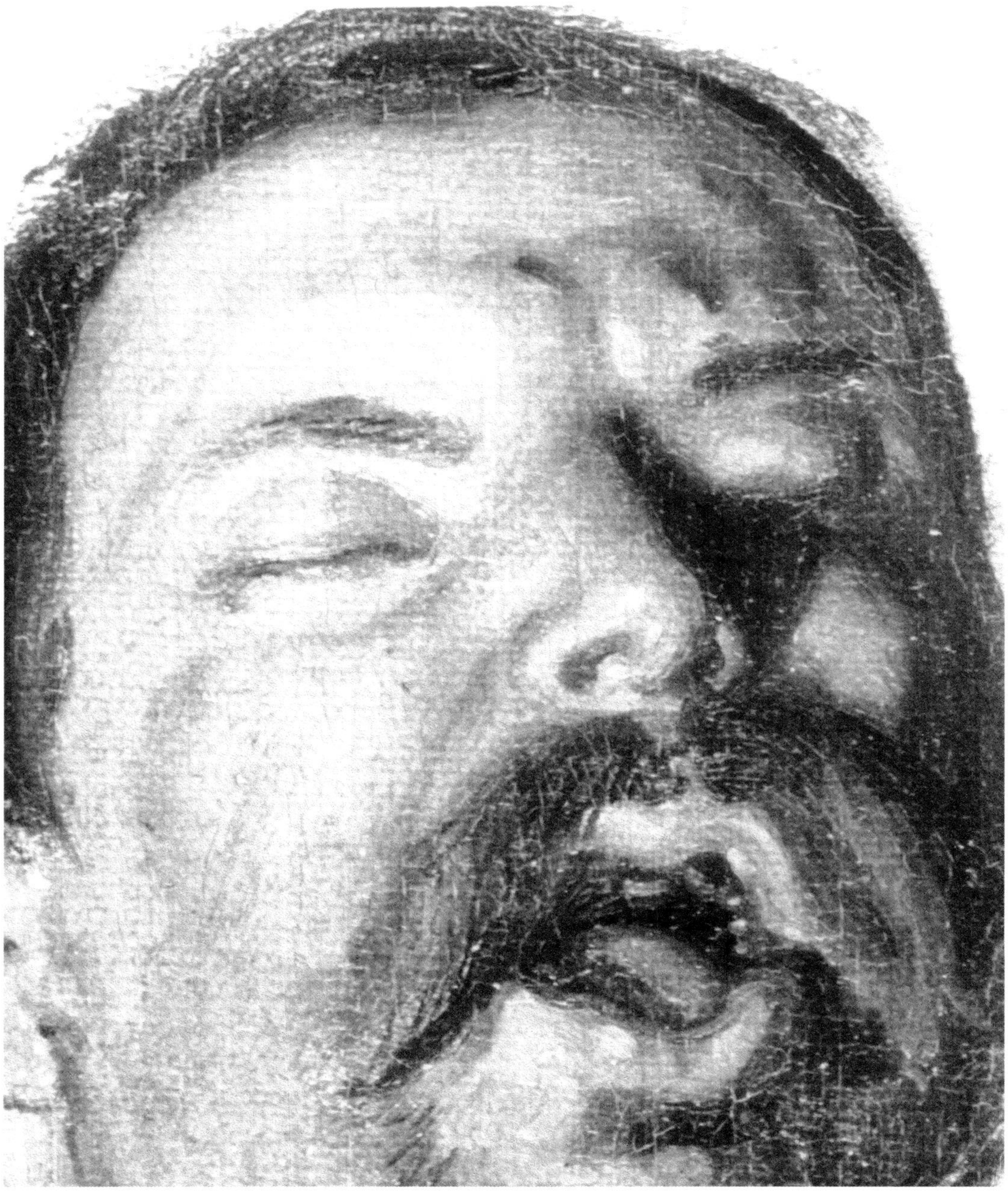

Schwarz-Weiß-Aufnahme, gefertigt in den Bayerischen Staatsgemäldesammlungen, Meiserstraße 10, unter der Inv.-Nr. 67/468 inventarisiert.

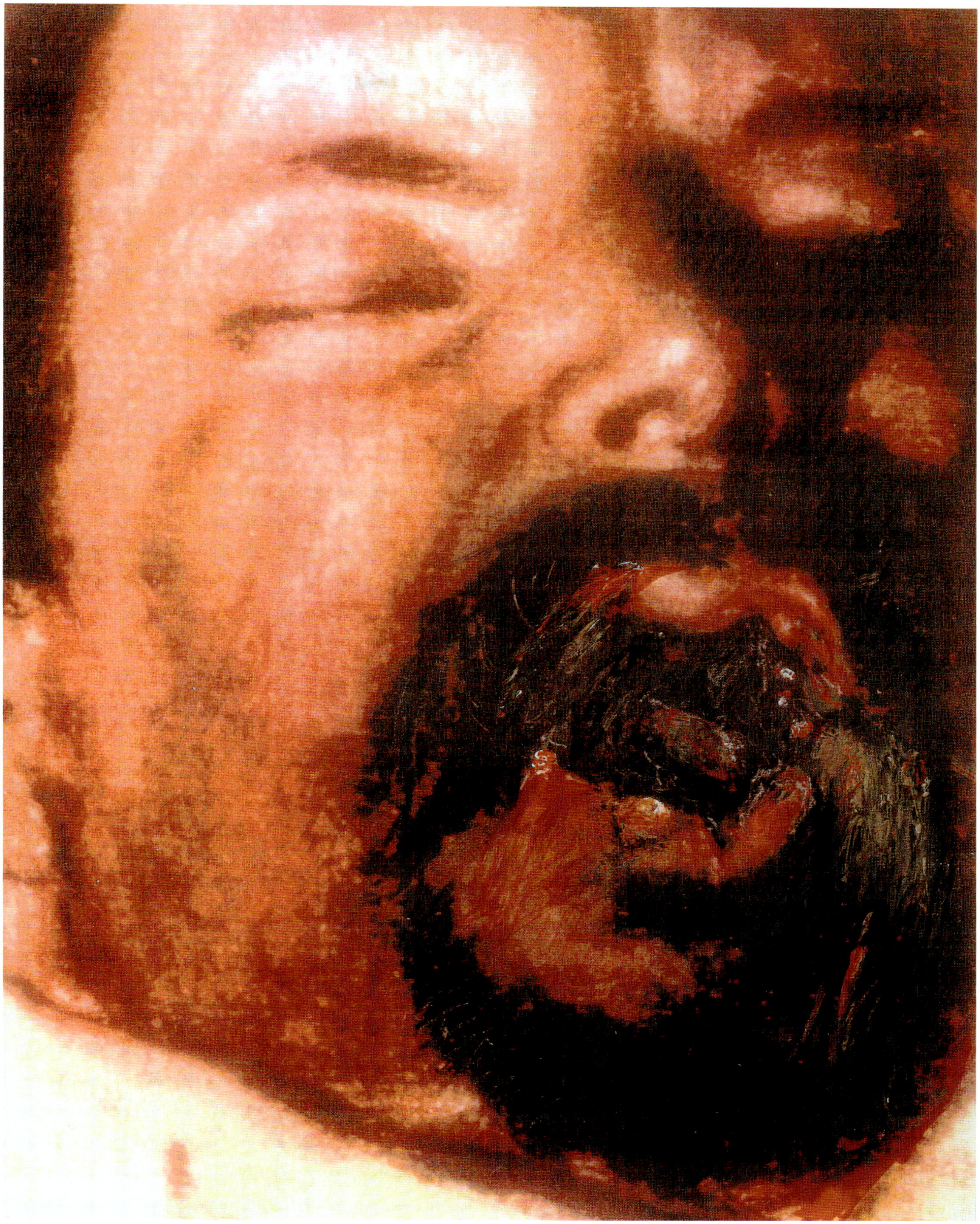
Leica-Aufnahme mit Rotfilter, angefertigt 1967 vom Autor.

# Analysen des Sektionsprotokolls

Dr. Maximilian Schleiss von Löwenfeld, Geheimrat und Leibarzt von König Ludwig II. von Bayern Gemälde von Hermann Kaulbach (1846 – 1909).

Das Bild entstand am 13. Juni 1886 in der Mordnacht am Starnberger Seeufer gegen 19.40 Uhr.

In dem Dreierporträt sind Schleiss von Löwenfeld und Kaulbach links vom toten König montiert worden, rechts der Stallmeister Hornig, also ein Dreierporträt. Maltechnisch ist es als Original von H. Kaulbach gesichert.

**Am 15. Juni 1886, 8 Uhr morgens, wurde in der Königlichen Residenz zu München die Sektion der Leiche König Ludwigs II. durchgeführt; anschließend wurde ein Sektionsprotokoll, ebenfalls datiert vom 15. Juni 1886, gefertigt. Auffällig bzw. bedenklich ist, dass sich die Leichenöffnung nicht vorschriftsmäßig nach den Bestimmungen der Strafprozessordnung, die bereits seit 1879 in Kraft war, vollzog. Wie in § 87 (Absatz 1) StPO vorgeschrieben, hätte bei der Leichenschau ein Vertreter der Staatsanwaltschaft oder aber ein Richter anwesend sein müssen. Nach Prüfung aller zur Verfügung stehenden Materialien konnte festgestellt werden, dass weder ein Staatsanwalt noch sonst eine Amtsperson aus dem Justizbereich zugegen war; auch dem Sektionsprotokoll ist diesbezüglich nichts zu entnehmen.**

**Bei der Leichenschau waren anwesend:**

**Freiherr von Crailsheim (Minister),**
**Graf zu Castell (Obersthofmeister),**
**Dr. Hubrich (Irrenanstaltsdirektor),**
**Prof. Dr. Hubert Grashey (Oberarzt),**
**Dr. Hagen (Hofrat und Irrenanstaltsdirektor),**
**Prof. Dr. Hugo von Ziemssen (Geheimrat),**
**Prof. Dr. Karl von Kupffer,**
**Dr. Max Schleiss von Löwenfeld (Geheimrat und Leibarzt Ludwigs II.),**
**Dr. Wilhelm Brattler (Medizinalrat),**
**Dr. Alfred Halm (Hofstabsarzt),**
**Dr. Ludwig Becker (Hofstabsarzt),**
**Dr. Josef Ritter von Kerschensteiner (Obermedizinalrat ).**

**Die Obduktion wurde von Prof. Dr. Nikolaus Rüdinger unter Assistenz von Dr. Johannes Rückert vorgenommen; Prof. Dr. Hugo von Ziemssen verfasste gemeinsam mit den übrigen Anwesenden das Sektionsprotokoll. Beendigung der Sektion: 13.15 Uhr.**

**Nachstehend der vollständige Wortlaut des Sektionsprotokolls:**

*„Protocoll:*

*Die Leiche Seiner Majestät ist kaum entstellt, nur das Gesicht und der Hals etwas gedunsen, die Haut auf der Rückfläche des Rumpfes und der Extremitäten mit diffusen Todtenflecken bedeckt, beide Ohrmuscheln und deren Umgebung stark cyanotisch, Leib etwas aufgetrieben, auf der vorderen Brustwand eine etwa zwei Hände grosse bräunliche Verfärbung der Haut (etwa von Wiederbelebungsversuchen herrührend). Fettpolster stark entwikkelt, äusserst kräftige Musculatur, Todtenstarre gelöst. Nirgends sind Verletzungen an der Körperoberfläche, insbesondere keine Abschürfungen der Oberhaut am Halse oder Gesichte wahrnehmbar. Nur an den Knien unter der Patella mehrere kleine Excoriationen. Gänsehaut an der rechten Brusthälfte und an der rechten Oberextremität, Cornea zum Theil central des Epitels beraubt, Pupillen mässig weit, beiderseits gleich. Äussere Genitalien wohlgebildet, keine Phimose, rechter Hoden etwas atrophisch. Rechterseits offene Bruchpforte von mittlerer Weite, mit einem Bruchband belegt. Die Zunge etwas zwischen den Zähnen eingeklemmt, der Oberkiefer fast zahnlos, mit einer Zahnpièce versehen, im Unterkiefer noch eine Anzahl lose sitzender Zähne (4 Schneide- und 2 Eckzähne). Körperlänge 191 Centimeter, Brustumfang unter den Schulterblättern 103 Centimeter, Bauchumfang 120. An den Händen ausser leichter Cyanose der Nägel keine Anomalien, insbesondere keine Verletzungen. Kopfschwarte sehr dick (8,5 Millimeter), enorm venos hyperämisch, Pericranium externum im Ganzen blutreich, in der Parietalgegend beiderseits etwas verdickt, Schläfenmuskeln im Ganzen schwach entwickelt blass.*

Die orangerote Markierung zeigt den Umfang der Weglassungen im Sektionsprotokoll im Buch Wöbkings, „Der Tod des Königs", S. 184 ff.

*Schädel im Verhältnis zur Körpergröße ungewöhnlich klein und etwas asymetrisch, so zwar dass der linke Stirnhöcker zurücktritt gegen den rechten und die linke Hälfte des oberen Abschnittes der Hinterhauptschuppe gegen die der rechten Seite. Der Diagonaldurchmesser von der Stirne links nach dem Hinterhaupt rechts == 172 Millimeter, der analoge andere Durchmesser 179 Millimeter. Halber Horizontalumfang rechts == 25,5, links 24,5, ganzer Horizontalumfang 50,0. Die Oberschuppe des Hinterhauptbeines erhebt sich im Niveau merklich über die Parietalia. Schädeldach ausserordentlich dünn, Diploe fehlt fast vollständig (Minimum 2,5, Maximum 3,0 Millimeter). Die Sulci meningei trotzdem ziemlich tief entwickelt, schmal; Kranznaht u. Sagittalnaht an der inneren Seite des Schädeldaches vollständig verknöchert. An der Innenfläche der rechten Hälfte des Hirnbeines 2 Centimeter vom Tuber nach Inn eine hanfkorngrosse rundlige Exostose. Etwas weiter nach Unten und Vorne an dieser Seite noch zwei stecknadelkopfgroße Exostosen. Am vorderen medialen Winkel des linken Seitenwandbeines erscheint eine markstückgroße Ausbuchtung, an welcher das Schädeldach den höch-*

*sten Grad der Verdünnung zeigt. Sinus longitudinalis superoir weit, besonders gegen die Occipitalgegend zu sich erweiternd, am vorderen Ende gegen die Crista Galli zu sich verengend. Im Inneren des Sinus 5 verschieden grosse Gruppen Pachionischer Granulationen, welche in das Lumen des Sinus vorragen.*
*Die Dura mater am Coronarrande des Stirnbeines gegen die Sagittalnaht zu beträchtlich verdickt, geröthet, blutreich, auf der Aussenfläche rauh und zottig, die Verdickung ist am stärksten in der Stirnbeingegend zu beiden Seiten des Sinus longitu dinalis, etwa in der Mitte der grossen Hirnsichel, nahe dem Längsblutleiter, eine fast erbsengrosse platte Knochenablagerung. Am Clivius der Schädelbasis findet sich eine stachelförmige Exostose, welche etwa 2 Millimeter über das Niveau der ,Dura mater in die Schädelhöhle vorspringt. Die rechte Hälfte der Satellehne zeigt einen angeborenen Defect. An der Vorderfläche der linken Felsenbeinpiramide befindet sich eine gerade nach aufwärts gerichtete Protuberanz von circa 1 Centimeter grossem basalem Durchmesser, welcher am Schläfenlappen des Grosshirns eine Vertiefung von gleichem Umfang entspricht. Die Sattellehne ist verdickt und in erheblicher Ausdehnung osteoporotisch, ebenso der Boden der vorderen Schädelgruben. Alle Venensinus der Basis Cranii stark mit dunklem, flüssigem, gerinnselfreiem Blute gefüllt. Gehirn im Gewicht = 1349*

Die orangerote Markierung zeigt den Umfang der Weglassungen im Sektionsprotokoll im Buch Wöbkings, „Der Tod des Königs“, S. 184 ff.

Die orangerote Markierung zeigt den Umfang der Weglassungen im Sektionsprotokoll im Buch Wöbkings, „Der Tod des Königs“, S. 184 ff.

*Gramm mit Inschluss der weichen Häute (ohne Dura), die Arachnoidea auf beiden Hemisphären in Ausdehnung von 9 Centimeter verdickt, milchich weiss getrübt. Die einzelnen verdickten Stellen dehnen sich vom Medialrande aus über beide grossen Hemisphären lateralwärts etwa 5 Centimeter weit inselartig über den rechten Stirn- und Scheitellappen aus, linkerseits in geringerem Grade, jedoch ist hier der erwähnten verdünnten Stelle am Schädeldach entsprechend eine etwas stärkere Erhebung vorhanden, welche wesentlich bedingt ist·durch Verdickung der Arachnoidea und Pia mater. Diese verdickte Stelle entspricht dem medialen Ende der vorderen Centralwindung und dem Anfangstheil der ersten Stirnwindung.*

*Die linke Hemisphäre zeigt an 3 Stellen atrophische Windungen und zwar: 1. Am Anfang der zweiten und 3. Stirnwindung. 2. Am Anfangstheil der ersten Stirnwindung. 3. An dem medialen Ende der hinteren Centralwindung und der hier angrenzenden Windungen des Scheitellappens. Die rechte Hemisphäre zeigt ebenfalls deutlich 3 ziemlich scharf markierte atrophische Stellen und zwar ebenfalls: 1. Am postcentralen Furche.*

*Die Gehirnsubstanz ziemlich weicher Consistenz, weiss, zeigt ,am Durchschnitt zahlreiche Blutpunkte. Die graue Substanz der Windungen etwas schmal, die Höhlen und die Plexus durchaus normal, ebenso die Basa1theile des Grosshirnes und das Kleine Gehirn.*

*Rachen, Kehlkopf und Trachea bieten nichts abnormes mit Ausnahme des Vorhandenseins von Mageninhalt in den Luftwegen, welche wohl nach dem Tode (Wiederbelebungsversuche, Transport) hineingelangt sind. Schild-Ring und die oberen Tracheal-Knorpel ungewöhnlich stark verknöchert. Thorax normal gewölbt, kein Rippenbruch, Pleurahöhlen enthalten etwas röthliches Serum, Lungen nirgends adhaerent, im Allgemeinen dunkel, abwechselnd mit hellen, stark geblähten Parthien. An den Spitzen leichte narbige Einziehungen der Pleura. Das Gewebe im Ganzen luftarm und consistenter als normal, auf dem Durchschnitt fliesst hier wenig wässriges Blut ab; bei seitlichem Drucke entweicht wenig Luft. Auch in den emphysematösen Parthien ist das Gewebe weniger lufthaltig und blutarm.*

*Herz: Kräftig entwickelt, etwas schlaffer, die Höhlen etwas dilatirt, Wandstärke, Consistenz und Farbe des Herzmuscels normal, wenig epicardiale Fettauflagerung, Klappen sämtlich intact, ebenso Aorla und Pulmonalis.*

*Magen enthält mässige Mengen fester und halbflüssiger Speisen, Schleimhaut etwas schiefrig gefärbt, mässig verdickt. Dünndarm durchweg ziemlich geröhtet, die Payer'schen und solitären Follikel rosig gefärbt. Die Leber rothbraun von normaler Form und Consistenz, Gallenblase enthält etwas flüssige Galle, Milz vergrös-*

*sert (Länge 18,0 Breite 10, 5 Centimeter), Consistenz weich, Pulpa bräunlich, beginnende Fäulniss. Nieren von starker Fettkapsel eingehüllt, gross, Oberfläche glatt, Capsel leicht abziehbar, Farbe cyanotisch auf der Oberfläche, wie auf dem Durchschnitt. Gewebe im Übrigen normal, Nierenbecken schwach injicirt. Blase schwach gefüllt, sonst normal.*

*Anhang. Schädelmasse nach Ablösung der Kopfhaut 8,5 Millimeter Dicke, Horizontalumfang über der Fascia temporalis 565 Millimeter, nach Entfernung der Schläfenmusceln 500. Sagittalumfang von der Nasenwurzel bis zur Protuberantia externa 315 Millimeter, Querumfang von einer Ohröffnung zur anderen 305 Millimeter, grösster Längsdurchmesser 178 Millimeter, Längsdurchmesser von der Nasenwurzel bis zur Protuberantia occipitalis externa 171 Millimeter, Querdurchmesser zwischen den Tubera parietalia 140 Millimeter, Querdurchmesser hart über den Ohren 131 Millimeter. Stirnbreite 97 Millimeter, diagonaler Durchmesser des Kopfes vom Tuber frontale der linken Seite bis zum meist prominirenden Puncte der rechten Seite des alumfang rechts 255 Millimeter, halber Horizontalumfang links 245. Gewicht des Schädeldaches 222 Gram.*

*Schluss der Sektion 14 Uhr. Die Einbalsamierung der Leiche wurde sofort nach der Section von Prof.*

*Rüdinger in Angriff genommen. Zur Bestäthigung wurde das Protocoll von sämtlichen anwesenden Ärzten unterzeichnet.“*

vgl. auch: Peter Glowasz,
**Das Geheimnis um den Sarkophag,**
**König Ludwigs II. von Bayern,**
Hinweise – Gutachten – Materialien, Berlin 1994, S. 20-29)

*»Protokoll über die Sektion der Leiche König Ludwig II. vom 15.6.1886«.*
Reinschrift, Bayerisches Hauptstaatsarchiv, Geheimes Hausarchiv, 36/1/3, X. Beglaubigte Abschrift, Bayerisches Hauptstaatsarchiv, Neuere Abteilung, Kammer der Reichsräte 2095 –

Wöbking lässt bei seiner Darstellung, da er Belastungen fürchtet, sämtliche Ärzte weg, die ihm nicht in sein Konzept passen. Vor allem war Prof. Dr. Maximilian Schleiss von Löwenfeld anwesend.

# Weitere Vermerke einer 30-jährigen Forschung.
# Protokoll zum Bildnisfoto des getöteten Königs Ludwig II.

Neben den Vermerken und Aussagen des Leibarztes Dr. Schleiss von Löwenfeld, ist das Dreierporträt mit dem toten König Ludwig II. von Bayern in der Mitte und links Dr. Schleiss von Löwenfeld und rechts dem Stallmeister des Königs die überzeugendste Tatsache.

Das Dreierporträt wurde am 7. November 1967 gegen 10.00 Uhr vormittags von dem Bildbesitzer Dr. jur. Karl Michel, Oberlindau 53, Frankfurt/Main, Dr. Wichmann in seinem Dienstzimmer, Arcisstr. 10, vorgelegt. Routinemäßig wurde das Bild noch am frühen Vormittag in der Fotoabteilung der Bayerischen Staatsgemäldesammlungen fotografiert, siehe hier S. 82/83.

Fotografien wurden in diesem Zeitraum an den Bayerischen Staatsgemäldesammlungen grundsätzlich nur schwarzweiß durchgeführt. Herr Roth, der Leiter der Fotoabteilung, übergab noch am Vormittag des 7.11.1967 das Dreierporträt an Dr. Siegfried Wichmann. Bei der Übergabe des Dreierporträts stellte Dr. Wichmann fest, dass es sich in der Mitte des Dreierporträts um den toten König Ludwig II. handelt und rechts um den weinenden Stallmeister Richard Hornig, links das Bildnis, war zu diesem Zeitpunkt noch unbekannt.

Bei der weiteren Bearbeitung stellte Dr. Wichmann fest, dass in dem Dreierporträt, das am 13. Juni 1886 gemalt wurde, Lagerungs- und Umweltschäden an der Leinwandoberfläche vorhanden waren, vor allem im Porträt des toten Königs Ludwig II. Diese sind in den Farbabbildungen sichtbar, aufgrund dieser Tatsache wurden die 3 Bilder in der Restaurierungsabteilung der Bayerischen Staatsgemäldesammlung, Arcisstr. 10 II, gegen 11.30 Uhr, leicht gereinigt, um genauer sehen zu können.

Hermann Kaulbach hatte mit dem Totenporträt gegen 19.00 Uhr bei Regen am Ufer des Starnberger Sees begonnen, um dann in der später abgerissenen Bootshütte, nach dem Standortwechsel, mit dem toten König das Porträt fortzuführen. Wichtig waren dabei die Gebrüder Hornig, ehemalige Stallmeister des Königs Ludwig II., nur sie konnten mit Hilfe von Hermann Kaulbach diesen Transport des toten Königs vom Ufer in das im Flachwasser liegende Boot bewältigen.

Die „Lähmung" der Tötungsstrategen Washingtons und seiner Gruppe kam Schleiss von Löwenfeld sehr entgegen, denn die Gesamtkonspiration der Töter war zusammengebrochen.
Hermann Kaulbach hatte als Porträtist die wohl lose Zahnspange links im Mund des toten Königs mehrfach korrigiert. Die genaue Untersuchung des Bereiches Zahnspange im Porträt, mittels Vergrößerungen am 7.11.1967 ließ erkennen, dass in dem Porträt des toten Königs die Zahnspange mehrfach lasierend (dünn) von H. Kaulbach übermalt wurde, die Reinigung des Dreier-Porträt-Bildes erhielt dadurch leichte Veränderungen, da die Zähne in der farbigen Porträtdarstellung und das Lungenblut im linken Mundwinkel verändert wirken, also nicht deckungsgleich mit der Schwarz-Weiß-Aufnahme sind. Hermann Kaulbach als Maler und Arzt hatte scheinbar versucht, die Skizzierung am Ufer zugunsten einer Retusche im Bootshaus vor allem im Bereich des ausfließenden Lungenbluts und der Zahnspange zu korrigieren und sichtbar zu machen.

Die Reinigung von Gemälden und die Auswertung dieser Abnahme von verschwärzten Firnissen ist für den Unterzeichnenden eine tägliche Aufgabe mit wissenschaftlichen Hintergründen als Gutachter.
Die neue Erkenntnis durch Oberflächenreinigung führte zu dem Entschluss, das Mittelbild mit dem toten König farbig mit der Leica mit Dreibeinaufsatz im Außenlicht gegen 14.00 Uhr, vor dem Hauseingang Arcisstr. 8, nochmals zu fotografieren, in Gegenwart von Herrn Dr. jur. Karl Michel, Oberlindau 53, Frankfurt/M.

# Der Tod des Irrenarztes Dr. Bernhard Aloys von Gudden

1824 – 1886, am 13. Juni 1886 im Park des Schlosses Berg, gegen 18.45 Uhr

Auffällig ist an diesem Tod des Arztes in der Mordnacht, dass der Tod ohne Kommentare gleichsam erlischt. Für den Lenker der Tötungsbande Johann Freiherr von Lutz (1826-1890), war der Fall erledigt, Gudden wurde gleichsam abgehakt, denn Lutz konnte keine Mitwisser brauchen. Er wird daher schon am 14. Juni 1886 auf dem kleinen Auer-Friedhof bei München beigesetzt.

Auffällig ist weiterhin, dass in der Mordnacht am 13. Juni 1886, Dr. von Gudden im Bootshaus des Fischers Lidl und im Schloss Berg unter einer Abdeckplane ruhte, die auch nicht von den beauftragten Ärzten aus Starnberg angehoben werden durfte.

Es gibt zu dieser Tötung einen einzigen Tatsachenbericht der quellenkundlich überliefert ist von Philipp Fürst zu Eulenburg-Hertefeld. Der Fürst galt in Bayern als ein äußerst einflussreicher Politiker, der zu allen politischen Schaltstellen Zugang hatte. Fürst Eulenburg-Hertefeld war von Bismarck beauftragt worden, am 14. Juni 1886 das Umfeld von König Ludwig II. von Bayern zu beobachten. Am 13./14. Juni 1886, in der Nacht, war Eulenburg bereits informiert über den Tod des Königs. Er ließ sich am 14. Juni 1886 von einem Fischer aus Starnberg gegen 4.00 Uhr morgens über den Starnberger See nach Schloss Berg rudern. Fürst Eulenburg hatte als sehr bekannter Diplomat in Bayern an allen Schaltstellen Zugang gehabt und er verfügte vor allem über sämtliche Vollmachten, die ihm die Schaltstellen der Politik ausgestellt hatten. Er besaß auch innerhalb der bayerischen Ministerien das höchste Ansehen. Daher hatte Fürst zu Eulenburg keine Schwierigkeiten, den gemordeten König Ludwig II. von Bayern unmittelbar in der Aufbahrung zu sehen. Vergl. K. Möckl unter Fürst Eulenburg-Hertefeld „Die Prinzregentenzeit“.

Noch wichtiger wie diese Beschreibung, war sein Kommentar zur Begegnung mit dem toten Aloys von Gudden. Er schreibt:

„Da sah ich im Nebenzimmer Dr. Gudden tot (im Schloss Berg, am 14. Juni 1886, gegen 6.00 Uhr bei Morgenlicht – den Ausdruck düsterer Energie auf seinem Antlitz). Ich sah die **Narben auf seiner Stirn, die fürchterlichen Strangulierungsmarken an seinem breiten Hals**“.

Wie schon oben vermerkt, war es am Seeufer des Parkes von Berg zu einem Kampf Guddens gegen die Stallmeister des Königs, die Gebrüder Hornig, gekommen.

Gudden war total überrascht, vor allem durch seinen Widersacher Dr. Schleiss von Löwenfeld. Nicht mehr mächtig seines Verhaltens, griff er die Stallmeister an. Gudden traf ein schwerer Schlag auf die linke Stirnseite, danach erfolgte die Strangulierung. Der Kampf dauerte nur wenige Minuten.

Vergleiche auch: Vandenberg, Philipp „Die heimlichen Herrscher“, S. 99 ff. Weiterhin: „K. Möckl u. Dr. Schleiss von Löwenfeld, a.a.O.

# Der Totenkult

# Einbalsamiert zur ewigen Schönheit – ein Totenkult des schlechten Gewissens

Man muss den natürlichen Tod von dem gewaltsam herbeigeführten Tod unterscheiden.
Die Begrenzung der Lebensdauer war vorprogrammiert. Die Fotografien König Ludwigs II. von Joseph Albert über einen Zeitraum von vierzig Jahren zeigen, wie sich der Gesichtssinn beim König langsam verdunkelt und dann erlischt.

Erstaunlich ist das Verhalten der in den Tod einbezogenen Beteiligten, sie zeigen ein Leben ohne Reue, die Lutz-Konspiration sieht in der Gewalt eine Lösung entsprechend den politischen Erfahrungen in Russland, die fehlschlagen mussten. Die „Untaten" des Königs werden noch heute seitenweise im Buch von Wöbking aufgeführt.

Es handelt sich um Beschuldigungen der Stallknechte aus der Umgebung des hasserfüllten Oberstallmeisters Graf von Holnstein (vgl. G.H.A. 36/2/5).

Die Aufbahrung des Königs Ludwig II. in der alten Residenzkapelle (Ausschnitt).

Ludwig II. auf dem Paradebett in der Residenzkapelle am 16./17. Juni 1886. Der getötete König im Ornat des Hubertusritterordens. Fotografie von Joseph Albert.
Die Vergrößerung des Kopfes zeigt die nach links verschobene Gesichtsseite nach der Sektion des Hauptes.

Als die Leichenöffnung Seiner Majestät, König Ludwig II. von Bayern erfolgt war und als man die Staatsmacht durch einen gewaltigen Begräbniskatafalk hervorgehoben hatte, nachdem die Beteiligten auf Kreuz und Bibel schwören mussten, nichts Unrichtiges gesehen zu haben, begann der Austausch wichtiger Dokumente. Das Ministerium Lutz wollte so schnell wie möglich die Angelegenheit bereinigt wissen und somit gehörte ein festgezogener Deckel auf die Angelegenheit.

Wie konnte man die Öffentlichkeit noch nach dem schrecklichen Tod des Königs gegen ihn aufbringen? Es waren angeblich seine Schulden, die aber innerhalb von vier Jahren aus der Privatkasse des Königs abgedeckt wurden. Was war ansonsten noch anrüchig und wie konnte der Königsmord noch am besten diktatorisch begradigt werden? Das Ministerium Lutz zielte genau auf diejenigen, auf die es dann letztlich ankommt, auf den Gutachterkreis.

Zunächst wurde das Unrechts-Gutachten von Gudden, das als Fern-Gutachten in die Geschichte eingegangen ist, nochmals positiv bestätigt. Liest man die Rechtfertigung (W. 306 - ca. 350, so wird das Standesbewusstsein der Irrenärzte einer gottgleichen Sendung zugeführt, die in vielfältigen, erbärmlichen Kommentaren wissenschaftlich unwürdig wirken. „Da eine Tante Seiner Majestät Ihre Hoheit Prinzessin Alexandra … an unheilbarer Geisteskrankheit litt“, W. 300, aber auch zum tausendsten Mal Seine Königliche Hoheit Prinz Otto immer wieder neu ins Feld geführt, war ein wichtiges Indiz, dass König Ludwig II. von Bayern nicht mehr leben durfte, da er seinen Regierungspflichten nicht mehr nachkommen konnte. Viele dieser Abschlussgutachten, die unter strengem Regime vor dem Ausschuss der Kammer der Abgeordneten des Staates vorgetragen wurden, aber auch die neuen Protokolle, die stets nachgelegt wurden, über die Sitzungen des Ministerrates und des Besonderen Ausschusses der Kammer der Reichsräte, wurden genehmigt.

Vor allem im Hinblick auf die Verfassungsurkunde wurde der königliche Staatsminister des Inneren mit der Aufgabe betraut, eine Botschaft an die Kammer zu entwerfen, an deren Schluss der Antrag zu stellen sein wird, dass die Voraussetzungen der Reichsverwesung als gegeben erachtet werden usw. usw. Schlicht ging es allein in dieser Zusammenraffung um ein Nachtarocken mit Beschuldigungen des Königs und letztlich um die Feststellung, dass es sich bei ihm um einen ausweglosen Irren handelte. Auch der allerletzte Irrenarzt, wie Dr. F. C. Müller musste sich noch in den Süddeutschen Monatsheften 1929 flegelhaft über den getöteten König äußern. Darin ging es nicht allein um die angebliche Krankheit des Königs, sondern es ging darum, dass sich der Irrenarzt Müller hinreißen ließ, über das Kunstverständnis des Königs zu urteilen.

Ein Widerspruch kann jedoch nicht geklärt werden, wenn in dem Buch „Der Tod König Ludwigs II von Bayern“, eine Dokumentation des Rosenheimer Verlagshauses, 1986, wiederholt darauf hingewiesen wird, dass der König an einer unheilbaren Erbkrankheit litt. Die Krankheit SKH Prinz Otto wurde nochmals und immer wieder ins Feld geführt. Der gesamte Familienkreis schien belastet und die Frage muss hier grundsätzlich einmal gestellt werden, wie weit kann es der Autor des Buches Wöbking verantworten, dass die gesamte Wittelsbacher Linie durch diese geschilderten Belastungen diskriminiert wird.

Fotografie König Ludwig II.
von Bayern um 1885
Joseph Albert
Archiv Starnberg

Auch der Kriminalist Wöbking fasst auf Seite 306 ff. nochmals und endlos zusammen. Es handelt sich um die verblichenen Gutachten von Lutz und Gudden, u.a. geht es zumeist um den Geisteszustand des Königs Ludwig II., man hatte ein schlechtes Gewissen. Dabei ist auffällig, dass der Autor Wöbking keinerlei Ausbildung in den Wissenschaftsgebieten: Geschichtswissenschaft, Kulturgeschichte, Völkerkunde oder Kunstgeschichte besitzt. Wöbking kann den König, der ein aufgeschlossener Monarch der internationalen Bildung im 19. Jahrhundert war, der verschiedene Sprachen lesen und schreiben konnte, nicht fassen. Er kann den Monarchen nicht begreifen. Das bedruckte Papier in der Anhäufung von Verdächtigungen und unbewiesenem Irreseins quält sich nochmals über das Papier von S. 306-407. Vorher auf Seite 277-278 wagt Wöbking noch ein Nachwort, indem er den „Selbstmord“ des Königs beschwört, Wöbking trägt zur Legendenbildung selbst bei, er wird sogar versöhnlich. Jedoch muss gesagt werden, dass er irrt, wenn in der Tötung Königs Ludwig II. die „tragische Schuld“ fehlt. Die Lutzkonspiration mit Holnstein, Gudden und weiteren Verbündeten ist mit tragischer Schuld und mit Geldgier angefüllt.

Dass Wöbking nun im Nachwort sentimental wird und dass er sich durch viel Papier und unendliche Wiederholungen auch noch als Historiker und Geschichtsschreiber fühlt, ist kaum erträglich. Die „teuflische Krankheit“ des Königs, wie er schreibt, wird nochmals ausgebreitet (S. 279 ff.). Die Wut, weitere Dokumente als Staatsanwalt, Richter und Beamter des Landeskriminalamtes in Augsburg anzuhäufen, kann durch neu aufgefundene Quellen nicht entwerten, wenn auch die Auftraggeber noch so hoch angesiedelt sind.
Warum kappt Wöbking die Ärzte, die bei dem Bericht zur Leichenschau anwesend waren, warum wird die Sektion des Schädels des Königs der Leichenschau dem Lesenden vorenthalten? Im Falle des Leibarztes des Königs Ludwig II. Dr. Maximilian Schleiss von Löwenfeld, 40-jähriger Arzt des Königs Ludwigs II., werden Aufzeichnungen auftauchen, die das angehäufte Papier und die Druckerschwärze nicht wert sind.

# Schmachvoller Tod - Überprunk der aufgebahrten Leiche

Wohl kaum gab es im 19. Jahrhundert eine derartige Auseinandersetzung mit dem Tod in aller Öffentlichkeit, wie es das Todesschicksal Ludwig II. vorführt.

Das Bedrückende ist die künstliche Streckung des Todes ohne transzendente Sinnerfüllung. Der Tod als letztes natürliches Schicksal des Menschen wird eine Art Sterben auf Zeit, ohne Würde des Monarchen.

Nach der Entmündigung des Königs im Schloss Neuschwanstein fielen alle Hemmnisse, indem man ihn, den König, stieß, ihn ansprang und die geschulten Häscher ihn hart griffen, ihm körperliche und seelische Schmerzen bereiteten, um ihn zu demütigen und einer rachsüchtigen Gruppe: Lutz, Holnstein, Gudden, Freyschlag zu Freynstein u.a. zu unterwerfen.

Diese Gegner, die jegliche Tabus brachen, - das Gottesgnadentum wurde beseitigt. In der Planung sollte der Tod des Königs Ludwig II. mehr ein Verschwinden sein, ohne Achtung und im kleinsten Zeitraffer nur um keinen Preis ein individueller Tod.

Der grausame Tod war eine Folge von Hass, Gewalt, Lüge und Raffsucht, wenn man den Welfenschatz mit einbezieht.

Die Entwicklung und Veränderung von Todesangst, die den König Ludwig II. auch bestimmen musste, war die Ungewissenheit. Das zeigen die hier abgebildeten Foto-Porträts und die auffälligen Veränderungen der Persönlichkeitsmerkmale.

Ludwig II. König von Bayern lebte wohl schon vor dem 12. Juni 1886 in einer Art psychogenem Tod, in absoluter Hoffnungslosigkeit. Man zeigte keine Trauer in dieser Todesmaschine Lutz, Gudden, Holnstein, Freyschlag u. a. Trauer war vergessen, denn das Ziel der Regierungsgewalt war die Auflösung und Vernichtung dieses Lebens.

Der Tod am 13. Juni 1886 im Schlosspark von Berg war eine Form von Aggression und Destruktion ohne Wiederkehr.
In dieses Vakuum eines schmachvollen Todes musste die Aufbahrung der Leiche ein optisches Signal setzen, das alle durchgeführten Gemeinheiten überdecken sollte.

Durch die nicht eingeplante Tötung des Irrenarztes Gudden, mussten in der Mordnacht neue Lösungen erdacht werden, die das Lebensgefühl der Täter nicht bedrohen konnte, denn die Furcht, die man im Lutzzirkel plötzlich erkannte, wurde auch sogleich als Bedrohung erkannt, indem man Gudden auf dem Auerfriedhof sang- und klanglos schnell in die Erde brachte, ohne Anteilnahme Lutzens. Das schlechte Gewissen musste sämtliche Schrecken überschatten, daher wurde mit Pomp in der Aufbahrung nicht gespart.

Die Lüge als absichtliche wahrheitswidrige Darstellung beherrschte nun die Aufbahrung in einem überschönten Anspruch.

Man hatte bei der Leichenöffnung den Schädel des Königs ohne Anwesenheit eines Staatsanwaltes zerlegt (siehe Seite 100 ff.), um Wahnsinnsfunktionen zu finden, als Rechtfertigung.

Die Schädelöffnung erstreckt sich über mehrere Seiten des Protokolls und man tat sich schwer, den Kopf in die alte Form zurückzubringen, ein Umstand, der den aufgebahrten König entstellte.

# Abgegossenes Leichenporträt – ein überschönter Auftrag

Ein Anliegen der Lutzgruppe war nach der Tötung des Königs, gleichsam als Rechenschaftsbericht, eine Totenmaske.

Nachdem bei der Leichenöffnung der Schädel zerlegt worden war (siehe weiter oben im Text), konnte eine würdevolle Totenmaske nicht mehr hergestellt werden. Obwohl die pathologischen Eingriffe mit einer totalen Sektion des Kopfes, mit Verstümmelungen, ohne staatliche Aufsicht und ohne die Bestellung einer Rechtsperson (vgl. Wöbking, S. 184 ff) eilig und in Zeitnot durchgeführt wurden, wagten es die verantwortungslosen Vertuscher um Ministerpräsident Lutz noch, eine überschönte, selig verharrende Totenmaske herstellen zu lassen.

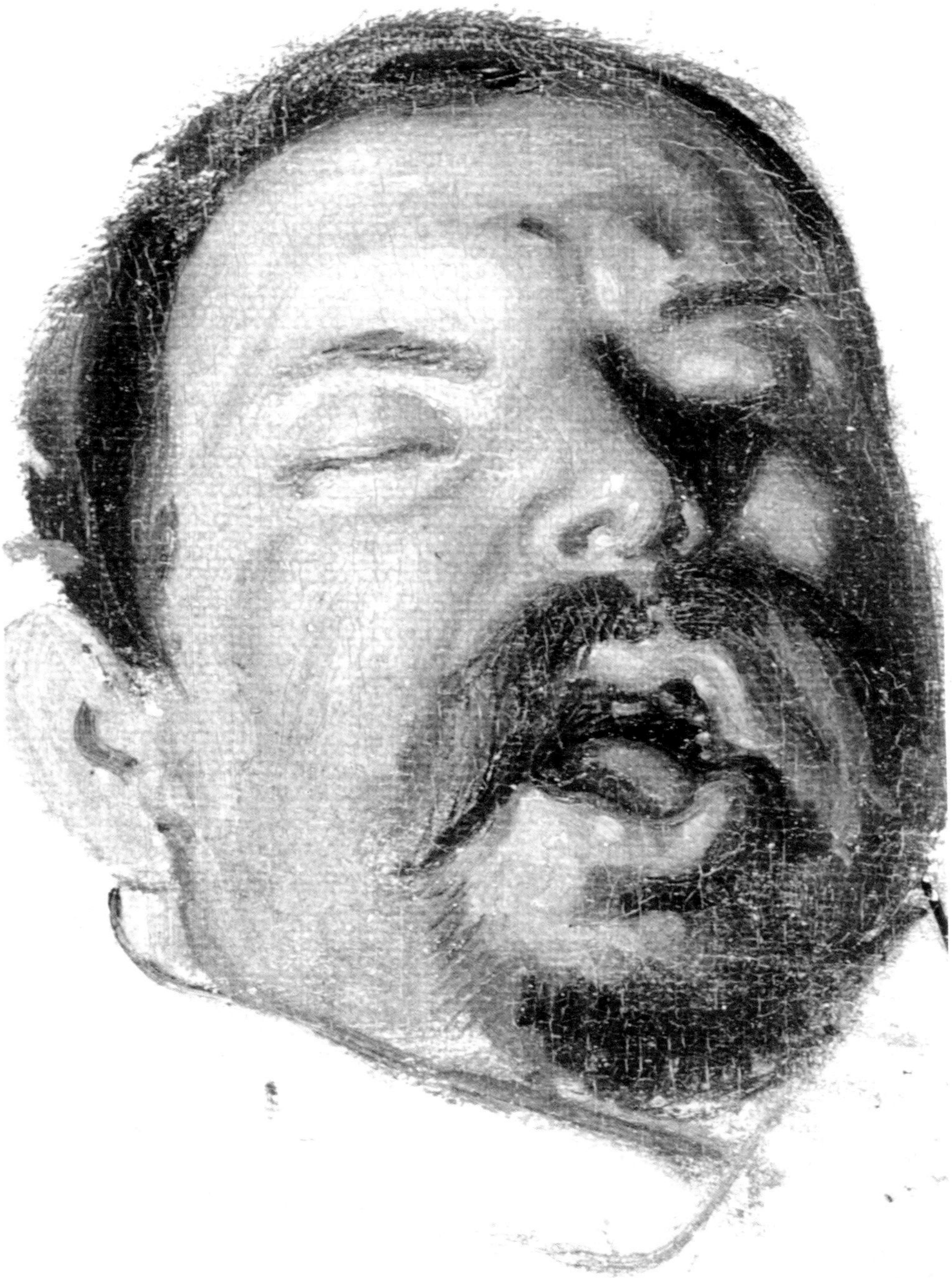

Die weit in aller Welt verbreitete würdevolle Funktion einer Totenmaske wurde hier dem König sehr ungeschlacht verweigert, so wie die gesamte Lutz-Konspiration auf einem Unrechtsdenken aufgebaut war.

Lutz, Holnstein, Gudden, Müller und Freyenstein hatten noch niemals von der Würde der ägyptischen Anubismasken gehört, auch nichts von den Goldmasken der Gräber von Mykenä.
Die Mörder des Königs Ludwig II. von Bayern hatten keine Ahnung und keine Achtung gegenüber dem Monarchen und seinem Wissen – nur eine überschönte Totenmaske musste her, das gehörte mit zur Abwicklung des Falls.

Hier ist Wirklichkeit und lügenhafte, mit vorgeblicher Güte getarnte Verfremdung der Ausdruck des schlechten Gewissens der Lutz-Diktatur. Der Kopf links ist der geschundene Kopf der realen, brutalen Tötung des Königs im Auftrag der Staatsmacht. – Und rechts verharrt der Getötete in einer seligen Verklärung. Lutz, der eiskalte Streber, hatte sein Ziel erreicht und er konnte mit erkauftem Segen sich seines Amtes sicher sein, nachdem er wohl den stürmischen Gudden in seine Planung einbezogen hatte.
Lutzens Bemerkung nach der Tötung des Königs: „Ich habe wohl dem König nichts geschenkt.“!

Die Totenmaske wurde entsprechend dem Auftrag von Prof. E. Eberl und Gipsformer Mahr geschönt, denn man wollte von den eigentlichen Vorgängen ablenken. Die Leiche des Königs lag einige Stunden (ca. 4 Stunden) in der Bootshütte des Fischers Lidl in Berg, Seestraße 2 ? (alte Nummer). Die Porträtskizze des Königs war von Hermann Kaulbach noch vor dem Eintritt der endgültigen Totenstarre angefertigt worden. Der geöffnete Mund wurde, als man die Leiche nach Schloss Berg verbrachte, durch eine sehr stramme Kieferbinde gewaltsam geschlossen.

Die Totenstarre war jedoch schon weit vorangeschritten, sodass die Binde nachgezogen werden musste. Weiterhin bemühte man sich, aus dem Mundwinkel Teile des Lungenblutes zu entfernen. Das Indiz Lungenblut hätte Beweiskraft gehabt, und es musste unbedingt verhindert werden, dass es austrat. Die Kiefer-Binde wurde dann wiederholt nachgezogen und verstärkt, so dass die Kinn- und Halsmuskulatur an der linken Kopf- und Halsseite hervortrat. Deutlich ist an der linken Halsseite die Verdickung auch im Bereich der Totenmaske sichtbar. Diese heraustretende Gewebemuskulatur musste wohl der abgießende Bildhauer in seiner Arbeit berücksichtigen, wenn er die Verdickung reduzierte. Dennoch ist diese Schwellung ein Hinweis. Die Eingeweihten versuchten, den Mund derartig fest zu verschließen, dass Lungenblut nicht mehr austreten konnte. Lungenblut ist in jedem Falle das Indiz für einen Lungenschuss, der zum Tode von Ludwig II. König von Bayern führte. Die Leichenöffnung zeigte, dass im Körper von Ludwig II. Wasser weder in der Lunge noch in der Kehle nachweisbar war; der Tod durch Ertrinken scheidet damit aus. Die Totenmaske, die erst nach der Schädelöffnung von Prof. H. Eberl hergestellt werden konnte, ist wohl eher eine frei modellierte Skulptur des Bildhauers, nachdem der Schädel äußerst genau zerlegt wurde, wie man an verschiedenen, im Sektionsprotokoll vermerkten Formulierungen erkennen kann, so zum Beispiel: „innere Seite des Schädeldaches vollständig verknöchert. An der Innenfläche der rechten Hälfte des Hirnbeines 2 Centimeter vom Tuber nach innen…“ und so weiter. Der Schädelöffnung hatte man viel Zeit gewidmet – die Eile diktierte nun die Ergebnisse, die nicht überzeugen. Die Weglassung dieser gewichtigen Details durch Wöbking (vgl. Wöbking, S. 184 ff) werden wohl ihre Gründe haben.

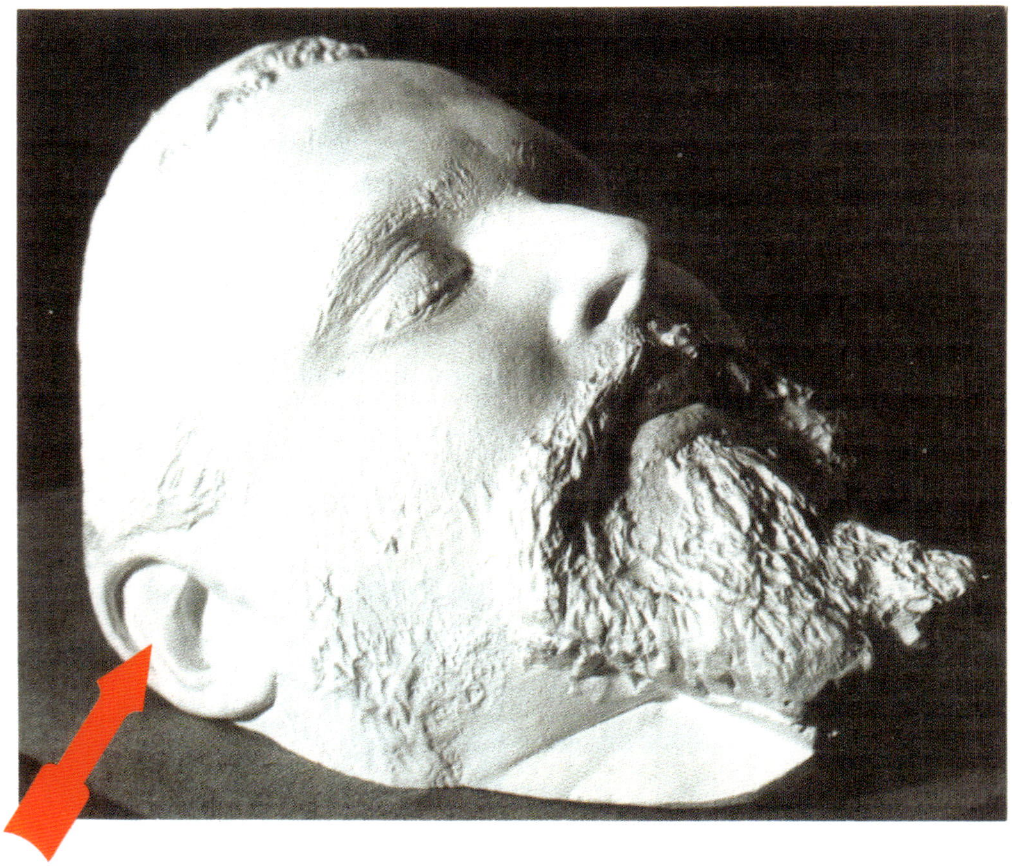

Äußerst fragwürdig ist der Bart des Königs wiedergegeben, das ist kein Abguss, sondern mit Modellierhölzern angetragene Improvisation eines Bartes, den Ludwig II. in den 80er Jahren nie getragen hat. Man sieht noch deutlich, wie der Bildhauer mit seinen Modellierhölzern die aufgestrichene Gipsmasse dilettantisch zelebriert – ein plumper Versuch der Täuschung. Eine weitere Verfälschung zeigt das Ohr im Vergleich mit einer der letzten Porträtfotografien. Die Ohrmuschel Ludwigs II. an der Totenmaske ist völlig misslungen, sie ist unterentwickelt und dreist als „kleine Schale" an den Kopf angeklebt. Man vergleiche das hochsensible Ohr des Königs auf dem Porträtfoto von Albert um 1885/86, unten rechts.

König Ludwig II.
Zivilkleidung (Ausschnitt)
Fotoaufnahme von Joseph
Albert um 1883/85
Archiv Ludwig II.-Museum
Inv.-Nr. 2707

Hermann Kaulbach, der seinem König vom 12. bis 17. Juni mit dem Zeichenstift und dem Pinsel folgte, hatte dafür seine Gründe. Wahrscheinlich plante er ein Gemälde oder einen Gemäldezyklus.

Der Maler konnte schließlich 16 Zeichnungen des Königs auf dem Totenbett fertigen. Auffällig sind die dunklen, homogenen Strichflächen, die stilistisch den Studien vom 13. Juni 1886 verwandt sind. Der Haarkranz nach den Rändern hin zeigt die gleiche zeichnerische Handschrift in einer leicht aufgerissenen Technik. Die „Schnellschrift“ ist deutlich ablesbar. Auffällig ist die sichere Wahl der Proportionen des Gesichtes, ebenso wie in den Ölskizzen vom 13. Juni 1886.

Die Tönung der Zeichnungen im Stirn- und Wangenbereich zeigt, wie der Zeichner Kaulbach die malerischen Werte der künstlichen Beleuchtung herausarbeiten konnte.

Zum äußeren Scheine wurde eine oberflächliche Repräsentation aufgebaut, eine Art Pseudologismus; Lutz und Freyschlag waren sich der unwahren Rolle bewusst, denn eine inhaltliche Bedeutung musste her, entgegen sämtlichen Ungereimtheiten des Königsmordes.
Lutz, Freyschlag, Holnstein und vor allem der Prinzregent mussten ihren Rang, ihre Dominanz und Kontrolle im Sinne der geheimen und totalen Autorität des Freiherrn Freyschlag von Freyenstein verwirklichen. Freyschlag, der vertraute Freund des Prinzregenten, war der Mann, der gegen alles Widerstreben seine Macht durchsetzte.

Verhalten und Einstellung zum Königsmord wurden überprüft, Freyschlag drängte auf Abhängigkeit und erzeugte Angst bei seinen Gegnern und Dr. Schleiss von Löwenfeld, der Leibarzt des Königs Ludwig II., fühlt sich eingeengt.
Schleiss von Löwenfeld musste nach dem Willen der Ankläger beeiden, dass der König geisteskrank sei. Die Geheimkartei und der Lenker Freyschlag schafften gewollte Abhängigkeiten, die auffällig sind, denn diese Institution setzte auf Belohnung bei Unterwerfung. Nach der Tötung des Königs wurden sämtliche Irrenärzte in ihrer Publikationswut gegen den getöteten König durch Veröffentlichung der wildesten Spekulationen in ihrem Dünkel gestärkt (vgl. Wöbking S. 279-383).

Angst und Reue befiel die Lutzkonspiration, auch im sich anschließenden Dezennium, obwohl König Ludwig II. längst in der Gruft ruhte. Daher musste umso mehr Negativ-Material, fast ein halbes Jahrhundert lang, durch die nachfolgende „Lutzdiktatur“ nachgeschoben werden. Dr. Schleiss von Löwenfeld, Leibchirurg des Königs, wurde angeklagt (seine Quellen sind beachtlich), dennoch musste er sein von ihm unterzeichnetes Telegramm Nr. 42 selbst als Fälschung erklären.
Staatsrat Franz Seraph von Pfistermeister hatte die Institution zwischen Krone und Ministerium zu einer Art Kabinettsregierung ausgebaut, auch mit Wirkung hin zur Geheimkanzlei des Prinzregenten Luitpold (vgl. M. Dorbert, Entwicklungsgeschichte Bayerns, III, S. 179 f). Die Nachfolgeregierung des Königs Ludwig II. verbrauchte viel Papier, um die Krankheit von Ludwig II. neuerlich zu belegen (vgl. Möckel, S. 35 ff.; vgl. auch Wöbking, S. 253).

König Ludwig II. von Bayern, aufgebahrt
in der Hofkapelle der Residenz,
Hermann Kaulbach
bezeichnet unten links: Nachlassstempel,
beschriftet vom Künstler unten rechts:
Ludwig II. 17. Juni 86, n.d. Natur
Bleistift auf weißem Papier,
183 x 230 mm,
Privatbesitz.

Vergrößerungen:
Leichenporträt König Ludwigs II.
Gezeichnet von Hermann Kaulbach in der Hofkapelle der Münchner Residenz,
17. Juni 1886.
Bleistift auf weißlichem Papier,
H. 20,2 x B. 26,1 cm,
bezeichnet links von der Mitte: H.K.
Archiv Ludwig II.-Museum,
Inv.-Nr. 1419

Die rechts und links abgebildeten Ausschnittvergrößerungen der Zeichnung von Hermann Kaulbach zeigen, wie der Zeichner und Maler mit wenigen Strichen die Kontur des Profils umrandet. Die Kontur über Nase und Stirn zeigt die Gleichförmigkeit durch die wächserne Oberfläche des Kopfes.
Der Haarkranz in breiten Schraffuren von links nach rechts oben ist dem Kopf wiederum angepasst. Die wächserne Blässe wird durch leichte Schraffuren an Nase und unter dem Jochbein angedeutet. Bei der Sektion ging es bei Ludwig II. auch wie üblich um die kunstgemäße Eröffnung der drei Haupthöhlen des menschlichen Körpers, des Kopfes, der Brust und des Unterleibs. „Am Kopf werden die denselben bedeckenden weichen Teile durch einen Kreuzschnitt gespalten, worauf der entblößte Hirnschädel rundum abgesägt und das obere Stück (Kalotte) abgehoben wird.“ Die kunstgerechte Zurichtung der Sektion hatte zur Folge, dass gewisse untypische Vorgaben des Kopfes hervortraten, die dann von einem geschickten Wachsmodelleur wieder in die porträthafte Starre gebracht wurde, ein Vorhaben, das nicht zufriedenstellend gelingen konnte.

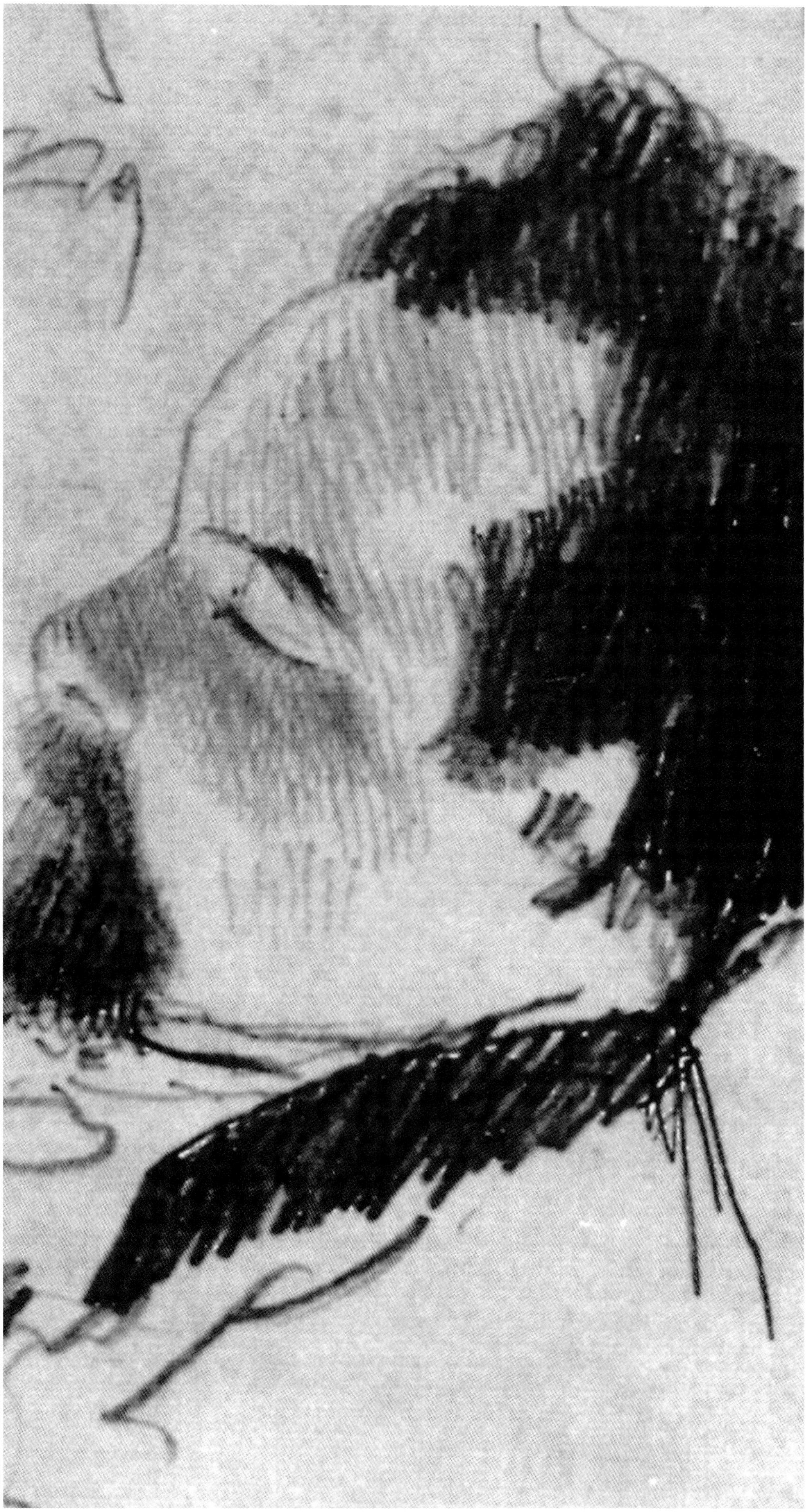

## Aufbahrung in der alten Sankt-Georgs-Hofkapelle der Residenz

Der Aufbau des Schädels mit Wachs konnte voranschreiten, nachdem die Schädelmasse übersichtlicher, nach Ablösung der Kopfhaut in 8,5 Millimeter Dicke, vollzogen war. Der Horizontalumfang über der Fascia temporalis betrug 565 Millimeter. Nach Entfernung der Schläfenmuskel wurden nochmals 500 Millimeter freigelegt. Das Gewicht des Schädeldaches betrug 222 Gramm. Nach dieser beachtlichen Zerlegung des Schädels bei der Sektion stellten sich jedoch Probleme bei der Rückführung in die typische Schädelform des Königs Ludwig II. durch Wiederaufbau mit Wachs ein. Auch die Zeit war knapp geworden und deshalb entschloss man sich im Marterzimmer der Münchner Residenz zu einer zeitsparenden Technik, eben nur mit Hilfe von Wachs.
Die Einbalsamierung war gegen 20 Uhr beendigt, und die Leiche wurde eiligst zur Aufbahrung in die Sankt-Georgs-Hofkapelle der Residenz überführt.

Hermann Kaulbach hatte sich am 17. Juni 1886 mit Dr. Schleiss von Löwenfeld in der Sankt-Georgs-Hofkapelle der Residenz verabredet. Der Arzt war jedoch nicht erschienen, man hatte Dr. Schleiss weiterhin unter Beobachtung gestellt.
Hermann Kaulbach, der es in den Leichenschauhäusern von München gewohnt war, nahe an die Toten heranzutreten, schilderte ungewöhnliche Fakten:
Es war ein heißer Junitag mit sehr hoher Luftfeuchtigkeit und schwüler Wärme. Der Raum in der Sankt-Georgs-Hofkapelle war durch den Besucherandrang überhitzt, hinzu kam, dass an jeder Seite der Aufbahrung 30 brennende Kerzen standen, also insgesamt 60 Stück, an den Wänden der Hofkapelle standen zudem große Blaker. Hermann Kaulbach berichtete auch darüber.
Der Kopf des Königs Ludwig II. verzog sich wegen der Hitze von selbst in der Wangenpartie nach rechts, vom Beschauer aus gesehen.
Die Kinn-Wangenseite war stark mit Wachs gestützt, sie zog den Bart durch die Wachsauflösung ebenfalls in diese Richtung. Die hier rechts abgebildete Zeichnung: schwarze Kreide über Bleistift auf gelblichem Papier, beschriftet von Hermann Kaulbach mit den Buchstaben H.K. unterhalb der Schulter, weitere Beschriftung links außen, 17. Juni 86, rechts davon Ludwig II. darunter: nach der Natur.

Wichtig ist jedoch, dass Hermann Kaulbach sehr nahe an den toten Ludwig II. herantreten konnte, so nahe, dass er erkennen konnte, dass das Wachs aus der linken Stirnseite weißlich ausfärbte und Wachstropfen am linken Ohr vorbei am Hals abtropften.
Hermann Kaulbach stand so nahe an dem aufgebahrten Leichnam, dass er sehen konnte, wie das vom Kopf herabfließende Wachs sogar in breiten Rinnsalen über die Decke des Totenlagers vertikal abfloss. Dabei fiel auf, dass der Kopf Ludwigs II. im Schulterbereich allmählich einsank, so dass sich das Kinn der Brust näherte.
Lutz hatte alle Hände voll zu tun gehabt, auch Gudden ohne Komplikationen unter die Erde zu bringen. Lutz ging nur widerwillig zur Sankt-Georg-Hofkapelle, er hatte gesagt: „Ich habe dem König nichts geschenkt.“. Dr. Schleiss von Löwenfeld war der Meinung, dass der Tod Guddens von Lutz einkalkuliert war und dass dieser damit einen Mitwisser weniger hatte.

Johann von Lutz

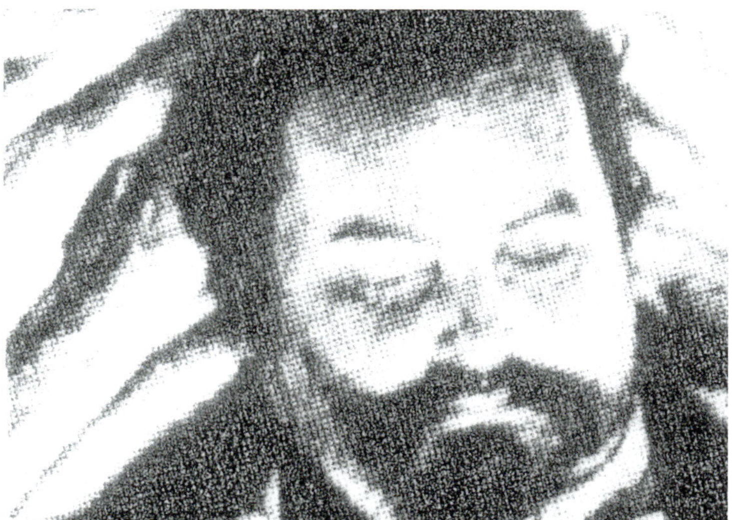

Leichenporträt König Ludwigs II.
Gezeichnet von Hermann Kaulbach in der Hofkapelle der Münchner Residenz, am 17. Juni 1886.
Bleistift auf weißlichem Papier,
H. 20,2 cm, B. 26,1 cm,
bezeichnet links von der Mitte: H. K.
Archiv Ludwig II.-Museum, Inv.-Nr. 1419

Die Vergrößerung des Kopfes, nach Aufnahmen in der Residenzkapelle, 17. Juni 1886, zeigt die nach links verschobene Gesichtsseite, Folge der Sektion des Schädels.

# Die Sezierung der Leiche des Königs Ludwig II.

Die Sektion und die Darstellung ihrer Ergebnisse wurden immer wieder neu kommentiert.
Auffällig ist, dass der Schädel des Königs Ludwig II. in äußerster Genauigkeit seziert wurde. Wöbking jedoch lässt die Schädelsezierung in seinem Buch einfach unerwähnt (Wöbking, S. 184 ff).
Dem Großhirn galt die besondere Aufmerksamkeit, und man suchte nach Beweisen, zum Beispiel die „Peyer'schen“ Plaques (vgl. Meyers Enzyklop. Lexikon 1976). Groß- und Kleinhirn sowie die Gehirnsubstanz brachten jedoch keine entsprechenden Aufschlüsse und Beweise (vgl. Eulenburg, Briefe an H. von Bismarck sowie in den Memoiren, S. 148 Ankg.).

Natürlich könnten sich Vertreter der Staatsanwaltschaft bei der Sektion eingeschaltet haben, sie waren vielleicht sogar anwesend, waren aber nicht in der Lage Recht auszuüben, da sie nicht eingreifen konnten

(Wir verweisen hier auf den Text von P. Glowasz: Das Geheimnis um den Sarkophag, Berlin 1994, S. 211 ff).

Mit der Leichenöffnung befasst sich auch W. Wöbking in seinem Buch: Der Tod König Ludwigs II. von Bayern, Rosenheim 1994, S. 184 – 189. –
Vgl. auch: Sektionsprotokoll vom 15.6.1886: GHA 36/1/3 Gesamtabdruck im Quellenanhang S. 372 ff.

Die Darstellungen Eulenburgs in den Briefen an Herbert von Bismarck und in den Memoiren, s. o. S. 184 Anm. 8, 8a und 9, sind, verglichen mit den Vermerken Eulenburgs kurz nach dem Ende der Mordnacht, am 14. Juni 1886 morgens in Schloss Berg vom grundlegend in der Schilderung der Strangulierung Guddens im Sinne der Lutz-Version verändert worden. Eulenburg schildert im Rückblick seine Erinnerungen an das Drama um Ludwig II. im Sinne der anbrechenden Prinzregentenzeit. Eulenburg sah demnach am 14. Juni 1886 gegen 5 Uhr früh: „Die fürchterlichen Strangulationsmerkmale am breiten Hals des Gudden“.
Die Zeichnung zeigt nach unten ablaufende Flüssigkeit, es handelt sich um Modellierwachs, das nach der Zerlegung der Leiche in Eile vom Modelleur aufgetragen wurde. Durch die starke Kerzenbeleuchtung veränderte sich der aus Wachs aufgebaute Schädel. Wir sehen das Haupt des Königs gestaucht, der Kopf ist mehr von unten gesehen und dadurch sitzt der Kopf stärker im Genick. In der Eile war die Obduktion nicht restlos geglückt, zumindest nicht in der Aufbereitung der Restkörperteile. Das Kapitel des Sektionslehrbuches „Durchführung einer Leichenöffnung“ von Virchow, Die Sektionstechnik, 2. Aufl., Berlin
1877, vermerkt in den verschiedenen Vorgaben: „Auf der Brust werden Fleisch und Haut bis auf die Knochen durchschnitten, letztere losgelegt und die Rippenknorpel von den Rippen getrennt, worauf sich das dadurch gelöste Brustbein abheben lässt. Der Unterleib wird mittels eines Kreuz -schnittes, der aber den Nabel nicht treffen darf, oder durch einen die vordere Hälfte des Unterleibs herumlaufenden Schnitt, geöffnet.“
Eine solche Prozedur ist mit erheblichen Vorbereitungen verbunden, das Einsinken des königlichen Leichnams in den Katafalk war wohl ein ungeplantes Schauspiel. Der bewegte Ausdruck des Königs war verschwunden, eine wächserne Starrheit war stattdessen das Ergebnis. Dieser Furcht erregende Ablauf führte selbstverständlich zu einer weit verbreiteten Angst. Es sind jene Vorgänge, die auch heute wiederum auftauchen, wenn sich demokratische Zustände langsam in diktatorische umwandeln; das wachsame Auge der Geheimen! Die stark auftretenden, intensiven Reize führten zu einer Glorifizierung des Todes Ludwigs II. von Bayern; was aber nicht im Sinne der Täter war.
Der Schädel des Königs war bei der Leichenöffnung vollständig zerlegt worden (siehe weiter oben im Text). Die Lutz-Konspiration suchte nach geistigen Defekten (Wöbking, S. 186; vgl. auch Zusatzgutachten 5, S. 325). Hier wird gegen den getöteten König Ludwig II. nachtarockt, eine besonders eigenwillige und schäbige Form der Lutz-Konspiration, gegründet auf das schlechte Gewissen, auch noch in der Gegenwart.

Das Leichenporträt König Ludwigs II. (Ausschnitt), mit abtropfendem Modellierwachs, gezeichnet in der Residenz in München,
monogrammiert: H.K. (Hermann Kaulbach), unten links:
17. Juni 86, n.d. Natur (nach der Natur),
Bleistift auf Papier, 20,2 x 26,1 cm, München, Archiv Ludwig-Museum, Inv.-Nr. 1419 (BSV).

Vergrößerungen:
Der getötete König, aufgebahrt in der Residenzkapelle, 17. Juni 1886, gezeichnet vom Freund des Königs, Hermann Kaulbach, Bleistift auf Papier, 20,2 x 26,1 cm. Ludwig II.-Museum, Inv.-Nr. 1419 (BSV).

Hermann Kaulbach hatte noch kurz vor dessen Tod mit König Ludwig II. die Entwürfe für die Fresken in Schloss Falkenstein festgelegt.

**König Ludwig II. von Bayern auf dem Totenbett**
Joseph A. von Koppay
Bezeichnet oben links:
Koppay, München, Hofburg,
16.-17. [Juni 1886] nachts, Pastell auf Papier, durch Massenauflage unterschiedliche Maler.

Joszi Arpád Baron von Drétoma war ungarischer Bildnis- und Genremaler und gleichzeitig Illustrator. Er wurde am 15. März 1859 in Wien geboren. Koppay war Schüler von Makart in Wien und übersiedelte 1894 nach München. Er wurde bekannt durch sein Pastell „König Ludwig II. auf dem Paradebett“. Daraufhin erfolgten zahlreiche Porträtaufträge, die er in der Art von Makart und Lenbach ausführte.

Die Situation der Aufbahrung König Ludwigs II. von Bayern wurde von vielen Malern und Zeichnern wiedergegeben. Vor allem die Historienmaler, die im geschichtlichen Bild ihren künstlerischen Höhepunkt suchten, betrachteten den Staatsakt zu Recht auch kritisch und erblickten in der öffentlichen Aufbahrung ein gewichtiges Thema, denn das herbeigeführte Gutachten des Ministers Lutz führte unter den Politikern und Wissenschaftlern zu den unterschiedlichsten Fragestellungen.

Der Aufwand des Totenkultes in der Hofkapelle der Residenz war in der Zusammensicht mit der Willkür einer Ministeroligarchie überzogen worden und steigerte sich in eine vorbereitete Logistik, die München in dieser Form noch nicht erlebt hatte.

Die verdeckte Befehlsstruktur, die zum Tod des Königs führte, war gleichsam ein unerbittliches diktatorisches Räderwerk, das von einer angeblich liberalen Regierungsgruppe massiv in die Tat umgesetzt wurde.

Lutz 1875

Der Leichnam Königs Ludwig II., aufgebahrt in der Hofkapelle der Münchner Residenz

Joszi Arpád Koppay
Darunter: München
Hofburg 16.-17. [Juni 1886] nachts
H. 127 cm, B. 163 cm, Archiv Ludwig II.-Museum, Inv.-Nr. 151 (BSV)

Nach der Tötung des Königs Ludwig II. konnte die Lutzkonspiration nicht in dem Maße politisch Fuß fassen, wie beabsichtigt. Auch konnte sie die Gunst des bayerischen Volkes nicht gewinnen, da es ihr an Rücksicht auf Moral und Religion mangelte.
Lutz und seinen Getreuen fehlten die sittlichen Grundlagen, er und sein Kreis waren nicht geschichts- und welterfahren, dennoch glaubte man, im Fahrwasser Bismarcks zu segeln.

Wie sich auch der Prinzregent anstellte Redlichkeit zu demonstrieren, er wirkte unglaubhaft. Auch Freyschlag mit seinen listigen Ränken der geheimen Institutionen war hilflos, denn das Schlagwort **„Der König ist tot – es lebe der König!“** hatte an Gültigkeit verloren. Doch die Zuneigung des bayerischen Volkes zu seinem König war gefestigt.

„Ein kraftvolles Begehren der Macht“, wie es Freyschlag als Zugereister für sich und den Prinzregenten verwirklichen wollte, konnte durch die diktatorische Geheimkanzlei für die Bevölkerung nicht überzeugend sein.

Lutz und Freyschlag entschieden sich für die optische Präsenz, denn Belohnung schien allen denjenigen zu winken, die den König auch nach seinem Tod nochmals bis in alle Ewigkeiten verrieten (vgl. Wöbking, S. 277-383). Die Aufbahrung des Königs in der alten Hofkapelle war aufwendig und überzogen.

Das Gerüst zum Katafalk (Catafalco), ein Schauobjekt von besonderer Größe, schwarz behängt und mit schwarzem Trauerflor versehen – es war ein Paradebett des aufgebahrten Königs in der schwarzen Samttracht des Großmeisters des Hubertsordens. Sein Haupt ruhte auf einem Hermelinumhang. Flankierend und geleitend schreiten die mit großen Lanzen ausgestatteten Hartschiere (Archiere) an den Seiten des Katafalks.
Es handelt sich um die Leibgarde der bayerischen Herrscher. Ein Vierergespann schwarzer Wallache aus der Zucht des Königs Ludwig II. zog den Katafalk. Lutz und Freyschlag hatten ob ihres schlechten Gewissens an Aufwand nicht gespart.

Farblithografie nach dem aufgebahrten König Ludwig II. Besonders tat sich Joseph A. von Koppay hervor. Von Koppay hatte den Auftrag vom bayerischen Hochadel erhalten, den König „sanft zu porträtieren“. Es musste eine emotionale Darstellung gefunden werden, die angeblich dem „Geiste des Volkes“ entsprach. Die Lithografien nach den Kreidezeichnungen von Koppay wurden in großen Mengen auf den Markt gebracht, und man reagierte darauf weniger auf Vorgänge wie auf Zustände. Der Bedeutungsüberschuss der mit Pomp durchgeführten Leichenbestattung sollte auch optisch deutlich gemacht werden. Man stellte sich dabei auf die Dynamik des Verhaltens der Bevölkerung ein und lieferte in großen Massen die Farblithografie mit Rahmen, wobei Krone und Lorbeer auf dem gestanzten Rahmen deutlich in Erscheinung treten mussten. Die Regierung Lutz versuchte einen visuellen Kontakt zur Bevölkerung zu gewinnen durch eine Devotionalie, die das Gemüt ansprechen sollte. Die liberale Ideologie der Lutz-Gruppierung versuchte über eine so genannte Massenkommunikation von Überzeugungen und Begriffen die Tatsachen zu verdrehen. Neu war der idealtypische Leitgedanke eines Königs, der angeblich durch eine Staatsverschuldung das Land ruiniert hatte, der in einem erblichen Irrsinn lebte. Die Utopie als Begriff der Veränderung lenkte die neue Staatsverfassung und die bestehenden, althergebrachten Normen. Die Regierenden der Zeit entwickelten durch den gelungenen Tod des Königs ein neues Bezugssystem der Selbsteinschätzung. Es war jener neue Standard, der – wie bei jeglicher neuer Regierungsumbildung das Gefühl von Erfolg und als Ausdruck der jeweiligen Situation mit zukunftsreicher Verklärung vermittelte.

16./17. Juni 1886 Der Leichnam des Königs Ludwig II., aufgebahrt in der Hofkapelle der Münchner Residenz.
Joszi Arpád Koppay München, Bezeichnet unten links: Koppay Darunter: Skizze Hofkapelle 16./17. Juni nachts Mischtechnik auf Papier und Holz, 19,0 x 26,0 cm
Das Bild gab es in verschiedenen Reproduktionen, Größen und drucktechnischen Ausführungen. Bei großer Nachfrage stockte die Auslieferung!
Unten, rechte Seite: Vergrößerung der Fotografie.

Umstellungsschwierigkeiten markierten im Lutz- und Freyschlag-Konzept die politische Wirklichkeit nach der Tötung von Ludwig II., dem bayerischen König.

Schuldgefühle bestimmten indirekt die verschwommene, emotionelle Aufwertung der so genannten Rechtfertigungsporträts des selig ruhenden Monarchen von A. von Koppay. Das Schuldgefühl stand im Mittelpunkt der Empfindungen der Eingeweihten, die am Königsdrama teilgenommen hatten. Das Gewissen begann sich zu regen, durch die Verworfenheit der Täter, die die Gefahren der Entdeckung fürchteten und voraussahen.

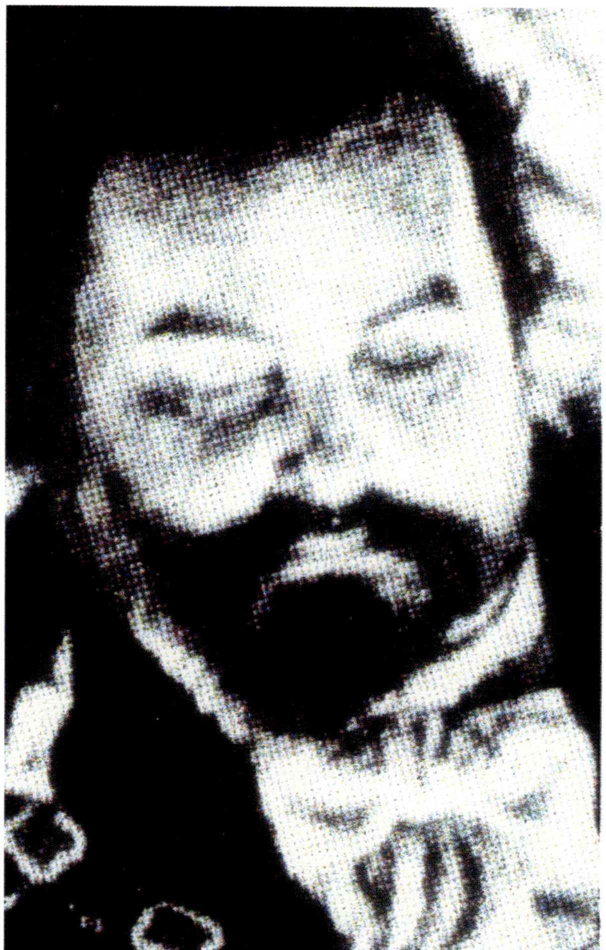

Lutz legte sich Verteidigungsmaterial an (vgl. F. Merta, S. 328 ff). Die Abbildung nach dem aufgebahrten König Ludwig II. von J. A. von Koppay ist eine unrichtige, verlogene Verklärung, hervorgehoben durch den tragischen Tod des Königs Ludwig II. In der Vergrößerung derselben Seite ist der aufgebahrte, misshandelte König Ludwig II. zu sehen, mit dem von der Totalsektion entstellten Schädel, ohne Verheißung und Gnade.

Schon Sir Joseph Paxton hatte die Wintergartenarchitektur und Technik für die Weltausstellung in London 1851 als Anregung für seine Gusseisenstruktur genutzt, von diesem Vorbild wurde der Münchner Wintergarten von Maximilian II. und später auch von Ludwig II. von Bayern angeregt. Ludwig II. versah seinen Wintergarten mit einer auserlesenen exotischen Pracht. Palmen, Lorbeer und Zypressen wucherten in der Treibhausluft, hier fand der Monarch seinen Gleichklang mit der islamischen Lebensform, wie sie auch der englische Reiseroman beschreibt. Der Ruf der Papageien und Kolibris erfüllte das ewig sonnige Paradies mit den Urlauten des Regenwaldes. So berichten die Zeitgenossen: „Das Ganze des Gartens wirkt wie ein Bild aus Tausendundeiner Nacht; in eine Traumwelt glaubt man sich beim Eintritt in den Garten versetzt. Den Hintergrund bildet eine prachtvoll beleuchtete Himalaya-Landschaft. Prächtige Palmenbäume von seltener Schönheit und Größe bedecken mit ihren mächtigen Blättern die Rasen und Schlingpflanzen, tropische Vögel zwitschern dazwischen ihre Lieder. Ein kleiner See mit vergoldetem Schifflein, auf welch' Letzterem der König zu fahren pflegte, bildet eine Abwechslung der Landschaft, welche bei König Ludwig II. in dieser Art nie fehlen durfte."

Carl von Effner reiste 1870/1871 nach Holland, er hatte den Garten in verschiedenen Planungen im Herbst 1868 und Frühjahr 1869 vorbereitet. Der Ausführung des Wintergartens lag ein genehmigter Grundrissplan der Hofbauintendanz zugrunde.

Die gesockelte Pfauenskulptur in Lebensgröße ist ein Zeichen der königlichen Würde, ein oft wiederholter symbolischer Hinweis in den Gemächern von König Ludwig II.

In ausgewählten Werkstätten wurden die Pfauenabbilder in Paris hergestellt.

Auf Bucheinbänden, die in Auftrag gegeben wurden, war der Pfau ein unmittelbarer Beweis der Gunst des Königs Ludwig II.

Der Pfau galt als Sinnbild der Unsterblichkeit, als Glanz der Tugend in der Überlieferung, eine Erinnerung als Dank des Herrschers.

Als Rangabzeichen chinesischer Würdenträger, als Ausdruck persischen Großmuts, als Symbol buddhistischer Glaubenskraft nimmt der Pfau im Nahen und Mittleren Osten eine besondere Stellung ein.

Die Aura der Pfauengestalt ist für die Gründerzeit im 19. Jahrhundert der bedeutsame Begriff für die Herrscherpracht vieler Jahrhunderte.

Dass sich die Pfauenskulptur auch in den Bibliotheken des Königs befand, dass der Monarch den Gottvogel mit der Vergangenheit und Gegenwart verband, ist ein Zeichen der fundamentalen Geschichtskenntnisse, die die Königsmörder Lutz, Gudden, Müller, Holnstein und Freyschlag nicht besaßen und die deshalb das Wissen des Königs mit Irresein verwechselten.

Zwei Porzellanpfauen aus dem Schloss Linderhof
Farbiges Sévres-Porzellan
H. 146 cm
Sockel: Rosengeflecht Bronze mit vergoldeten Holzuntersätzen
1877 Schloss Linderhof
Östliches und westliches Gobelinzimmer.

Ludwig II. forderte, ähnlich wie in der neuen Wagneroper, auch in seinen architektonischen Planungen jene Illusionierung des von ihm angestrebten Gesamtkunstwerkes. Auch das Schloss Linderhof unterlag einer Planung, bei der verschiedene Bauten zueinander in Beziehung gesetzt wurden.
Der geometrisch angelegte Garten hatte die Aufgabe der Hinführung und Verbindung zu weiteren, bereits eingeplanten Projekten, wie beispielsweise die Capri-Grotte. In diese Reihe gehören auch die Hundinghütte, die Einsiedelei des Grunemanz und vor allem der maurische Kiosk am Hennekopf, etwa auf der Höhe der zur gleichen Zeit gebauten Grotte, die den Platz bestimmen sollte. Der farbige Entwurf zeigt den Innenraum in strahlender marokkanischer Pracht. Die goldgerahmten Nischen wurden von Pfeilern aus goldenen Dreifachsäulen begrenzt. Reiche Intarsienarbeit fand sich über den Bögen, in denen die Vortragstangen der Visiere in blauen Flügelvasen stehen.
Es ist dies der Prunk aus Tausendundeiner Nacht. Ludwig II. legte Wert darauf, dass alle Details mit größtem Aufwand ausgeführt wurden.
Der maurische Kiosk war einstmals der Beitrag Preußens zur Weltausstellung von Paris 1867. Dort hatte Ludwig II. dieses märchenhafte kleine Gebäude gesehen und sich um einen Ankauf bemüht.
Das kleine orientalische Gebäude hatte viele Interessenten gefunden, aber nur Bethel Henry Strousberg (geboren als Baruch Hirsch Strousberg), der „Eisenbahnkönig“ hatte den Pavillon auf seinem Rittergut Zbirow aufgestellt, nachdem er ihn vom Fürsten Collorado-Mansfeld erworben hatte. König Ludwig II. erwarb schließlich dieses glitzernde und repräsentative kleine Gebäude für 10.000 österreichische Gulden. Islamische Kunst hatte ihre Freunde und ihren Wert gefunden!

Der Entwurf eines Pfauenthrons von Franz Seitz, der von diesem 1877/78 durchgeführt wurde, war bestimmt für den maurischen Kiosk, der von Karl von Diebitsch 1876 für den Garten des böhmischen Schlosses Zbirow gebaut wurde.

Der Architekt Karl von Diebitsch (1819-1869) war in Kairo Hofbaumeister des Vizekönigs von Ägypten. Er galt als Spezialist für den damals hochgeschätzten maurischen Stil, so dass König Ludwig II. ihn wiederholt konsultierte. Daher erwarb er auch diesen Kiosk aus Zbirow, weil er 1867 während der Weltausstellung die Bedeutung dieses orientalischen Stils erkannt hatte. Schon auf der Weltausstellung 1851 in London hatte sich der türkische Baustil in Europa manifestiert, nachdem schon 1830 mit der Eroberung algerischen Territoriums Frankreich ein Zentrum der maurischen Mode geschaffen hatte.

Im geplanten Schloss Falkenstein sollte ein Marmormosaik-Fußboden geschaffen werden, der im Mitteltondo einen Pfau zeigt, denn vom Mittelfeld gehen vier Ströme aus, in den Zwischenfeldern breiten Falken ihre Schwingen aus.
Der Pfau ist in der Mysteriensprache zuweilen das „Symbolum des Eingeweihten“, der „Pfauenstatus“ wird nach „Tod und Auferstehung erreicht“.

Der Pfauenthron in Linderhof, im dortigen Kiosk, gehörte nicht mit zur Ausstattung des Bauwerkes, das der König Ludwig II. 1876 aus dem Schlosspark von Zbirow in Böhmen erworben hatte. Einst befand sich das Bauwerk im Besitz des „Eisenbahnkönigs“ Bethel Henry Strousberg (1823 als Baruch Hirsch-Straußberg in Neidenberg in Ostpreußen geboren) dem sein Reichtum „aus den Händen glitt“. Ludwig II. fühlte sich bei dem Anblick des maurischen Kiosks an die eindrucksvolle Weltausstellung 1867 in Paris erinnert.
Entwürfe des Pfauenthrons von Franz Seitz, Ludwig II.-Museum München, 1877/78.

## Der maurische Kiosk im Park von Linderhof im Winter

Durch die verschneiten Bäume ragt die goldene Kuppel des maurischen Kiosk hervor. Es ist jenes Bauwerk, das nicht von König Ludwig II. geschaffen wurde.

1867 auf der Weltausstellung in Paris gefeiert, wurde es 1878 nochmals auf der Pariser Weltausstellung bewundert. Der König erstand den Bau 1876 aus der Konkursmasse eines „Eisenbahnkönigs".

Der Kaufpreis betrug 10.000 österreichische Gulden. Im Jahr 1877 erstellte man den Kiosk im Schlosspark von Linderhof neu, der Bau wurde um eine Apsis erweitert. Der Entwurf des Pfauenthrons wurde von Franz Seitz durchgeführt. Dieser imposante Pfauenthron war zu seiner Zeit eine Art ästhetische Revolution. Sie lebt historisch fort bis zum heutigen Tag und gibt Kunde von Absicht und Ziel des getöteten Königs.

Der Ausschnitt zeigt hier die gesamte Raumsituation mit dem Brunnenbecken im Vordergrund.

Die Freude des Königs Ludwig II. war groß, und es war sein Wille, dieser bewunderten Architektur auch im Innenraum Bedeutung zu geben, indem er den osmanischen Prunk in Form eines Pfauenthrons nochmals steigerte. Er vergab den Auftrag an die international bekannte maurische Werkstatt in der Rue de Seine in Paris, die das Kunstwerk mit Hilfe der islamischen Entwerfer und Handwerker zu einem noch heute gefeierten Kunstwerk gestalten konnte nach dem Entwurf von Franz Seitz.

Das nicht sakrale marokkanische Haus war auf der Pariser Weltausstellung 1878 eine Art Basar und kein muslimischer Kiosk.

Die horizontale Gliederung, das Gewände und vor allem der farbige Streifendekor ist typisch für den westlichen Maghreb. Die arabischen Bauten lassen sich in dessen weiten Ebenen nachweisen. Der Islam bestimmte das Leben. Tanger, Rabat, Casablanca sind wichtige Städte mit großen Basaren – das Warenangebot war im 19. Jahrhundert beachtlich. Marokko stand als muslimisches Land mit Frankreich in ständigen Auseinandersetzungen und Kriegen, auch Spanien suchte sich hier Vorteile zu verschaffen. Marokko verfügte über einen großen Mineralreichtum im Atlasgebirge, vor allem waren es neben Eisenerzlagern, Silber und wichtige Erden der berühmte rote Ocker, der die marokkanischen Häuser schützte und künstlerisch bestimmte, wie das von Breling geschaffene Aquarell erkennen lässt. Ludwig II. hatte über viele Jahre das marokkanische Haus in seine architektonische Bautengliederung um das Schloss Linderhof geplant, sodass es um 1878 durch einen muslimischen Innenausbau abgeschlossen werden konnte.

**Heinrich Breling**
Innenansicht des marokkanischen Hauses in Linderhof 1881
Gouache 35,2 x 40,5 cm,
Bezeichnet unten links: H. Breling,
Ludwig II. Museum, Inv.-Nr. 307 (WAF)

Linderhof – Außenansicht des marokkanischen Hauses
Aquarell von Heinrich Breling 1881,
24,2 x 32,5 cm,
Bezeichnet rechts: H. Breling

An der Akademie in München, bei Wilhelm von Dietz ausgebildet wurde Heinrich Breling (1849-1914) schon 1879 von König Ludwig II. zum Hofmaler berufen.
1882 wurde er zum Professor ernannt; er widmete sich vor allem den Schlossanlagen von Linderhof. Seine Aquarelle sind mit genauen Zeichnungen unterlegt und zeigen reiche Detailbeobachtungen in der Farbe. Das hier abgebildete Aquarell von Breling gibt einen Eindruck der ehemaligen Gestaltung und Farbigkeit. Der König hatte das Haus auf der Weltausstellung in Paris gesehen, das kleine Gebäude war dort nur ein Teil einer osmanischen Gebäudegruppe, in dieser waren Stände der Türkei, Ägyptens, von Tunesien und Marokko untergebracht.
Das Interesse König Ludwigs II. daran war groß und die Erwerbung konnte gesichert werden, so dass das marokkanische Haus 1878 in Linderhof aufgestellt wurde.

## Schloss Herrenchiemsee

Nach vielen Jahren der Vorbereitung wurde am 21. Mai 1878 der Grundstein zum neuen Schloss auf der Insel Herrenwörth im Chiemsee gelegt.

Das Vorbild war das Schloss des Sonnenkönigs Ludwig XIV. von Frankreich.

Das in Marmor verkleidete Treppenhaus hält sich in der Planung an den französischen Architekten François d'Orbay, der 1752 zunächst den ursprünglichen Bau wieder abbrechen ließ. Ludwig II. ließ den Bau nach zeitgenössischen Stichen wieder rekonstruieren.

Im Vestibül in Herrenchiemsee steht der große Pfau, ein Symbol der königlichen Macht und Würde, in Bronze gegossen und ziseliert, zum Teil auf Silber emailliert, 1885 von Thiery und Breul aus Paris geliefert (Abb. rechte Seite).

## Schloss Linderhof

Die lebensgroßen Pfauen aus farbigem Sèvres-Porzellan beherrschen das westliche Gobelinzimmer (Musikzimmer).
Sie stehen auf einem vergoldeten Rosengeflecht aus Bronze.

Der König hatte 1869 das Gebiet um den Linderhof im Graswang-Tal erworben. Unter der Leitung des Architekten Georg Dollmann ließ er hier die „Königliche Villa“ Linderhof errichten.

## Pfau

Der imaginäre Orient, der durch die Weltausstellungen an Bedeutung zunahm und der in Europa als ein „Exotimus der Sinne“ beschrieben wurde, hatte auch seine Zeichen, die verbindlich wurden. So hatte König Ludwig II. von Bayern den Pfau als sein königliches Rangabzeichen angenommen, nachdem er feststellte, dass dieser Vogel die Würde der Hindupriester zeichenhaft bestimmte. Der Pfau ist in Ostindien und auf Ceylon ein hoch verehrtes Tier. Große Herden halbwilder Pfauen sammeln sich bei den Hindutempeln, wo sie von den Priestern gepflegt werden. Der Pfau wurde wegen seines Augenglanzes und seines Gefieders mit Juno, der Himmelskönigin, verglichen, und nach der Sage wurde der allschauende Argos nach seinem Tod in einen Pfauen verwandelt.
Nach der Mitte des 5. Jahrhunderts wurde der Pfau in Athen heimisch gemacht, und er erregte dort die größte Bewunderung – und wie „Älian“ berichtet, wurde für den Vogel Gold und Silber geopfert. Auch König Ludwig II. ließ seine Pfauenskulpturen, die er in Paris in Auftrag gab, mit Gold, Silber und Edelsteinen verzieren.
Alexander der Große lernte den Pfau in Indien kennen, und durch seine Feldzüge breitete sich der Vogel wieder in Asien aus. „Der große Pfau“, wie ihn Ludwig II. nannte, steht in Schloss Herrenchiemsee im Vestibül, beherrschend an dem großen Treppenaufgang – er ist das Zeichen für die Königswürde in Gegenwart und Vergangenheit.

## Byzantinischer Palast

Julius Hoffmann (1840-1896) war in München königlicher Ober-Hofbaurat. Ausgebildet worden war er in Wien, er entwarf dort die Ausstattung von Schloss Miramar bei Triest.
König Ludwig II. war ein Herrscher, der weit über seine Zeit hinausdachte, im Sinne eines Gesamtkunstwerkes. Die Gespräche, die er mit dem Architekten Hoffmann führte, waren einer großen Linie in der europäischen Kunstentwicklung gewidmet.
In dem hier zusammengefassten Überblick wurde der orientalisch-türkische Themenkreis in seiner Vermischung vorgestellt. Der König dachte aber weiter, die byzantinische Baukunst und die Raumentwicklung gehörten in dieses Programm. Auch der Entwurf des byzantinischen Schlosses von Julius Hoffmann gehört damit in diesen Themenkreis (Ludwig II.-Museum, München (WAF), vgl. Texte 1872).

Die Fähigkeit der beginnenden Industriekultur des 19. Jahrhunderts, Ideologien bildhaft zu komponieren, wird in Ludwigs Bilderwelt architektonisch fassbar. Seine Selbstverständlichkeit im Umgang mit den Formensprachen der Weltkulturen war der Anfang einer neuen Ausrichtung Europas am alten Orient. Ludwig erhielt Anregung aus mittelalterlichen Heldengesängen und Ariosts Roland-Epos der Renaissance. Bei Ludwig II., dem Jagd und Krieg fremd waren, erscheinen das Haus Wittelsbach, das sich durch ganz Europa gekämpft hatte – wie Ludwig XIV. –, und auch die kriegerischen Moslems oder die Janitscharen in seiner Architektur-Bilderwelt meist friedlich oder im moralisch gerechtfertigten ritterlichen Kampf mit dem bösen Drachen oder mit Heiden.

Die Reichsidee, der Herrschaftsanspruch, die Reproduktion geschichtlicher Abläufe, die Objekte als Bedeutungsträger, bis hin zu spirituellen Bedingungen, sind stets mit dem täglichen Leben Ludwigs II. von Bayern verbunden. Die aktuelle Politik ist immer reflektiert in der Masse und in dem System der ökonomischen Vielfalt, denn sonst hätte König Ludwig II. von Bayern die immense Fülle von Bauten seines Gesamtkunstwerkes nicht realisieren können. Die Identität von Bild und Bedeutung, von Politik und Realität ist immer ein Teil jeder Entscheidung des Königs gewesen.

Die Auseinandersetzung von 1885, bei der seine Widersacher allein die angeblich zerrüttete Kabinettskasse in den Mittelpunkt der Entscheidungen stellten, ist Ausdruck hierfür. König Ludwig II. von Bayern war einer jener monarchistischen Herrscher in Europa, die Kontemplation und Realpolitik miteinander verbinden konnten.

Die Idee des Orients war in Europa über viele Jahrhunderte hinweg verbreitet. König Ludwig II. holte ihn im Zeitalter der Weltausstellungen – in Aufwertung des Stil-Pluralismus vor allem in seinen Gärten, maurischen Kiosken, Pavillons und in der osmanischen Kalligrafie wieder zurück.

# Ludwig II., König von Bayern und seine Anregungen durch die islamische Kalligrafie auf der Weltausstellung 1867 in Paris

Wie die Quellen berichten, war der König von der Pariser Weltausstellung derartig beeindruckt, dass er Abbildungen und Fotografien islamischer Architekturen und Entwürfe ankaufen ließ. Unbekannt war bisher geblieben, dass er sich auch für die Kalligrafien der fernöstlichen Welt interessierte.
Strich und Pinselstruktur in der freien und doch gestalteten Bewegung waren für ihn ein Erlebnis, das auch sein eigenes Schriftbild zu bestimmen begann. Vor allem war es die Federspur in der spontanen Einzelgeste seiner Unterschrift. Das momentane Innehalten in einer angespannten Geste der Unterschrift, das Verharren und die schleudernden Abstriche sind einbezogen in ein Linienstenogramm, das einen Zustand beschreibt. Feine Strichkurven führen sein Schriftbild zur Arabeske, darüber hinaus erhält die Spontaneität einen ungehemmten Fluss einer Federspur, die für die Altersunterschrift verbindlich wird. Die freie Handhabung der Feder ist sein Lebensstil, in einer bewegten schöpferischen Welt. Seine Unterschriften sind Erfindungen des Augenblicks, damit kann viel ausgesagt werden, letztlich: „Ich der König.“. Es sind Worte, im Bedeutungsüberschuss geschrieben, der Extrakt des Willens erhält einen abstrahierenden Ausdruck. – Die Kontrastwirkung zwischen breiter, quellender Linie und vergehendem Rinnsal, zwischen Aufstrich und Abbruch in gewichtiger Eile steht hierfür. Der König sucht den fegenden Schreibstil bis hin zur Arabeske, er schafft Assoziationsketten auf kleinstem Raum. Seine eigene Kalligrafie in gelenkter Willkür ist Ausdruck seines Willens, den keiner verstehen konnte. Der größte Teil der hier abgebildeten islamischen Kalligrafien war einstmals 1878 in einem Sammlungsankauf des Königs Ludwig II. von Bayern zusammengefasst worden, die Blätter befanden sich später im Besitz des Stallmeisters Hornig und wurden mehrfach veräußert, vorwiegend auf großen Pariser Versteigerungen zwischen 1902 und 2003.

Ich, der König.

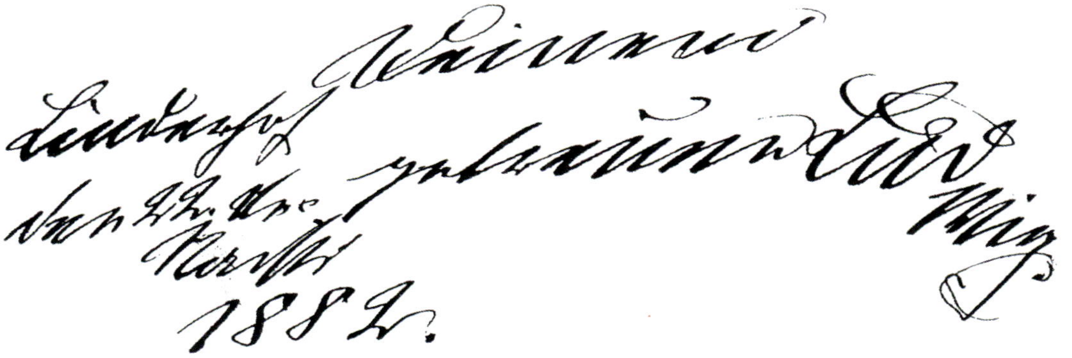
1882.

den 4.2.86.

# Hinweise zum Bedeutungsgehalt und zur Chiffrierung der Schrift von König Ludwig II.

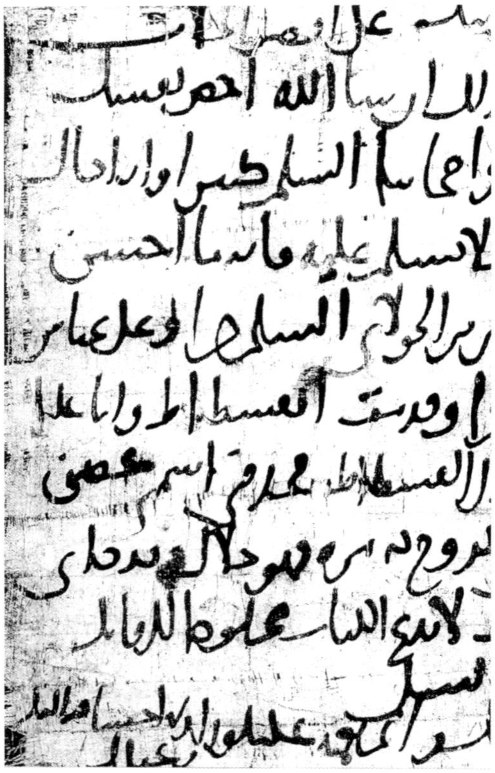

Feuillets fragmentaires sur papier, inscrits Arabie, 10e-11e siècle

PAGES HIJÂZI
Deux feuillets fragmentaires sur parchemin,
calligraphiés à l'encre brune en caractères mâ il, le plus grand comportant quinze lignes.
Arabie, 7e-8e siècle.
17 x 24 cm

Réf.: F. Desroches, Catalogue des Manuscrits Arabes, Manuscrites Musulmans, tome 1 ; Bibliothèque Nationale, Paris 1983 : pl. V, n° 3.

Die islamische Kalligrafie war für Ludwig II. der Ausdruck einer Befreiung, denn im Technikbewusstsein der großen Weltausstellungen ab 1851 sah der König in der Begegnung mit der muslimischen Welt, im Schriftbild, eine spontane Einzelgeste – eine individuelle Gestaltung, eine freie Handhabung der Feder, eine Entfachung des eigenen Willens – trotz Einfügung in die ostwestliche Glaubenskraft.

In der Ludwig II.-Literatur wird es üblich, auch die Briefe des Königs zu beschreiben und zu analysieren. Dabei sind die späten Briefe des Königs wichtige Hinweise für Grafologen. Die Urteile der Fachleute sind unterschiedlich, im Allgemeinen wird davon ausgegangen, dass der König in seinen späten Briefen angeblich schizophrene Ausdrucksformen gezeigt hat. Es wird versucht, gewisse unkoordinierte Reaktionen im Schriftbild festzustellen, auch unerwartete Reize werden geschildert, die Folge von heftigen Emotionen, wobei Dämpfungen oder Überreaktionen in der Schilderung im Mittelpunkt stehen. Es wird nicht richtig kommentiert, dass der König durch die fast zwanzig Jahre andauernde Verfolgung durch den Staatsapparat gewissen Schockauslösern mit einer bestimmten Wirkung unterworfen war. Durchaus können derartige Schocküberdosierungen zu diesen krankhaften Veränderungen des Hormonhaushaltes führen. Jedoch war der König sich seiner Identität bewusst, indem er äußerst schöpferisch die Angriffe von außen abwehrte. König Ludwig II. war in der Lage, durchaus originelle Problemlösungen für diese Situation zu ergreifen. Der Beobachtung seiner Dienerschaft entging er, indem er mit ihnen „Katz' und Maus" spielte. Das Bedeutsame des Königs war, dass er im Bereich der schöpferischen Phantasie die Mittel des künstlerischen Ausdrucks benutzte als eine Art Synthese von Erfahrungen, die auch durchaus zu einem produktiven Denken führte. Das alles wollte die Gruppierung um Minister Lutz, Gudden, Graf von Holnstein und Graf Crailsheim nicht wahrhaben. Der König musste nach der Meinung dieser Gruppierung völlig krank sein. Natürlich musste auch die Schrift des Königs in diese Richtung interpretiert werden. Das Schriftbild der oben genannten Gruppe, wenn man es vergleicht, unterliegt einer gewissen Gepflogenheit, einer Einstellung oder einer Gewohnheit, die durch den Beamtenapparat vorgegeben wurde. Die Schrift des Königs dagegen war eine freie, man könnte sagen künstlerische Kalligrafie, welche die Not der letzten 20 Jahre kompensierte und daraus eine Kunst-Kalligrafie entwickelte. Natürlich störte das den Konservatismus der gruppenspezifischen Verfolgung, und dieses Schriftbild musste dann auch herhalten als Beweis, dass der Schreibende gleichsam ein Irrer sei. Gewiss haben die Züge der Schrift einen ausgeprägten Rechtsdrang, mit Absicht in einem Kraftaufwand niedergeschrieben, jedoch sind die scharfkantigen Linien und die dünnen Buchstaben-Verbindungen ein Ausdruck einer bestimmten Situation. Jedoch ist es eine schöpferische Schrift, die sich befreien will. Die Anhäufung der Worte, die Verengungen stehen unter dem Willen, sich von einer Zwangsmaßnahme zu befreien.

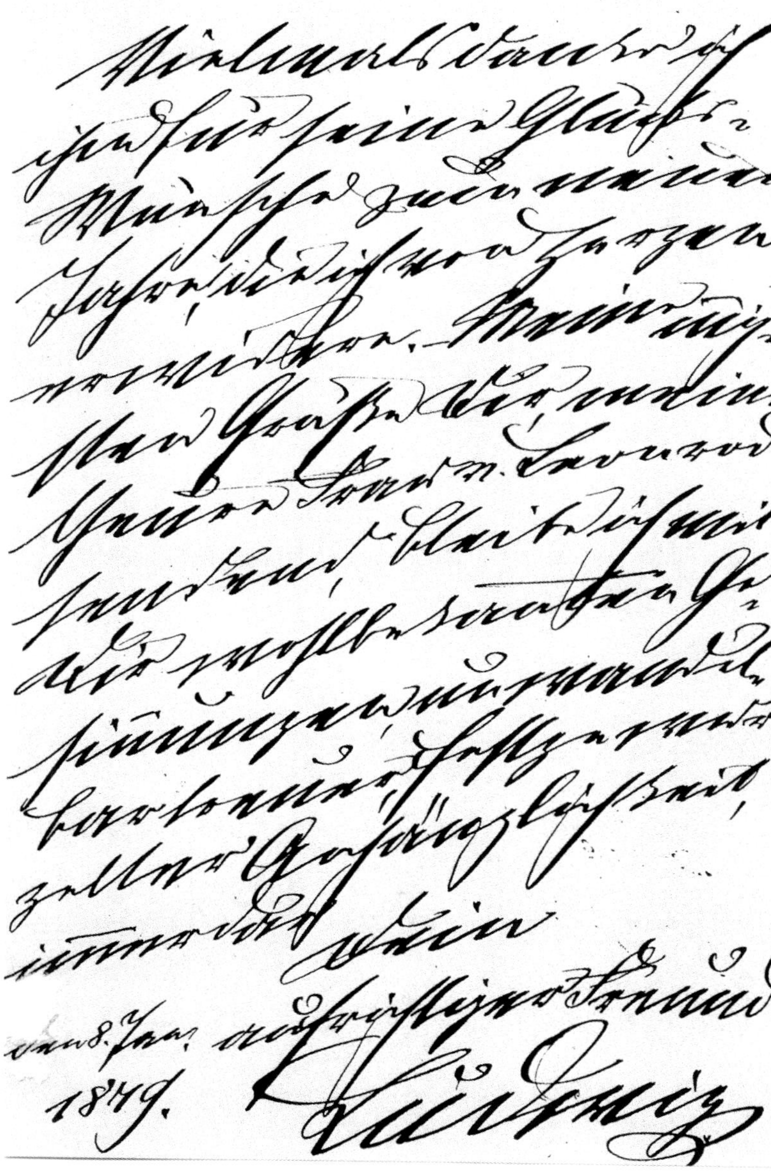

Ludwig

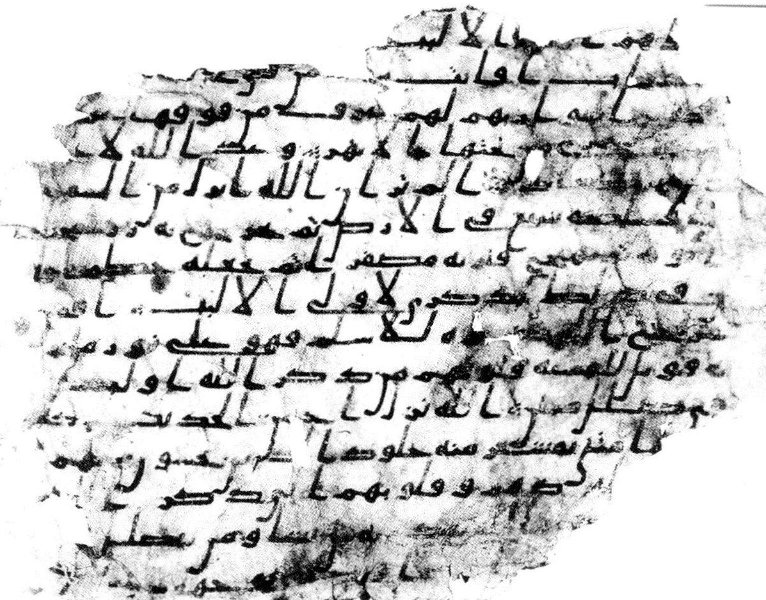

König Ludwig II. an Frau Leonrod, 8. Januar 1879, vgl. G. Haasen, Ludwig II., Briefe an seine Erzieherin, München 1995, S. 99.

DIX-HUIT PAGES DE CALLIGRAPHIE

Dix-huit pages des dimensions diverses, montées sur carton rouge, en écritures *naskhi, nastaliq, shikesteh* et *muhaqqaq*, certaines en réserve blanche ou noire sur fond or et d'autres à décor floral polychrome et or dans le fond et en bordure. Iran, art Kadjar, 19e siècle. Pages 30. 5 x 20 cm

„Die sensible Pünktlichkeit und feinnervliche Empfindlichkeit von früher ist nicht verloren gegangen...“ (vgl. G. Haasen, Ludwig II., Briefe an seine Erzieherin, Bruckmann 1995, S. 103).

Bei der Vielzahl der Beschreibungen der Möglichkeiten und großen Leistungen im Bereich der Schreibmalerei im arabischen Bereich der vergangenen Jahrhunderte bis in die Gegenwart hinein hat sich im 19. Jahrhundert eine ganze Reihe davon mit der Kalligrafie der verschiedenen Kufischriften beschäftigt. Immer hatte es den König interessiert, diejenigen Kalligrafen, die gewisse Akzente der Minimal-Typologie in ihren Werken herausstellten, individuell zu erkennen. Die kühne Modulation wechselt bei diesen Schriften mit äußerst verhaltenen und sensiblen Pinselzügen, die vor allem in Europa im 19. Jahrhundert in ihrer vielfältigen Differenzierung erkannt wurden. Ludwig II. erkannte in der Meditation des Schreibens mit den alltäglichen Gegebenheiten eine wichtige Form der Mitteilung. Vor allen Dingen auch die verschiedenen Gestaltungen der Unterschrift unterliegen einem speziellen Formenreichtum. Jeder, der die Schriftzüge von Ludwig II. über einen gewissen Zeitraum verfolgt, wird das An- und Abschwellen der Züge, die festen Umrisse, den offenen Verlauf der Linie immer in einem geheimen Zusammenhang sehen mit dem Inhalt und dem Ausdruck seiner Mitteilung.

Erst in dem Moment, wenn der König den Sinn des Wortes in seine ihm zugehörige Form gebracht hatte, wurde die kalligrafische Übung zum autonomen Gebilde, das für sich steht, sich jedoch im floralistischen Ablauf der Schrifttypen zur Einheit verbindet. Diese Schreibweise betont Punkt und Strich, Balken und ausfahrende Linien; überhaupt im Gerüst seiner Schreibübung sieht man eine äußerste Konzentration, wobei auch die Spontaneität des Zufalls eine entscheidende Rolle spielt. Wie sollte es anders sein, als der König ahnte, was ihm widerfahren würde, eine Selbstäußerung in der Schrift zu entwickeln, die das Schriftbild führt. Diese Unterschriften der Spätzeit, diese kurzfristigen Konzentrationen sind imposante Signale der kalligrafischen Schilderung, es sind Formenbereicherungen, aber auch Formenvereinfachungen, die als Expansion der großen Zeichen für sein Leben stehen.
Der König mit den an ihn gestellten Herausforderungen, auch bedrückt

ALBUM DE CALLIGRAPHIE
Dix-sept panneaux calligraphiés en écritures *naskhi* et *nastaliq*, certains au texte découpé en réserve dans des cartouches nuagés de couleur. Superbes enluminures florales. Reluire et pages montées sur des cartons à décor marbré *(ebru)*. Turquie, art ottoman, 19$^{e}$ siècle. 24,5 x 18,2 cm.

von Todesahnungen, vermochte die Kalligrafie seiner Schrift zu einem Psychogramm entwickeln. Linienbündel werden in exemplarische Chiffren eingebracht. Es ist jene konzentrierte kalligrafische Spannkraft, die alle Zufälligkeiten mit einbezieht. Darüber hinaus gelang es dem König immer wieder, die zartesten Nuancen im Zentrum der Linien zu bestimmen.
Diese Form kalligrafischer Eigenmacht konnte von Minister Lutz und seinem Kreis nicht verstanden werden. Sie war ihnen lediglich Ausgeburt eines kranken Hirns. Das gesamte Fern-Gutachten von Gudden war aus Bestätigungen dieser Missverständnisse zusammengesetzt worden. Dieses Entmündigungsgutachten, das von primitiven Zusammenträgern unter den Stallknechten wie auch aus der misstrauischen Bürokratie sein Material erhalten hatte, führte schließlich zur Vorlage bei den Entscheidungsgremien der Reichsräte. Das schöpferische Wesen des Königs konnte nicht geduldet werden und hatte deshalb als Ursprung einer Geisteskrankheit zu gelten.
Die islamische Kalligrafie ist für Ludwig II. der Ausdruck einer Befreiung, denn im Technikbewusstsein der großen Weltausstellungen ab 1851 sieht der König in der Begegnung mit der muslimischen Welt, im Schriftbild, eine spontane Einzelgeste – eine individuelle Gestaltung, eine freie Handhabung der Feder, eine Entfachung des eigenen Willens – trotz Einfügung in die ostwestliche Glaubenskraft.

König Ludwig II. war besonders durch seine Detailkenntnisse ausgezeichnet. Diese innere Organisationskraft war einmalig für einen bedeutenden Auftraggeber.

Ludwig ging oft von Erinnerungen aus, so hatte er sich bei seinem Besuch der Weltausstellung in Paris 1874 mit der Kalligrafie des Islam, mit dessen Lebensform, den Zeichen und Regeln befasst. Er erwarb grafische Blätter nach Architekturen, Details nach zeltartigen Architekturen, und immer galt sein besonderes Interesse den Lebewesen, darunter den Pfauen, als Zeichen der königlichen Macht.

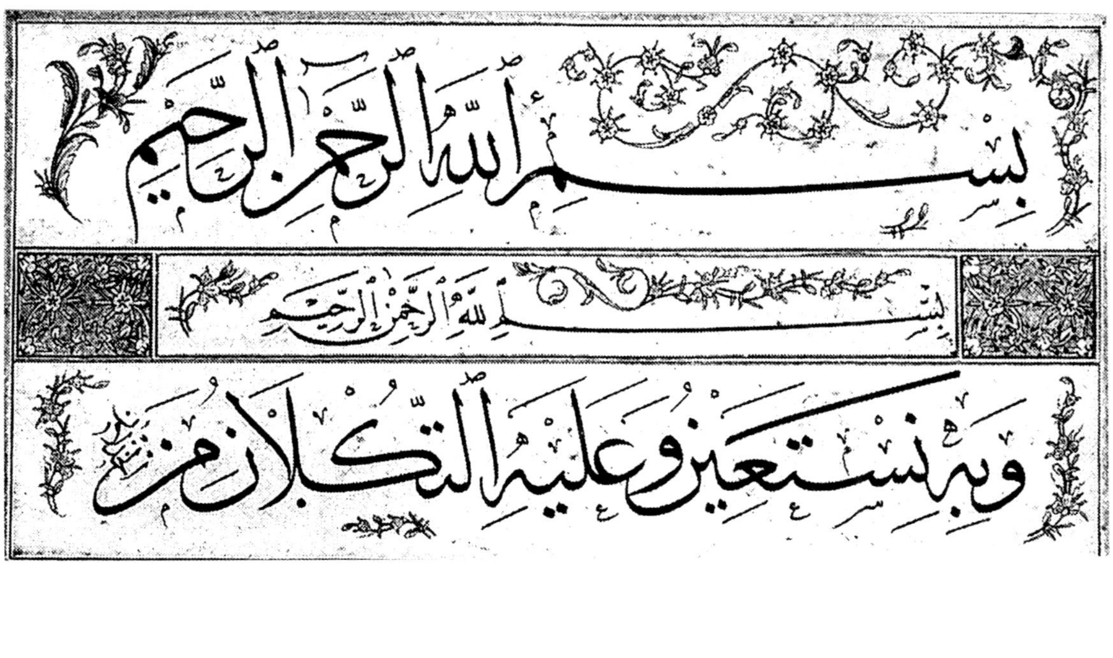


ALBUM DE CALLIGRAPHIE par CHA WKI, élève de SHEIKH MOHAMMED KHOLOUSSI

Vingt-et-un panneaux calligraphiés, composés de deux lignes en caractères *thuluth* encadrant une ligne en caractères *naskhi*, flanquée de deux cartouches floraux enluminés sur fond d'or. Pages montées sur carton vert orné d'écoinçons floraux or. Reliure en cuir bordeaux à fleurons estampés. Turquie, art ottoman, 1295 A.H./1878 A.D.
33,5 x 23,5 cm.

[illegible] den 27. Okt. 1874.
sehr gewogener König
Ludwig.
Lebewohl Alfred und
gedenke meiner!

König Ludwig II. Die kalligraphierte Unterschrift 1874, 1882, 1886, linke und rechte Seite, a.a.o. G. Haasen, S. 94, 95.

## FUTUH AL HARAMAYN

Manuscript arabe sur papier. Complet. Calligraphié par Hafez el Wahby, élève de Hafez Moustafa Shaker et daté 1282 A.H.

*Texte:* neuf lignes en écriture *naskhi* à l´encre noire.

*Décor:* double frontispice, *sarloh*, cartouches de titre et rondeaux inscrits se détachant sur un tapis d´enluminures florales à fond or, ponctuées de rouge et de vert.

- Neuf pages composées en damier, mentionnant les qualités de Dieu.
- Quarante-et-une pages ornées de rondeaux inscrits aux noms de Dieu, du Prophète et des califes.
- Quatre pages inscrites en réserve sur un tapis floral.
- Quatorze pages illustrant à l´or les attributs du Prophète.
- Une double page représentant la Mecque et Mèdine.
- Colophon inscrit dans un médaillon rhomboïde se détachant sur un tapis de fleurs.
- Tranche dorée

*Reliure:* à rabat, en maroquin brun, de type occidental, à décor estampé et doré de médaillon central et de pampres en bordure.

Dimensions: 16,7 x 11,5 cm.

Etat: quelques marges déchirées, sinon superbe.

Turquie, art ottoman, 1865 A.D.

**Franz Seitz**
31.12.1817-13.4.1883
München

Ein Projekt eines maurischen Kiosk für den Wintergarten Ludwig II. von Bayern.

Franz Seitz war unter Ludwig II. Hoftheaterdirektor geworden. Er hatte schon in der Residenz in München wesentliche Aufträge durchgeführt. Seitz hatte auch am Wintergarten des Königs Ludwig II. mitgewirkt. Er schuf eine Reihe von maurischen Kiosken, deren Entwürfe er 1868 veröffentlichte. Seitz war als Kostümierer ausgebildet und fertigte bedeutende Entwürfe für türkische Textilien und war Spezialist für Fassadendekorationen im Bereich türkischer Fliesentechnik.

Die Repräsentationsentwürfe für Ludwig II. von Bayern waren stets in seinem Sinn lustschlossartig in sensibler Aquarelltechnik ausgeführt.

Seitz verstand es, chinesische und japanische Vorbilder mit persischen Anregungen zu verbinden, er traf damit den Geschmack seiner Auftraggeber, die die aufwendige und hochkultivierte Hofhaltung der Nara-Periode zum Vorbild genommen hatten (Ludwig II.-Museum München, vergl. Skizzen und Texte, 1868).

**Franz Seitz**
31.12.1817-13.4.1883 München
Entwurf zu einem Kiosk „maurisches Vorbild", Ludwig II.-Museum München (BSV) vergl. auch WAF 1883 Aquarell, bezeichnet unten: Vorderaußenseite,
darüber Längenmaßaufriss.

Die Vereinfachung und Reduzierung auf die wesentlichen Architekturteile: Kuppelaufsätze, tragende Mischsäulen, Brunnen mit Bogeneinfassung. Seitz wählte in seinen Entwürfen der Kioske den Farblauf und die Einfachheit ausgewogener Schönheit, die dem König Ludwig II. zusagte. Die Einfachheit des Pavillons ist ein Anklang an die übernommene maurische Epoche. Die Königin von England, Elisabeth II., die preußischen Könige der Zeit, aber auch südwestdeutsche Herrscher hatten das mittelöstliche Leben entdeckt. Es waren vor allen Dingen die islamischen Bauten, es war das Schrifttum der osmanischen und islamischen Welt, es waren die Gegenstände, die hervorragende Glasproduktion, die Metallherstellung, die beeindruckten. All das hatte Ludwig II. im Überfluss mit größtem Interesse wahrgenommen. Ihm waren auch nicht die Kufischrift und insbesondere die Literatur des Orients entgangen. Die späten Schriftzeichen von Ludwig II. zeigen besonders deutlich den Handlungs- und Denkvorgang. Es ist ein sicheres Zeichen und Ziel dieser Vorstellungen, ein deutliches Erleben einer bestimmten Einstellung, jedoch mit einem genauen Bezug auf das Erleben einer Zielrichtung. Ludwig II. hatte Anfang der 70er Jahre das Pages-Manuskript (Pages Hijázie) erworben. Er hatte auch in Fachbüchern Fragmente der islamischen und osmanischen Kalligrafie studiert und diese bewundert. Die arabischen-muselmanischen Manuskripte waren in der Schriftführung für den König sicherlich interessante Anregungen. Es sind dies sehr frühe Kufizeichen des 8. Jahrhunderts, die aber in der Fachliteratur, die er gelesen hat, überall abgebildet waren.

**Franz Seitz**
31.12.1817-13.4.1883
München

Zweiter Entwurf zum
Wintergarten,
Außenansicht,
Gouache 1869
Ludwig II.-Museum
München

Der als „Schrein“ dargestellte Kiosk zeigt die höchste Qualität der zeichnerischen und malerischen Ausbildung Seitz. Ein Hinweis, wie umsichtig König Ludwig II. seine Mitarbeiter auswählte.

Der erste maurische Kiosk wurde vom König umdisponiert, indem er ihn 1869 für den Park von Schloss Berg vorsah.

Vom 13. bis 29. Mai des Jahres wurde dort ein Fundament vorbereitet und der Kiosk im Sommer unter der Aufsicht seines Stallmeisters und der Hofbauintendanz aufgestellt.

**Christian Jank**
15.7.1833-25.11.1888
München

Entwurf zum zweiten Kiosk des Wintergartens, Außenansicht Gouache 1869 Ludwig II.-Museum München, 1872

Christian Jank studierte bei seinen Aufenthalten in Spanien 1854 die „Maurischen Architekturen“. Er zeichnete dort umfassende Architekturansichten.

Er wurde von Ludwig II. zum Hofmaler ernannt. Auch als Bühnenmaler bei den Wagner-Opern konnte er große Erfolge erlangen.

Der König erkannte rasch seine Begabung und schickte ihn 1857 zur Weltausstellung nach Paris. Diese Anregungen ließen Jank bahnbrechende Entwürfe fertigen, sodass Ludwig II. ihm zu den Schlössern und in Neuschwanstein Aufträge erteilte.

Der räumlich gesehene Entwurf zum zweiten Kiosk des Wintergartens vermittelt deutlich die fein gezeichnete Fliesen-Architektur im maurischen Detail. Ludwig II. hatte diese detaillierten Entwürfe ausreichend gewürdigt, sodass sie in das Programm des Münchner Wintergartens aufgenommen wurden.

**Christian Jank**
15.7.1833 - 25.11.1888 München

Entwurf zum zweiten Kiosk des Wintergartens, Innenansicht
Gouache 1869
Ludwig II.-Museum (BSV) Skizzen und Texte

Der Kiosk ist ein dreifach gestuftes Terrassensymbol des Himmels im Sinne der Chi-nien-tien des Pekinger Tempels.

Das Innere der Opferhalle des Himmelstempels in Peking ist mit leuchtendem Blau ausgelegt und mit Rot und goldenen Höhungen gesteigert.

Es ist die Pracht chinesischer Kaiserbauten der Ming- und der Ch'ing-Zeit. Im 19. Jahrhundert, vor allem auf den Weltausstellungen mischte man die verschiedenen Epochen unter einem so genannten maurischen Gründerzeitstil.

**Christian Jank**
15.7.1833-25.11.1888
München

Außenansicht des indischen Königszeltes im Wintergarten Ludwigs II. von Bayern 1870/71, Ludwig II.-Museum WAF, Skizzen

Das aufwendige Mogulzelt, die vergoldeten Stützen, die aufgipfelnde Rosette, das golddurchwirkte Zelt vor abendlich rötlichem Himmel war für den König eine Attraktion der historischen Repräsentation, denn der Kiosk war ehemals eine zeltartige Stätte, ruhend auf Säulen über den Diwans türkisch-chinesischer Herkunft.

Dieser ursprüngliche Pavillon (lat. papilio Schmetterling) war das Zelthaus im Ursprung ein Lusthaus – heraldisch ein Thronzelt mit den Wappen des Landesherren
(Brief Ludwig II. König von Bayern an Ludwig von Bürkel 1871).

**Landschaftsausschnitte aus dem östlichen Teil des Wintergartens mit See, Prunkzelt und indischen Palästen, 1872**
Julius Lange (1817-1878) Öl auf Leinwand 84,5 x 105 cm,
bezeichnet: Julius Lange 1871, Ludwig II.-Museum Herrenchiemsee, Inv.-Nr. 550 (WAF)

Ludwig II. ernannte Lange zum königlichen Hofmaler, er wurde Ehrenmitglied der Akademie von Mailand und Venedig. Lange war zwischen 1834 und 1838 in München und war beeinflusst von Carl Rottmann und Eduard Schleich d. Ält. In seinen Skizzen aus dem bayerischen Oberland übernimmt er von Schleich d. Ält. die Umsetzung der meteorologischen Kenntnisse, von Rottmann das heroische Pathos im Sinne der Raumtiefe.

Die Orientmode nahm in der ersten Hälfte des 19. Jahrhunderts im Lebensgefühl einen immer größeren Raum ein. Napoleon I. Bonaparte hatte mit seinem Zug nach Ägypten die Phantasie der europäischen Architekten, Maler und Kunsthandwerker angeregt. Die Türkenmode erhielt in den Weltausstellungen in London (1851) und Paris (1867) weitere Impulse.

König Ludwig II. hatte sich mit Literatur aus diesen Bereichen beschäftigt. Er erwarb Textilien und islamische Kalligrafien. Der König besuchte vom 20. bis 29. Juli 1867 Paris und hielt sich viele Stunden in der Weltausstellung auf.

Aus den Erfahrungen entwickelte er sein Gesamtkunstwerk, bestehend aus seinen orientalischen Projekten. König Ludwig II. schreibt: „Indien und der Buddhismus haben etwas für mich unaussprechlich Anziehendes, Sehnsucht und selige Wonnen Erweckendes".

„In allerhöchstem Auftrag bereiste Franz von Löher, der Vorstand des bayerischen Reichsarchivs, 1872 und 1875 griechische und kanarische Inseln, Zypern und Kreta. Er suchte ein Eiland, auf das sich Ludwig II. zurückziehen, wo er König und Herr sein könnte. Das Unternehmen brachte dem Beamten die Anstrengungen und Vergnügungen einer insgesamt halbjährigen Reise, dem Monarchen jedoch nicht das gewünschte Ergebnis." (Franz Herre, S. 327).

Die englische Königin Elisabeth II. hatte mehrfach Spezialisten beauftragt, im europäischen oder aber im orientalischen Küstenland nach einem geeigneten Ort zu suchen, um einen orientalischen Palast bauen zu können. Die Wilhelma in der Nähe Stuttgarts ist das Ergebnis der Orientmode des 19. Jahrhunderts und faszinierende Reiseromane um 1830; die Pfaueninsel in Berlin war ebenfalls davon angeregt worden. Wie beschränkt ging man hingegen gegen den König in der bayerischen Abgeordnetenkammer vor! (Wolfgang Müller, S. 398).

Das Bedeutende in der künstlerischen Anregung durch die muslimische Welt von Ludwig II. ist die Verbindung von genialen schöpferischen Traditionen im Sakralbau – auch im alltäglichen Leben und im Forschungswillen Ludwig II. – Das neue Technikbewusstsein des Königs wurde mit der Genesis der archaisch muslimischen Überlieferung verbunden. Diese Einstellung ist einmalig und auch heute noch mehr als richtungweisend.

# Die Freunde des König Ludwig II. von Bayern

**Dr. Schleiss von Löwenfeld kurz nach der Tötung des Königs Ludwig II. 1886**

# Dr. Schleiss von Löwenfeld - Leibarzt des König Ludwig II. von Bayern

Dr. med. Maximilian Schleiss von Löwenfeld wurde 1809 in München geboren und studierte an der Münchener Universität Medizin, als Chirurg schloss er ab. Bei Hof bekannt, wurde er Leibchirurg des Königs, da dieser sich beim Reiten einen Leistenbruch zugezogen hatte. Dr. Schleiss von Löwenfeld bezog den Kavalierbau in Schloss Berg, um immer in der Nähe des Königs zu sein. Der König konsultierte ihn, wenn es notwendig war.

Aufgrund seiner Schweigepflicht war der Arzt daran gebunden, über seine ärztliche Tätigkeit keine Auskunft zu erteilen.

Die Mitteilungen Gabriele Schleiss von Löwenfelds sind wichtig, da Einzelheiten über den Arzt in einer Lebensdarstellung niedergeschrieben sind. Durch Briefe von Wilhelm von Kaulbach und seinem Sohn Hermann wurde bekannt, dass Dr. Schleiss von Löwenfeld der Familie Kaulbach verbunden war. An vielen Einladungen der Familie Kaulbach hatte Dr. Schleiss von Löwenfeld teilgenommen. Der Arzt sah mit großem Bedauern das Kesseltreiben durch die Regierung Lutz gegen den König. Als die Freunde des Königs Anfang Juni 1886 gewahr wurden, dass sich die Pläne gegen den König verfestigten, versuchten sie Ludwig II. in seiner Not beizustehen.

Dr. Maximilian Schleiss von Löwenfeld hatte eine sehr gute Übersicht über den Park des Schlosses Berg. Er kannte gleichsam jeden Weg und Steg. Es ging darum, die kommenden Situationen, insbesondere am 13.6.1886, zu dokumentieren. Die Beziehungen zu Hermann Kaulbach und dessen Fähigkeit rasch Porträtskizzen schaffen zu können, war vermutlich der Anlass, Hermann Kaulbach am 13.6. gegen Abend nach Berg zu bestellen. Vielleicht waren es auch die Boote, die König Ludwig selbst mit seinem Fernglas gesehen hatte, und er erhoffte sich Hilfe für seine Flucht. Nach den Eintragungen in den Dokumentationen von Gabriele Schleiss von Löwenfeld kann festgestellt werden, zu welchen Zeiten sich der Leibarzt des Königs in Berg aufhielt. Die Kontakte zwischen dem König und seinem Leibarzt waren nie abgerissen. Er war am 9. August 1882 zum Geheimen Rat durch den König erhoben worden. Der Zustellungsvermerk dieser Urkunde bezog sich auf das Schloss Berg. In einer Mitteilung an die Wiener Presse vertrat der Arzt Dr. med. Schleiss von Löwenfeld folgende Meinung: „Ein Separat-Votum habe ich nicht abgegeben – wahrscheinlich befände ich mich nicht mehr hier, wenn ich das getan hätte. Es ginge mir, wie es anderen gegangen ist. Ich habe von Hohenschwangau aus, wo ich elf Tage weilte, ein Telegramm an die Münchner Allg. Ztg. gerichtet und die Redaktion ersucht zu konstatieren, dass ich dem Gutachten der Psychiater nicht beipflichte; nach meiner Meinung ist der König leidend, aber nicht geisteskrank. Die Zeitung hat dieses Telegramm nicht abgedruckt. Seit 40 Jahren, seit seiner Geburt, kenne ich den König, nur ich und Dr. Gietl waren seine Ärzte und wir beide stimmten in der Anschauung überein, dass der König nicht geisteskrank ist...“.

Rechts: Dr. med. Maximilian Schleiss von Löwenfeld um 1870. Archiv Starnberg.

Der König hatte sich mit geschichtlichen Themen und Bearbeitungen derselben auseinandergesetzt, vor allem aber beschäftigte er sich mit der Neuinszenierung der Opern Lohengrin und Tannhäuser.

Der Monarch bereicherte in diesem Rückblick auf die Vergangenheit auch die Gegenwart und nicht zuletzt des alltägliche Leben im 19. Jahrhundert mit diesen Mythen. Den „Schwanenritter“ der Sage erhob er zum Sinnbild und Zeichen seines Lebens und als Realität, indem er den Bau von Schloss Hohen Schwanstein in optischer Präsenz plante. 1868 teilte Ludwig II. Richard Wagner diesen Entschluss mit.
Bei den alten Griechen galt der Schwan als der heilige Vogel des Apollon, von dem er selbst die Gabe der Weissagung empfangen haben soll. Im mythischen Hesperien, am Eridanos und an der Küste des Ligyerlandes sollen die Schwäne ihren Tod durch schönen klagenden Gesang vorausverkündet haben; daher der Ausdruck Schwanengesang für das letzte Lied eines Dichters. Erblicken die Schiffer Schwäne, so galt dies als günstiges Omen.

Jupiter genoss die Umarmung der Leda in Gestalt eines Schwans.

Der Schwanenritter der Sage ist ein Ritter, der auf einem von einem Schwan gezogenen Kahn aus unbekanntem Land kommt, eine Fürstentochter vor einem ihr verhassten Bewerber errettet und sich mit ihr vermählt, sie dann aber wieder verlassen muss, weil sie ungeachtet seines Verbots sich nach seiner Abstammung erkundigte.

Die Sage ist mythischen Ursprungs und wurde im Mittelalter mehrfach poetisch gestaltet, aber auch willkürlich geändert. So zum Beispiel in dem französischen, aus dem 12. Jahrhundert stammenden Roman „du chevalier au cygne“, worin die Sage auf Gottfried von Bouillon bezogen wird, während sie Wolfram von Eschenbach am Schluss seines „Parzival“ auf Lohengrin, den Sohn des Gralskönigs Parzival übertrug.
Ihm folgte, noch vor 1290, der ungenannte Verfasser eines breit ausgesponnenen Gedichtes „Lohengrin“, wogegen Konrad von Würzburg in seiner Dichtung „Der Schwanenritter“ die Sage nach Nimwegen und in die Zeit Karl des Großen verlegt.

## Geschenk des Königs Ludwig II. an seinen Leibarzt Schleiss von Löwenfeld

Die rechte Abbildung ist der Umschlag des königlichen Geschenks an den Leibarzt Dr. Max Joseph Schleiss von Löwenfeld, ein Buch, später versehen mit vielen Eintragungen zum Tod des hingemordeten Königs Ludwig II. Im Detail bietet es hervorragende Elfenbeinschnitzerei, begleitet wird der Schwanenritter hier von den Schwänen in den Ecken des Einbandes, jeweils eingefasst von reinen Goldleisten – ein wahrhaft königliches Geschenk!

Ludwig II. hatte Freude an wahrhaft königlichen Geschenken, die er für seine Freunde und Mitarbeiter in Auftrag gab.

Häufig handelte es sich um ein oft aufwendig gestaltetes Buch, eine Brieftasche in schönster Nadelmalerei, „die man auf dem Herzen tragen sollte" (Stallmeister R. Hornig). Kleine, reich verzierte Tagebücher, wertvoll geschmückte Uhren, Petschaften und Stempel waren willkommen, köstlich bemalte Porzellane, eine Welt der Erinnerung und immer offen gegenüber den Gefühlen seiner Freunde.

Die Geschenke des Königs waren erfüllt mit Empfindungen und Güte, das Objekt wurde von Ludwig II. besonders ausgewählt und stets mit großem Aufwand überreicht. Das Geschenk: „Es waren auch Erfahrungen, die der Monarch sammelte im ständigen Dialog mit seinen vielfältigen Mitarbeitern"

(Dr. Schleiss von Löwenfeld, Tagebuchblätter um 1870, USA, Privatbesitz).

Die Vergrößerung des im Boot stehenden Lohengrin, vor ihm der im Wasser gleitende Schwan, ist ein gelungenes Elfenbeinrelief bester Qualität (13,5 x 8,5 cm).

Lohengrin trägt einen Ringpanzer, einen bestickten Wams, einen faltenreichen Umhang. Sein Helm mit Helmtuch wird von einer Taube gekrönt.

Das breite Schwert hält er mit der Rechten vor den Körper. Die linke Hand hält den Schild.
Lohengrin ist kampfbereit, die Darstellung bezieht sich auf die Szene der gleichnamigen Oper Richard Wagners „Lohengrin", 1. Aufzug, 3. Szene.

Das Elfenbeinrelief erinnert an die hier auf der linken Seite abgebildete Marmorstatuette, Lohengrin von Caspar Zumbusch, München 1865, H. 84. D. 27,5 cm, Stele: H. 116 cm, Ludwig II.-Museum 4, WAF., Schloss Berg. König Ludwig II. sandte an den Bildhauer Zumbusch eine Staatsdepesche.

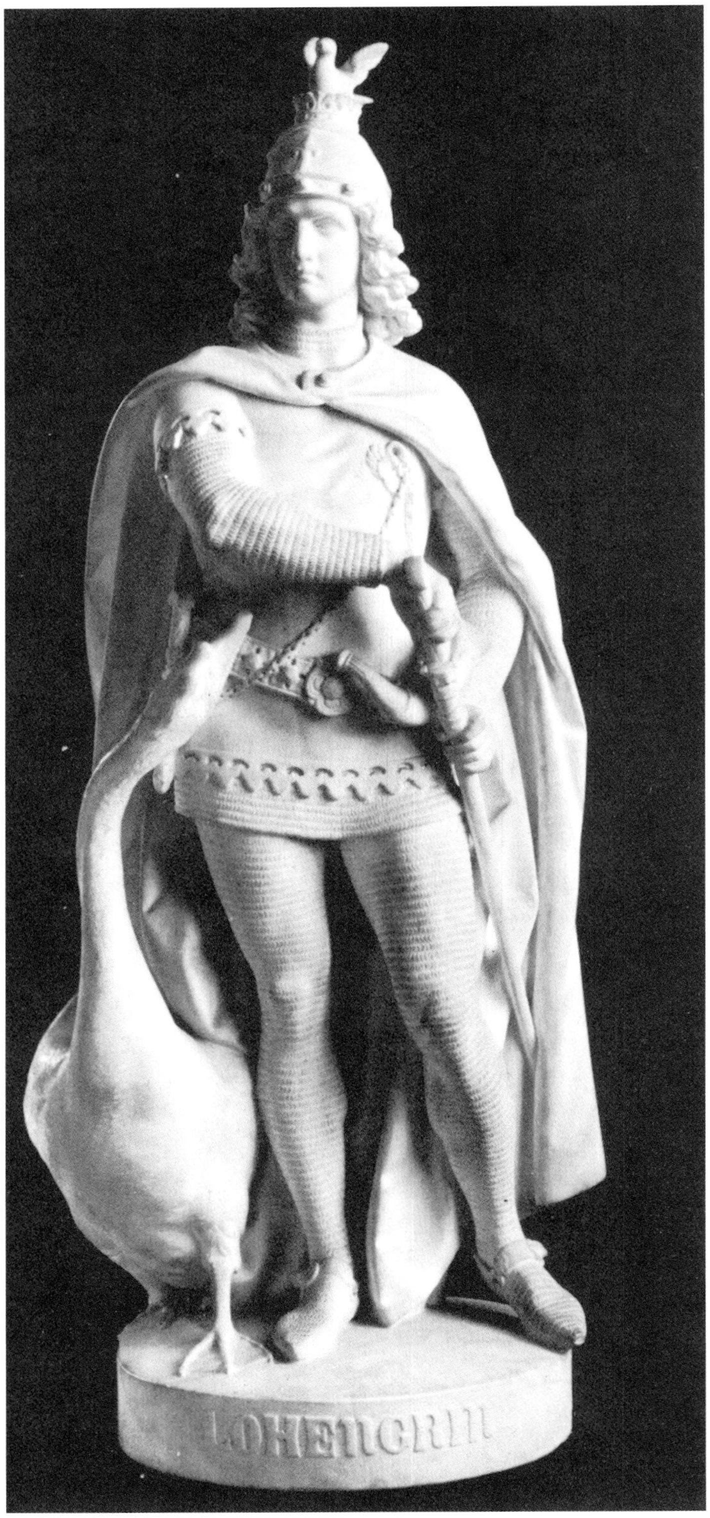

Petschaft mit der Figur Lohengrins und
dem Schwan
München um 1865,
Silber, teilvergoldet,
H. 9,1 cm x 4,5 cm,
München, Residenz,
Replik des ehemaligen Schreibzeugs des
Königs (Ausst. Kat. Ludwig II. 1968,
S. 148, 147.)

Der Schwan, eine eindrucksvolle Figur aus den Räumen in Neuschwanstein. Es handelt sich um eine Skulptur, aus Majolika gegossen,
H. 73,0 cm, L. 94 cm.
Die Schwanenskulptur steht vor dem Kamin des Wohnzimmers in Neuschwanstein und ist um 1884 entstanden. Der König hatte drei Skulpturen bestellt, die 1884 geliefert wurden (H.R. 1884, Nr. 575).

Der Name Neuschwanstein stellt Erinnerungen dar an die Wagner-Opern Lohengrin und Tannhäuser. Die ersten Architekturentwürfe stammen von Christian Jank. Maximilian von Bayern, der Vater Ludwigs II., hatte mit der im Hintergrund sichtbaren Burg Hohenschwangau die Ruine Schwanstein wieder hergestellt und dadurch stand die neue Burg Ludwigs in einer überwältigenden Lage oberhalb des Alpsees.
Die Grundsteinlegung erfolgte am 5. September 1869, die Bauleitung führte der Architekt Eduard Riedel, der bis 1873 den Torbau abschloss. Im Bildprogramm von Hohenschwangau stand der Schwan im Mittelpunkt dieses Schlosses als Symbol für die historische Rückbesinnung auf das Mittelalter. Es ist gleichsam die Idee einer neuen Burg des Schwanenritters Lohengrin.

König Ludwig II. war von vielen Empfindungen geleitet, er war für die Leistungen seiner Mitarbeiter sehr aufgeschlossen.
Wiedererkennen, Erinnern von Wahrnehmungen standen bei ihm im Vordergrund. Das Einfühlen in die anderen, in den Nächsten war ihm eine Pflicht. Das soziale Lernen, vor allem des Hineindenkens in die Handwerksbereiche, war für ihn eine hohe Aufgabe.

Die zahlreichen Danksagungen des Monarchen belegen auch seine Freude an der geleisteten Arbeit, wobei die königlichen Geschenke auch immer von einer Hoffnung der weiteren Zusammenarbeit bestimmt waren.

Das Erinnerungsbuch des Königs Ludwig II. an seinen Leibarzt Dr. Schleiss von Löwenfeld ist ein Zeichen dieser Verbundenheit.

König Ludwig II. sah neben seinen Aufträgen an Künstler und Handwerke eine Freude, die lang anhaltend einen engen Verbund herbeiführte. So ist das aufwendig geschmückte Buch für seinen Leibarzt Dr. Schleiss von Löwenfeld eine stete Erinnerung, denn es wurde zum Gästebuch für die Freunde des Königs. Hier verewigten sich alle diejenigen, die dem König in schwerster Not beigestanden hatten.

Aber auch die Briefmappen und Brieftaschen gehörten in den Bereich des sich Versenkens, ein Zeichen, dass das Andenken an den König Ludwig II. bis in die Jetztzeit bewahrt wurde.

Brieftasche für den Leibarzt Dr. Maximilian Schleiss von Löwenfeld um 1868/70.
Von dieser Tasche gibt es zwei Exemplare, die hier abgebildete Tasche von Schleiss von Löwenfeld und eine weitere im Katalog der Ausstellung des König Ludwig II.-Museums, Herrenchiemsee, München 1986, S. 408,
Nr. 302. H. 18,2 x B. 22,8 cm,
Privatbesitz, München.

## Geschenke des Königs Ludwig II. von Bayern

Die Farbabbildung zeigt die Brieftasche zur Aufbewahrung der Briefe Richard Wagners.
Jean Grosjean, München um 1870, auf Seidensamt, Silberstickerei, H. 19 cm, B. 24 cm, Katalog München 1986, S. 408, Nr. 301, König Ludwig II.-Museum, Herrenchiemsee.

# Richard Hornig, geb. 1841 – Stallmeister des König Ludwig II.

Richard Hornig, seit 1867 im Dienst des Königs, war in der Mordnacht am 13. Juli 1886 auf dem Gelände des Schlosses Berg gemeinsam mit Dr. Schleiss von Löwenfeld und Hermann Kaulbach anwesend – dabei war der Bruder Richard Hornigs, Major Hornig, der seinem Bruder in allen komplizierten Lebenslagen behilflich war.

Major Hornig war verwandtschaftlich verbunden mit der Gräfin Rambaldi, der Schwester seiner Frau, die die Gruppierungen des Münchner Hochadels kannte.
Der Stallmeister des Königs, Richard Hornig, hatte es verstanden, die Informationen aus den Hochadelskreisen Münchens zu überprüfen, um die Wahrheit zu ermitteln.

Die Brüder Hornig wohnten ganz in der Nähe des Schlosses Berg in Seeheim, ein Anwesen, das König Ludwig II. dem erfolgreichen Stallmeister geschenkt hatte.
Nach den Niederschriften des Dr. Schleiss von Löwenfeld (Quellenbericht, Privatbesitz USA) näherten sich die beiden Brüder Hornig dem Gelände von Schloss Berg mit dem Boot und legten gemeinsam mit Hermann Kaulbach gegen 18.45 Uhr vor dem Bootshaus an. Die Beinahe-Zeugen des erfolgten Königsmordes waren jedoch zu spät gekommen, der König war bereits getötet worden (vgl. Vandenberg, S 102 ff).
Die Gebrüder Hornig waren vertraut mit der Umgebung von Schloss Berg, außerdem wohnten sie in Seeheim, das nicht weit von Schloss Berg gelegen ist. Das ganze Gebiet war vom Seeufer leicht erreichbar. Der Stallmeister des Königs, Richard Hornig, hatte immer Pferde um sich, er verfügte auch in Seeheim über zwei edle Rosse, zu denen er kurz vor dem 2. Juni 1886 weiter acht Pferde gesellte, denn er war in engem Einverständnis mit diesem in die Vorbereitung der Flucht des Königs Ludwigs II. eingebunden. Hinzu kommt, dass die Gebrüder Hornig mit Hermann Kaulbach eng befreundet waren. Richard Hornig hatte seinerzeit Hermann Kaulbach den Auftrag für die Wandmalereien in der Burg Falkenstein aufgrund der Entscheidung des Königs Ludwig II. übermittelt. Richard Hornig war bei den Einladungen im Haus Dr. Schleiss von Löwenfelds stets zugegen.

## Der Feind

**Richard Hornig sah in Gudden einen bösen Geist gegen seinen König Ludwig II. (Brief Dr. Schleiss von Löwenfeld, 18.6.1886)**

Der offenbar sorgfältig geplante Tatablauf widerspricht der Behauptung, es sei dies die Tat eines Irren. Nach seiner ersten Inaugenscheinnahme des Patienten hatte Dr. Müller auch gegenüber Dr. Gudden sein Erstaunen über Ludwigs ausgeglichenes Verhalten geäußert; eine Bemerkung, die dem Assistenzarzt eine Rüge des Obermedizinalrates einbrachte. Geradezu grotesk erscheint tags darauf die parteiische Schilderung der königlichen Wasserleiche im Vergleich mit der des Psychiaters. Nach Dr. Müller habe der König einen finsteren, herrschsüchtigen, tyrannischen Gesichtsausdruck gehabt, während Gudden mit einem freundlichen Lächeln gestorben sei. Graf Eulenburg hingegen, der die beiden Leichen zur selben Zeit in Augenschein nahm, sah Guddens Züge schmerzlich verzerrt, während die bleichen Lippen des Königs ein merkwürdiges, unheimliches Lächeln umspielt und seinem Gesicht die ganze Schönheit seiner edlen Züge wiedergegeben habe.

Nur eine von vielen Fragen, die bis heute Rätsel aufgeben! Bis heute gibt es nur Spekulationen, wer die Flucht des Königs vorbereitet haben könnte, wer zu später Stunde in den Ruderbooten vor dem Schlosspark kreuzte, wer in dem Wagen saß, der vor dem mittleren Tor Spuren hinterließ, und warum niemand, auch die im Park wachhabenden Gendarmen, nicht auch nur einen Laut von dem Kampf um Leben und Tod zwischen Dr. Gudden und dem entmündigten König gehört hatte. Der Historiker Richard Sexau, der sich in den fünfziger Jahren intensiv mit diesen Problemen beschäftigt und darüber mehrere Arbeiten geschrieben hat, glaubt zumindest zwei der wichtigsten Fragen beantworten zu können:

Frage 1: Wer hat die Flucht vorbereitet?

Nach Sexaus Recherchen lebte Ludwigs Stallmeister und Privatsekretär Richard Hornig zusammen mit seinem Bruder in einem Landhaus in Seeleiten nicht allzu weit von Schloss Berg entfernt. Hornig galt lange Jahre als enger Vertrauter des Königs, er hatte zum Beispiel unter Umgehung aller potenziellen Mitwisser den Thurn und Taxisschen Oberbaurat Max Schultze mit der Planung von Burg Falkenstein beauftragt, einem Projekt, das nicht mehr zur Ausführung kam, und Ludwig hatte Hornig das erwähnte Landhaus geschenkt.

Für gewöhnlich standen im Stall dieses Anwesens zwei Pferde, doch Hornigs Schwägerin erinnerte sich, dass wenige Tage vor dem verhängnisvollen 13. Juni 1886 in den Stallungen des Hauses zehn Gäule untergebracht wurden, über deren Verwendung ihr Mann keine Auskunft erteilte, und dass am Unglückstag selbst die Brüder Hornig von vormittags bis zum Abend mit einem Kahn zwischen Leoni und Berg gekreuzt seien, unterbrochen nur von einer Mittagspause, was ihr um so seltsamer angemutet habe, weil es den ganzen Tag regnete. Als sie schließlich spät abends heimgekehrt seien, hätten die Männer einen verstörten Eindruck gemacht und gesagt: „Die Sache ist aus!“ Sie hätten jedoch auch auf eindringliche Fragen keine Erklärung abgegeben. Stallmeister Richard Hornig hat vor seinem Tod alle Aufzeichnungen König Ludwig betreffend vernichtet (Ph. Vandenberg, S. 102/103).

Richard Hornig wurde im Jahre 1841 zu Basedow in Mecklenburg als Sohn des in den Diensten von Graf Hahn stehenden Stallmeisters Ehrenfried Hornig geboren. Schon als Jüngling kam Richard Hornig nach München, da sein Vater von König Max II. als Bereiter (und später als Stallmeister) in den bayrischen Hofmarschalldienst berufen wurde.

1862 wurde Richard Hornig in den königlichen Marschalldienst übernommen, 1864 wurde er Scholar und 1866 Bereiter.

1869 avancierte Hornig zum Oberbereiter und 1871 wurde er Stallmeister extra statum. Hornig war ein derartig guter Pferdekenner und Reiter, dass er der erste diensttuende Stallmeister beim Oberststallmeisterstabe wurde. Richard Hornig hatte große Interessen. Er verfügte über eine Sammlung von Stichen berühmter Pferde aus den Wittelsbacher Stallungen, darunter auch Radierungen von Wilhelm von Kobell. Als Ludwig II. von Bayern durch die durch den Krieg 1866 verwüsteten Gebiete in Franken ritt, fiel Hornig dem König auf Grund seines Interesses und seiner geschichtlichen Kenntnisse auf. Am 2. Mai 1867 wurde er vom Monarchen aufgefordert, ihn bei einem längeren Spazierritt von Schloss Berg aus zu begleiten. Von diesem Zeitpunkt an war Stallmeister Hornig bis zum Jahre 1865 der einflussreichste Pferdekenner im Marstalldienst. Er begleitete König Ludwig II. von Bayern bei allen Fahrten und Ritten, mit Ausnahme der ihm jährlich gewährten dreimonatigen Ruhepause.

**Hermann Kaulbach (1846-1909)**
Bildnis des Stallmeisters Richard Hornig kurz nach dem Mord an König Ludwig II. von Bayern gegen 19.30 Uhr im Park des Schlosses Berg am 13.6.1886. Die Erschütterung Hornigs ist sichtbar, Tränen rinnen über die Wangen herab.
Öl auf Leinwand,
20,0 x 55,0 cm,
Privatbesitz,
Fotoabteilung der Bayerischen Staatsgemäldesammlungen,
München, Inv.-Nr. 67/468

Hornig hatte auch persönliches Interesse an den Bauten des Königs. Wiederholt konnte er ihm wichtige Aufgaben bei der Besichtigung der Schlossbauten abnehmen.

Während der fast zwanzigjährigen persönlichen Dienstleistung war der Stallmeister auch zum Privatsekretär des Königs geworden. Hornig erledigte über seine Stallmeistertätigkeit hinaus die Privatkorrespondenz des Königs, insbesondere die zahlreichen Briefe der Architekten und der Handwerker. Damit konnte sich Hornig umfassende Kenntnisse in der Architekturplanung und dem Ausbau bis hin zu den Objekten widmen. Der Stallmeister wurde nun gleichsam Privatsekretär des Königs und er führte die Verhandlungen mit den Künstlern und den Handwerkern mit großen Kenntnissen. Richard Hornig war dazu befohlen worden, auch die zahlreichen Handwerksbetriebe, die für die königlichen Schlösser arbeiteten, in der Organisation und in den knappen Lieferungsterminen zu unterstützen und in der logistischen Abfolge diese Zeitfragen zu berücksichtigen. Obwohl Hornig die Marstalldienste nicht vernachlässigte, schickte der König ihn zweimal nach Neapel, um dort die Blaue Grotte zu studieren, da deren Ebenbild in Linderhof mit dem richtigen Blau ausgemischt werden sollte. Die Veränderungen entstanden immer dann, wenn zu starke Feuchtigkeit innerhalb der Räume aufgetreten war. Das feurige Blau, das König Ludwig wünschte, wurde dann unter Hornigs Anleitung auch ausgemischt und erfüllt damit den notwendigen Zweck.

Wichtig für Ludwig II. waren die Besuche Hornigs auf der Weltausstellung. Der Monarch hatte sich täglich bis zu acht Stunden in der Weltausstellung 1867 in Paris aufgehalten und hatte viele Anregungen durch Objekte, Zeichnungen und Druckgrafik mit nach München gebracht.

Stallmeister Richard Hornig

# Graf Dürckheim-Montmartin, 1850 – 1912 Flügeladjutant des König Ludwig II.

Graf Dürckheim-Montmartin,
Flügeladjutant (nun Oberst).

Der Regent Luitpold drohte Dürckheim-Montmartin, „er werde ihn als Hochverräter behandeln" (Richter, S. 306).
Alfred Graf von Dürckheim-Montmartin hatte den König verteidigt und zog sich dadurch den Hass von Lutz zu, da dieser schon Informationen über die Münchner Geheimkanzlei erhalten hatte.
Die Exzellenz Freyschlag von Freyenstein, zuständig für sämtliche dunklen Bewegungen im Ministerzirkel und bei den Mitwirkenden, hatte mit Lutz, Holnstein, Crailsheim, Gudden und dem Prinzen die Haupt- und Staatsangelegenheit generalsstabsmäßig geplant: „Das Haus Luitpold war in permanenter Beratung."

Prinz Luitpold näherte sich Ziegler (K. Möckl, S. 34 ff) und lud ihn, gegen frühere Gewohnheit, zum Essen. Man richtete sich allmählich auf die Regentschaft ein (K. Möckl, S. 105). Friedrich von Ziegler gehörte innerhalb der Ludwig II.-Tragödie zu den Gegnern des Königs, er stand mit Lutz in engem Kontakt (Die Aktivitäten des Ziegler werden im Werk von K. Möckl, „Die Prinzregentenzeit", München/Wien 1972, S. 34, 54 ff. bis 204 aufgeführt). Durch die Verbindung mit von Ziegler waren auch Wohlverhalten und die Geschenke sowie die Zahl der Beförderungen drastisch gestiegen.
Die Emporkömmlinge wurden durch Ämtertausch immer mächtiger (K. Möckl, S. 165), die Zahl der Reichsräte, der Freiherrn, der Kabinettschefs nahm sprunghaft zu (vgl. auch: Walter von Rimmel, Ludwig II., Der König und sein Kabinettschef, 1930, S. 152 ff).
Ein erschreckendes Lutz-Durcheinander mit Ämterverschiebungen; Zieglers Rücktritt und die Kabinettskasse! Das Haus Luitpold war aufgeschreckt, die Regentschaft nahm blasse Züge an (K. Möckl, S. 105). Lutz trug alles auf seinen Schultern (K. Möckl, S.117). Unglaubliche Äußerungen des Ministers von Lutz (K. Möckl, S. 141). Lutz wurde Reichsrat auf Lebenszeit, Auszeichnungen an Minister Lutz flossen weiter. Der Regent griff ein und verteilte auch hohe Auszeichnungen, ebenso an Freiherrn Freyschlag zu Freyenstein, den Chef der Geheimkanzlei.
Lutz hätte es lieber gesehen, man hätte Graf Dürckheim-Montmartin als Hochverräter im Sinne des Regenten Luitpold angeklagt und ihn beseitigt! Kabinettssekretär von Ziegler bestimmte den tödlichen Verlauf gegen König Ludwig II. mit (vgl. auch: Walter von Rummel, Ludwig II., Der König und sein Kabinettschef 1930, S. 152 ff).

Die Entscheidung König Ludwig II. „zu entfernen", war aber bereits getroffen, zumal es eilte, da 1883 anlässlich der Affäre Dürckheim-Montmartin gegenüber dem Prinzen Arnulf und 1885 im Falle des Popularitätsrückgangs des Oktoberfestes gegenüber Prinz Ludwig ein erheblicher Nachteil eingetreten war (K. Möckl, S. 105).

Alfred Karl Nikolaus Alexander Graf Eckbrecht von Dürckheim-Montmartin wurde am 21. Juli 1850 zu Steingaden als ältester Sohn des Karl Grafen Eckbrecht von Dürckheim-Montmartin geboren. Der Vater war Gutsbesitzer und königlich-bayrischer Kämmerer. Er war verheiratet mit Alexandrine, geb. Gräfin von Toll, kaiserlich-russische Generaladjutantentochter aus Russisch-Polen. Der Vater war königlich bayrischer Kämmerer, Oberst der Infanterie und früher Flügeladjutant seiner Majestät König Ludwigs II. von Bayern. Graf Dürckheim-Montmartin begann die Militärkarriere mit seiner im März 1870 erfolgten Ernennung zum Junker. Er avancierte am 12. August desselben Jahres zum Unter- und am 3. Oktober 1874 zum Oberleutnant im Infanterie-Leibregiment. Im Jahre 1882 erfolgte durch ein Handschreiben des Königs Ludwig II. die Berufung zum Flügeladjutanten. Am 9. April 1883 wurde Dürckheim-Montmartin zum Hauptmann außer der Tour befördert. Ludwig II. stand seinem Flügeladjutanten sehr nahe, vor allen Dingen in der katastrophalen Zeit der Verunglimpfung durch die konspirativen Vorgaben der Regierung Lutz. Es war selbstverständlich, dass der König in seiner Not seinen Flügeladjutanten zu sich befahl. Dieser hatte mehrfach insbesondere die Versuche des Grafen Holnstein abgewiesen, belastendes Material zu liefern für die Entmündigung des Königs. König Ludwig II. schätzte den Offizier über alle Maßen, da er wusste, dass Dürckheim-Montmartin die Vorwürfe gegen ihn durchschaute.

„An den vom König als Ministerratsvorsitzenden vorgesehenen Baron Franckenstein in Marienbad, an Bismarck, an die Kommandantur Kempten mit der Aufforderung, sofort eine Kompanie zu entsenden und an Geheimsekretär Haiß in Schloss Berg behufs sofortiger Vorlage einer Gegenproklamation". Die für Empfänger außerhalb Bayerns bestimmten Telegramme wurden in Reuthe (Tirol) aufgegeben, während die an bayrische Stellen gerichteten gar nicht verschickt werden konnten, sondern gemäß einer Anweisung vom 10.6.1866 dem Minister des Königlichen Hauses des Äußeren von Crailsheim vorgelegt werden mussten. Graf Dürckheim hatte sich am 10.6.1886 gegen 14 Uhr sofort nach seinem Eintreffen in Schloss Neuschwanstein zum König begeben. Graf Dürckheim-Montmartin versuchte diesem klarzumachen, dass es nur zwei Wege gab: entweder zu fliehen oder sich dem Volk in München zu zeigen. Es ist aber verständlich, dass der König, der seit 1875 durch die Konspiration gegen ihn und die Tage davor, die bewiesen, dass sich die Schlinge nun zuziehen würde, in sehr angespannter und erschöpfter Verfassung war und also untätig blieb.

Jedoch beobachteten bereits Staatskommissär Kopplstätter und Dr. von Müller die Aktivitäten des Grafen Dürckheim-Montmartin. Das Telegramm aus Reuthe in Tirol, das Lutz bereits zur Kenntnis genommen hatte, die Berichte von Koppelstätter und seinen Mitwissern führten dazu, dass veranlasst wurde, Graf Dürckheim-Montmartin von seinen Aufgaben als Flügeladjutant zu entbinden. Ministerpräsident Lutz hatte ja immer die Möglichkeiten, kurzfristig und brutal zuzugreifen. Daher beschuldigt er den Flügeladjutanten des Hochverrates. Bei seiner Ankunft in München am 11.6.1886 um 18.40 Uhr wurde Graf Dürckheim verhaftet.

Reichskanzler Bismarck schaltete sich ein: „Er begründete den Rat damit, dass es bei den deutschen Bundesfürsten den übelsten Eindruck machen müsste, wenn der persönliche Adjutant eines Fürsten deshalb verfolgt würde, weil er mit Recht oder Unrecht für seinen Herrn eingetreten sei. Im Interesse der Stellung des Prinzregenten im Kreise der Bundesfürsten sollte dies unterbleiben."

Dr. Alexander von Müller und Friedrich von Ziegler folgten der Linie des Johann von Lutz und waren von diesem abhängig. Natürlich gehörte der Chef der Geheimkanzlei des Prinzregenten Luitpold, nämlich Freiherr Freyschlag von Freyenstein, dazu, ebenso Joseph Kopplstätter (K. Möckl, S. 209).

Graf Dürckheim-Montmartin

Graf Dürckheim-Montmartin hatte eine enge Verbindung zu München. Franz Jakob Kreuter (1813 – 1889) war der Architekt des Palais des Grafen Dürckheim in der Türkenstraße 4 in München. Franz J. Kreuter wurde von König Maximilian ab 1849 gefördert, denn schon als Kronprinz war dieser auf ihn aufmerksam geworden. Das Lebenswerk Kreuters beruht zum größten Teil auf seiner Tätigkeit als Ingenieur, Techniker und Chemiker.

Im Zusammenhang mit dem Palais des Grafen Dürckheim-Montmartin galt es, sich den klassizistischen Architekten, vor allem Gärtner und Klenze als Vorbild anzugleichen. Die Architektur Kreuters ist der Aufteilung der Wand gewidmet, die er in sehr differenzierten Gliederungen gestaltet. Türen, Fenster, flache Nischen entsprechen klassizistischen Einflüssen, die die Konstruktion auch im Äußeren bestimmen und eine harmonische Flächenaufteilung vermitteln.

Franz Kreuter erbaute in München das Wohnhaus von Wilhelm von Kaulbach und das Palais des Grafen Schönborn in der Münchner Ottostraße 9. Weiterhin gestaltete er den Promenadenplatz und widmete sich den Brückenbauten. Schließlich folgten große Eisenbahnprojekte.

1849 nach München zurückgekehrt, erbaute er für König Maximilian II. die Villa auf der Roseninsel im Starnberger See. Kreuter wurde weiterhin von klassizistischen Details Klenzes und Sempers bestimmt, er ging nach Venedig und später nach Wien und entwarf 1879 für König Ludwig II. von Bayern eine Villa bei Sirmione am Gardasee, die jedoch nicht ausgeführt wurde.

Ministerpräsident Lutz sah die Angelegenheit um Graf Dürckheim-Montmartin und die öffentliche Mitteilung des Hochverräters gegen ihn „als eine traurige Bilanz und als eine absolute Störung seiner Pläne“ an (Wöbking S. 100 ff).
Graf Dürckheim-Montmartin war am 11.6.1886 in München als Hochverräter verhaftet worden, der Einspruch Bismarcks war für ein damaliges politisches Ränkespiel sehr heftig gewesen (Zitat K. A. von Müller, S. 661, Süddeutsche Monatshefte).
Aus dem Hinterhalt baute Lutz die Verfolgung des Königs Ludwig II. immer wieder neu auf.

# Johann Freiherr von Lutz der Feind des Königs Ludwig II. von Bayern

Es ist bekannt, dass Bismarck trotz seiner grundsätzlichen Zurückhaltung auch in den letzten Tagen Ludwigs II., mitten in der sich vollziehenden Katastrophe, noch einmal zu einer Äußerung veranlasst wurde. Noch einmal, als ihm die Entmündigung bekannt gemacht wurde, bäumte der Herrscherwille Ludwigs II. sich auf. Er rief in dringenden Telegrammen seinen Flügeladjutanten Graf Dürckheim-Montmartin nach Neuschwanstein zu sich. Er erwog mit diesem selbst den Gedanken, nach München zu gehen und sich persönlich dem Volk zu zeigen; er befahl Dürckheim, außer an Franckenstein, an seinen Kabinettschef und an militärische Behörden, noch einmal von einem nahe gelegenen Tiroler Ort aus an Bismarck um Beistand zu telegrafieren. Bismarck selbst berichtete später, er habe sich mit seinem Arzt Schweninger besprochen und habe dann an den Grafen nach Tirol zurücktelegrafiert: „Seine Majestät soll sofort nach München fahren, sich seinem Volke zeigen und selbst sein Interesse vor dem versammelten Landtage vertreten.“ Zum letzten Mal sein alter Rat. „Ich rechnete so“, führte er in seinem Bericht selber an: „Entweder ist der König gesund, dann befolgt er meinen Rat. Oder er ist wirklich verrückt, dann wird er seine Scheu vor der Öffentlichkeit nicht ablegen. Der König ging nicht nach München, er kam zu keinem Entschluss, er hatte die geistige Kraft nicht mehr und ließ das Verhängnis über sich hereinbrechen.“ Die Entscheidung war gefallen. Nur ein kleines Nachspiel folgte noch. Graf Dürkheim wurde – nicht wegen dieses Telegramms, von dem man in München sichere Nachricht hatte, sondern wegen seines allgemeinen Eintretens für den König – noch vor dem Tod Ludwigs II. in München wegen Hoch- und Landesverrates verhaftet. „Als Fürst Bismarck dies erfahren hatte“, berichtet Graf Lerchenfeld, „ließ er mich kommen und beauftragte mich, in seinem Namen der bayerischen Regierung den Rat zu erteilen, Dürckheim sofort in Freiheit zu setzen. Er begründete den Rat damit, dass es bei den deutschen Bundesfürsten den übelsten Eindruck machen würde, wenn ein persönlicher Adjutant eines Fürsten, weil er mit Recht oder Unrecht für seinen Herrn eingetreten sei, verfolgt würde. Im Interesse der Stellung des Prinzregenten im Kreise der Bundesfürsten sollte dies unterbleiben. – Ich gab den Rat gerichtlich weiter, und man ließ Dürckheim frei.“
Es ist noch einmal der Vorkämpfer und Verteidiger eines deutschen Königtums, dessen Wort wir hier hören (Süddeutsche Monatshefte, H. 9, 29. Jahrgang, Juni 1932).

JOS. LEEB
MÜNCHEN
K.K.Oester. Hofphot.
Schönfeldstrasse 18.

# Die Feinde des König Ludwig II. von Bayern

Die Entstehung neuer, politischsozialer Gruppierungen ist legitim, ebenso die Reaktion auf gravierende, kulturelle Ungleichheiten.
Die Zeit insbesondere der 70er und 80er Jahre des 19. Jahrhunderts unterlag entscheidenden Veränderungen der Lebensverhältnisse. Vor allem in den 80er Jahren kam es zum Bruch des Bürgertums mit unscharfen liberalen Zielsetzungen und den kapitalistischen Ideologien, die einen rasanten Wertverlust mit sich brachten: Damit verlor der Fortschritt an Zugkraft. Die bürgerliche Klasse hatte in Bayern eine viel stärkere Bindung zum Land, und die gewachsene kulturelle Eigenständigkeit blieb erhalten.

König Ludwig II. war ein Souverän, der die kulturelle Eigenständigkeit vertrat und optisch und äußerst real dem Volk der Bayern vermitteln konnte.

Die Abneigung gegen Ludwig II., die aus den Reihen der preußischen Neudenker kamen und die äußerst verschwommen ein wenig Konservatismus mit linksliberalen Utopien mischten, zeichnet sich von Anfang an durch eine aggressive und oftmals drohende Einstellung aus, die auch den König nicht schonte.

Das Anti-Prinzip, das sie als Emanzipation der brachliegenden Fortschrittlichkeit als angeblich politische Kraft einbrachten, war so etwas wie eine Verdichtung des neuen, allerdings nicht näher beschriebenen Lebensgefühles, für welches gekämpft werden sollte.
Der schleichende Verfall der linksliberalen Regierung Lutz in Bayern, im Zusammenwirken mit den rückwärtsgewandten Konservativen des Hochadels, bedeutete einen Niedergang. Dagegen musste politisch etwas unternommen werden, es musste eine spektakuläre Situation geschaffen werden, um von dem Abdriften der versagenden Politik abzulenken. Die materiellen und politischen Gewinner des Ministeriums Lutz sahen Gefahren in der Person des Königs. Man warf dem König vor, dass er den Umgang mit Menschen aus den so genannten gebildeten Ständen verabscheute, und es wurde am 9. Januar 1883 nochmals ausdrücklich in dem Entmündigungsgutachten hervorgehoben, der König verzichtete „fast auf jeden Umgang mit Gebildeten“.
Ausgerechnet das linksliberale Kabinett des Ministers Lutz betonte, dass dieser Umstand die Gefühle des „treuen Volkes“ verletzte.

Johann von Lutz
Radierung um 1880

Die Kraft, die der König entwickeln musste, um mit den Widerständen fertig zu werden, führte zu einer Art Unnahbarkeit, denn die empfindsamen Anlagen, der Sinn für die bildenden Künste, insbesondere auch für die Literatur, konnte Ludwig II. von Bayern nur weiterführen, indem er sich von der gnadenlosen, abstrakten Hofkamarilla abschloss.

Es sollen hier nur einige der Widersacher gleichsam als „Vorgeschmack" zum Kapitel „Feinde des Königs" vorgestellt werden. Der Zusammenschluss der Personen Minister von Lutz, Graf Holnstein, Dr. von Gudden, Graf Crailsheim verfolgte gegenüber der Person des Königs eine gezielte und lange vorbereitete Anklage. Liest man die Anklage, so stellt man fest, dass die Fairness zu kurz kommt. Minister Lutz war ein politisch schwankender Enthusiast, der sich oftmals opportunistisch dem neupreußischen Machtwillen unterwarf, immer dann, wenn auch etwas für ihn dabei herauskam. Er war aber andererseits auch stets bereit, wenn es sich machen ließ, sich dem rückwärts gewandten Adel in Bayern anzubiedern.

Graf Holnstein war Minister Lutz in dessen Auffassung verwandt, obwohl sein Opportunismus noch ausgeprägter war. Die nach 1870/71 entstandene Nachkriegseuphorie nutzte er aus, er fühlte sich im Wilhelminischen Deutschland zu Hause. Gelüste der Macht bestimmten sein Wesen und leiteten sein Handeln, nichts weniger als den großen politischen Wurf wollte er erzwingen. Wie weit er tatsächlich Verrat an seinem König betrieb, werden weitere Quellen erbringen müssen. Jedenfalls wurde ihm das Prinzip der Verunglimpfung zu einer scharfen Waffe.

Der Irrenarzt Dr. von Gudden unterlag subjektiven Stimmungsreizen. Er sah in seiner praktischen wissenschaftlichen Tätigkeit ein Zeichen der gesellschaftlichen Zukunft und vor allem seines persönlichen Aufstiegs. Er wollte über seinen Beruf hinaus Anerkennung und Macht erreichen. Darin glich er Lutz und Graf Holnstein. Gudden diagnostizierte nicht nur als Facharzt die Krankheit, sondern auch das politische Umfeld. Der Irrenarzt unterlag in seiner wissenschaftlichen Forschung ebenso wie die damalige technische Umwälzung gewissen Erfolgszwängen. Politisch sympathisierte er mit klassengegensätzlichen Utopien, und die Nichtachtung des Monarchen ist jene kritische, medizinische Sicht, mit der er von Prinz Otto von Wittelsbach auf Ludwig II. schloss. Die sich formierende kapitalistische Idee der Zeit, die vorbürgerlichen Machtverhältnisse schon um 1870 beflügelten ihn. Er trat bereits zu dieser Zeit der Vorstellung von Minister Lutz nahe; die von Gudden in pathetischem Ernst vorgetragene wissenschaftliche Untersuchung von Prinz Otto war ihm Fundamental-Anklage auch gegen den König. Die Krankheit Prinz Ottos wurde mehr und mehr ein tragischer medizinischer Fall, der damit umso leichter auf König Ludwig II. übertragen werden konnte.

Die politisch ehrgeizigen Ziele Guddens zeigen allgemeinmenschliche Schwächen. Diese Vorgaben mussten zu einem Drama führen, denn die Geltungssucht des Irrenarztes Gudden hatte zu einer Situation geführt, von der letztlich nicht einmal mit Sicherheit zu sagen ist, ob er sich nicht sogar als Opfer bewusst mit einkalkulierte.

Dr. Bernhard von Gudden
Stahlstich 1875/80

# Johann Freiherr von Lutz (1826 – 1890) führt den Staatsapparat gegen den König Ludwig II. von Bayern

Lutz betrieb gegen seinen König, dem er alles zu verdanken hatte, eine Strategie des vollkommenen Unterganges.
Ludwig II. kannte die Proklamation vom 10. Juni 1886 nicht, die die Einsetzung von Luitpold, seinem königlichen Neffen, erklärte. Dieser musste nur seinem ebenso bösartigen wie ihm ergebenen Freund Freyschlag die Zügel überlassen, der im geheimen Staatsakt dem König die letzten Chancen nahm.

Die Gruppe um Lutz, Gudden, Holnstein und Freyschlag führte einen ganzen Staatsapparat mit allen niedrigen Methoden gegen den König und untergrub damit planmäßig dessen Gesundheit.

Lutz war als Minister ein unerfreulicher Zeitgenosse, seine geringe Menschenkenntnis, sein krankhafter Machtwille führten ihn ins Abseits. Immer dann, wenn ihm König Ludwig II. beistand, bereitete er den Tod des Monarchen vor. Die Langzeitbosheit des Ministers wurde bestärkt durch fahrlässige Mitteilungen des Kreisirrenarztes Gudden, durch das niederträchtige und betrügerische Auftreten des Grafen Holnstein, durch dunkle Gewalt der Geheimkanzlei der Exzellenz von Freyschlag und den Kräften im Hintergrund sowie durch die schwammige Politik des Staatsministers Crailsheim. Lutz war umgeben von Gewalttätern, mit denen er sehr gut auskam. Dennoch hatte Lutz Bedenken, denn er entnahm aus den Ludwig II.-Archiven Teile von dessen Tagebüchern um sie zu „pausen", da er fürchtete, dass sich eines Tages die Wahrheit durchsetzen könnte. Bismarck nannte die Gruppe der Königsvernichter „die Büttel des Irrenhauses" (K.A. von Müller, Süddeutsche Monatshefte, Heft 9, 19. Jg., Juni 1932, S. 660).

**Lutz vermerkt in einer ministeriellen Vorlage am 6.1.1886, „ich (Lutz) habe ihm (dem König) nichts geschenkt".**

Johann Freiherr von Lutz
Links 1869

Lutz wurde am 4. Dezember 1826 zu Münnerstadt in Unterfranken als Sohn eines Schullehrers geboren. Er studierte von 1843 bis 1848 an der Würzburger Universität Jura und wurde 1852 Assessor, um 1854 ein Richteramt beim Kreis- und Stadtgericht in Nürnberg zu übernehmen. 1857 wurde er als Protokollführer der in Nürnberg tagenden Konferenz für die Bearbeitung eines deutschen Handelsgesetzbuches beigezogen. Bei Verlagerung des Verlages nach Hamburg begleitete er mit Verbissenheit den Aufgabenbereich und ergänzte die Abteilung Seerecht. Lutz gab aufgrund seiner ehrgeizigen Spezialtätigkeit 1861 die Konferenzprotokolle der Handels- und Seerechts-Konferenz heraus und verfasste dazu einen Kommentar, zusätzlich zu dem Einführungsgesetz für das allgemeine deutsche Handelsrecht, erschienen Würzburg 1863-66. Nach der Rückkehr nach Bayern wurde er Mitarbeiter im Justizministerium, und am 1. Januar 1863 erhielt er von König Max den Auftrag, als Sekretär in seinem Privatkabinett tätig zu sein. König Ludwig II. wählte ihn im Dezember 1866 zum Chef des Kabinetts. Aber schon am 1. Oktober 1867 übernahm Lutz das Justizministerium und führte unter großen Schwierigkeiten eine neue Zivilprozessordnung in Bayern ein. Am 20. Dezember 1867 übernahm er zusätzlich in einer Art Ämterrausch das Kultusministerium. „Johann von Lutz“ der 1869 zusätzlich sogar noch Minister des Inneren, zuständig für Kirchen- und Schulangelegenheiten geworden war, wurde zu einer führenden Persönlichkeit des Kulturkampfes nicht nur in Bayern, sondern auch im ganzen Reich (Karl Möckl, Die Prinzregentenzeit, München/Wien 1972, S. 37 ff).

Johann Freiherr
von Lutz
1880

Lutz nahm an den Verhandlungen über die Gründung des Deutschen Reichs in Versailles teil und schwenkte schon dort auf die Linie der Bismarck-Doktrin ein. Bei der Neubildung des Ministeriums im August 1871 gab Lutz zwar das Justizministerium ab, behielt aber im neuen Kabinett Hegenberg-Dux das Kultusministerium.

Karl Möckl schreibt in seinem Buch „Die Prinzregentenzeit“, S. 48: „Das Wesen des Systems Lutz bestand im Kern in einer obrigkeitsstaatlichen reichstreuen Politik und in der unbedingten Erfüllung der Ausnahmegesetzgebung des Kulturkampfes.“
„Rückhaltlos, um nicht zu sagen fanatisch, wurde Minister von Lutz dabei von den Führern des Liberalismus in Bayern, an hervorragender Stelle von Schauß, Fischer, Stauffenberg und Völk, unterstützt. Die durch diese Männer repräsentierte Führungsschicht Großbürgertum und Ministerialbürokratie – begriff sich allein als staatstragend. Sie hatte in der Opposition zur Mehrheit des Landtages und durch ihre staatsautoritäre Gesinnung längst konservative Züge angenommen. Insofern konnte sie auf Betreiben von Schauß die Wendung Bismarcks zum Konservatismus, 1878/79, zunächst ohne Schwierigkeiten mitvollziehen – allerdings war, wie sich bald herausstellte, mit dieser politischen Veränderung im Süden kein Wandel der gesellschaftlichen Machtstruktur verbunden. Gerade das aber lag im erklärten Interesse des Reichskanzlers. Er wollte mit Hilfe reaktionärständisch-autoritärer Maßnahmen die Parteien als politische Kräfte zerschlagen, sie zu rein gesellschaftlich-wirtschaftlichen Gebilden herabdrücken, um so den Staat von ihrem Druck zu befreien. Es lag an der unterschiedlichen Sozialstruktur, wenn sich diese Absicht in Bayern nicht verwirklichen ließ“ (vgl. auch K.A. von Müller, Süddeutsche Monatshefte, H. 9. Juni 1932, S 648 ff).

„Bismarck konnte sich in Preußen auf Schwerindustrie, Großbanken und eine breite konservative, vorwiegend ostelbische Großgrundbesitzerschicht stützen. Bayern war industriell wenig entwickelt. Das Großkapital konnte hier, losgelöst von liberalem Bürgertum und Bürokratie, keine eigenständige politische Kraft entwickeln, ebenso fehlte fast völlig eine einheitliche Großgrundbesitzer-Schicht. ... So wird deutlich, warum in Bayern die Voraussetzungen für den neuen Kurs Bismarcks völlig verschieden waren. Es fehlten hier echte konservative Kräfte als Alternative sowohl zum herrschenden National-Liberalismus als auch zur radikalbäuerlichen Bewegung.“

Lutz hatte sich zum Ziel gesetzt, die konservativ katholische Strömung in Bayern zu reduzieren und nicht zur Wirkung kommen zu lassen. Er veranlasste, den so genannten Kanzel-Paragraphen durch Bundestag und Reichstag im November 1871 zu festigen, und er wandte sich stets gegen die Macht des Klerus. Er bekämpfte in Bayern im Bismarck-Rausch vor allem den Alt-Katholizismus und unterdrückte mit großer Energie jegliche Toleranz. Lutz zog sich damit in Bayern den Hass der kirchentreuen Bevölkerung zu. Katholische Kreise richteten im Landtag ihre heftigsten Angriffe gegen Lutz und forderten wiederholt in Adressen an den König seine Entlassung. Ludwig II., König von Bayern, lehnte jedoch dieses Ansinnen nicht nur ab, sondern ernannte hochherzig Lutz 1880 auch noch zum Präsidenten des Ministeriums und erhob ihn 1884 in den erblichen Freiherrenstand. Durch dieses Entgegenkommen gab er Johann Freiherr von Lutz die Möglichkeiten erst an die Hand, besonders scharf gegen den König vorgehen zu können. Lutz setzte sämtliche Rechtsmittel gegen seinen König und Gönner ein und gewann schließlich den Irrenarzt Gudden zum Komplizen.

Minister Lutz hatte Furcht vor dem König, weil er mit Recht annehmen konnte, dass dieser ihn entlassen könnte (vgl. Lutz, bei Rummel, Kabinettchef a.a.O., S. 169, W. 59).

Doch der König rettete Lutz vor einer Kabinettskrise, indem er ihn im Amte bestätigte (K. Möckl, Die Prinzregentenzeit, München, Wien 1972, S. 61 ff).
„Herr von Lutz hat, wie sich erwarten ließ, fast alle Sympathien der liberalen Partei durch diese Entscheidung verloren.“ (Karl Möckl, S. 67).
Zur Absicherung im Staatsapparat gewann Lutz Staatsminister Graf Crailsheim, als Mann fürs Grobe den zwielichtigen Grafen Holnstein. Lutz setzte viel zu stark auf Konspiration seiner Einzelkämpfer. „Darüber hinaus musste durch das Lutz’sche Verordnungsregiment die Übernahme der Regierung drückend werden und die Volksvertretung in einer Kümmerrolle bleiben. Der Einfluss von Lutz setzte sich bis zur Einsetzung der Regentschaft 1886 durch.“ (K. Möckl, S. 38, Die Prinzregentenzeit, München, Wien 1972, S. 61 ff).

Rechts: Johann Freiherr von Lutz, am Schreibtisch sitzend, um 1880 (Fotografie), München, Privatbesitz

Johann Freiherr von Lutz wurde zum Hauptankläger im Rahmen der Konspiration gegen König Ludwig II., er erlangte eine mächtige Stellung in seinem Ministerium, denn er hatte in der Ämterbesetzung vorgesorgt. Daher soll er hier nochmals vorgestellt werden und es werden weitere Wiederholungen für sinnvoll gehalten, um die schillernde Vielfalt dieses Mannes zu hinterfragen. Wie schon oben bemerkt, wurde er als Protokollführer der in Nürnberg tagenden Konferenz für die Bearbeitung eines deutschen Handelsgesetzbuches hinzugezogen. Dieser Art von Arbeit blieb er weiterhin treu, er ging nach Hamburg, um das Seerecht in der Hansestadt zu bearbeiten. Die in der Folge durchgeführten Konferenzprotokolle der Handels- und Seerechtskonferenz wurden mit dem Beitrag zum bayerischen Einführungsgesetz für das allgemeine deutsche Handelsgesetzbuch (Würzburg 1863-66), von ihm herausgegeben. Nach der Rückkehr des Lutz nach Bayern wurde er als Eleve in das Justizministerium berufen und am 1. Januar 1863 von König Max zum Sekretär in dessen Privatkabinett ernannt. König Ludwig II. wählte Lutz 1866 als Chef dieses Kabinetts aus. Aber schon 1867 übernahm Lutz das Portefeuille der Justiz im Ministerium Hohenlohe und führte unter großen Schwierigkeiten eine neue Zivilprozessordnung in Bayern ein.

Auffällig waren dabei seine intensive Arbeitsweise, sein Durchhaltevermögen und seine Zähigkeit. Bei der Neubildung des Ministeriums im August 1871 gab Freiherr von Lutz die Justiz ab, behielt aber im neuen Kabinett Hegenberg-Dux das mit dem beginnenden Kulturkampf besonders wichtige Kultusministerium. Freiherr von Lutz hatte sich die Aufgabe gestellt, den Klerus zu bekämpfen. Er veranlasste in dem Beschluss der so genannten Kanzler-Paragraphen durch Bundesrat und Reichstag im November 1871 Resolutionen gegen das politische Ausgreifen des Klerus. Lutz betrieb eine gezielte Politik, die er der Machtfülle des Klerus entgegenstellte. Damit zog er sich den Hass der extremen Ultramontanen zu. Diese richteten im Landtag ihre heftigsten Angriffe gegen ihn und forderten wiederholt in Adressen an den König seine Entlassung. Ludwig II., König von Bayern, lehnte dieses Ansinnen nicht nur ab, sondern ernannte ihn 1880, nach dem Pfretzschen Rücktritt, sogar zum Präsidenten des Ministeriums und erhob ihn 1884 in den erblichen Freiherrenstand. Dessen ungeachtet betrieb Johann Freiherr von Lutz die Kampagne gegen König Ludwig II. in einer fast typischen Aktivität. Als der König ihn 1884 in den erblichen Freiherrenstand erhob, hatte Lutz dessen Untergang bereits vorprogrammiert. Diese unglaubliche Hinterhältigkeit führte in letzter Konsequenz 1886 zu den Ereignissen in der Todesnacht von Ludwig II. in Schloss Berg am Starnberger See. Um die Gestalt, die Figur des Machers Lutz verstehen zu können und um die moralische Haltlosigkeit, derart aus dem Hinterhalt zu agieren, zu verstehen, muss nochmals auf die manische Veranlagung des Freiherrn Lutz eingegangen werden: Der Ehrgeiz war krankhaft, der Ämtertausch gefährlich, der zum Minister erhobene Streber war dennoch mit sämtlichen beruflichen Erfolgen unzufrieden. Wir wiederholen daher nochmals die Erfolgskette der Prüfungen, Bewerbungen, der Anerkennungserfolge, die manisch vorangetrieben wurden und die nie zum eigentlichen Abschluss kamen und nicht zum Ziel führten. Ludwig II., König von Bayern, erahnte die hinterhältige Veranlagung des Strebers Lutz und daher, wohl auch aus Furcht, förderte er ihn, der ihm dafür alles nahm – sogar sein Leben.

Fotoausschnitt des Lutz um 1875 Privatbesitz

**Lutz**
**Fotografie-Ausschnitt um 1880 Starnberg/Archiv**

Lutz hat es nie verstanden, eine Stärkung der parlamentarischen Kräfte zu organisieren, vielmehr bewirkte er durch die spätere Beseitigung des Königs, dass die Volksvertretung weiterhin nicht gestärkt wurde durch die Beseitigung der Krone, vielmehr traten nicht verfassungsmäßige Institutionen und gesellschaftliche Gruppeninteressen in den Vordergrund. (Karl Möckl, Die Prinzregentenzeit, München/Wien 1972, S. 40).

„Das Wesen des Systems Lutz bestand im Kern in einer obrigkeitsstaatlichen, bismarcktreuen Politik und in der unbedingten Erfüllung der Ausnahmegesetzgebung des Kulturkampfes. Rückhaltlos, um nicht zu sagen fanatisch, wurde Minister von Lutz dabei von den Führern des Liberalismus in Bayern, an hervorragender Stelle von Schauß, Fischer, Stauffenberg und Völkl unterstützt. Die durch diese Männer repräsentierte Führungsschicht – Großbürgertum und Ministerialbürokratie – begriff sich allein als staatstragend. Sie hatte in Opposition zur Mehrheit des Landtages und durch ihre staatsautoritäre Gesinnung längst konservative Züge angenommen. Insofern konnte sie auf Betreiben von Schauß die Wendung Bismarcks zum Konservatismus 1878/79 zunächst ohne Schwierigkeiten mitvollziehen. Allerdings war, wie sich bald herausstellte, mit dieser patriotischen Veränderung im Süden kein Wandel der gesellschaftlichen Machtstruktur verbunden (Th. Nipperdey, Interessenverbände und Parteien in Deutschland, in: Moderne deutsche Sozialgeschichte, hrsg. v. H.-U. Wehler, 1966, S. 38 ff).

Bildnis des Reichskanzlers
Otto Fürst von Bismarck
mit Kürassierhelm.

Franz von Lenbach
1836 Schrobenhausen - 1904
München

Farbkreiden, weiß gehöht,
auf Karton
H 65; B 50 cm.

**Gegner des Lutz:**

„Immerhin erfuhren die Vertreter des standesherrlichen Grundbesitzes durch die Wende Bismarcks eine politische Aufwertung und die liberale Führungsschicht insofern eine Schwächung, als die konservativ denkenden kirchlich gesinnten Aristokraten, wie Freiherr von Franckenstein, Prinz Ludwig, Freiherr von Soden, Graf Konrad von Preysing, Fürst Alois und Karl zu Löwenstein-Wertheim Rosenberg u.a. zu den entschiedenen Gegnern des Ministeriums Lutz und der liberalen Ministerialbürokratie gezählt werden konnten." (Karl Möckl, Die Prinzregentenzeit, München/Wien 1972, S. 49).

„Was die Minister Lutz und Crailsheim davon abhielt, die Lage der bayerischen Landwirtschaft strukturell zu bessern oder der Reichsleitung wenigstens ein Stück entgegenzukommen, war die enge Verknüpfung der gesellschaftlichen, wirtschaftlichen und politischen Macht innerhalb der Führungsschicht in Bayern. Konnte Lutz auf kultur- und kirchenpolitischer Ebene noch eine gewisse Lockerung seiner Linie zugestehen, so standen auf wirtschaftspolitischem Gebiet so harte vitale Interessen des nationalliberalen Großbürgertums auf dem Spiel, dass Crailsheim auch nicht im Entferntesten daran dachte und denken konnte, Reformen zugunsten der Landwirtschaft einzuleiten." (Karl Möckl, S. 85).

**Schwächung des Gottesgnadentums:**

„Die Frage der Einsetzung der Regentschaft ist im Rahmen vorliegender Arbeit nur sinnvoll zu behandeln, wenn dadurch wichtige Strukturen aufgezeigt werden können, die wenigstens teilweise die Ära des Prinzregenten Luitpold bestimmten. Es wird zu überprüfen sein, ob dieser Vorgang in politischer, gesellschaftlicher und wirtschaftlicher Hinsicht eine Zensur darstellte. Dabei ist vor allem zu klären, inwieweit die oppositionellen Kräfte im Volk, Landtag und katholisch-konservativem Adel stark genug waren und das politische Format des Prinzen Luitpold ausreichte, um neue Normen für das staatliche Leben in Bayern zu setzen – oder inwieweit es die Tragik des Kabinettspolitikers Johann von Lutz war, vordergründig die Stabilität von Staat und Gesellschaftsordnung nur auf Kosten einer weiteren Aushöhlung des Gottesgnadentums, Schwächung der monarchistischen Idee und Formalisierung des Legitimationsprinzips – letztlich damit auch der Verfassung – zu erreichen." (K. Möckl, S. 87).

„Der König hatte Einfluss auf die Ministerkrisen von 1872 und 1875 genommen. Die politischen Verluste für Lutz, die sich immer wieder einstellten, mussten durch andere Begebenheiten entschärft werden. Lutz hatte darüber nachgesonnen, wie er von seinen politischen Fehlern ablenken konnte. Daher konzentriert er sich auf die Diffamierung des Königs. ... Diese Verhältnisse beunruhigten die regierenden Kreise nicht, denn die Umgebung des Monarchen – besonders umsichtig war Graf Holnstein – sorgte dafür, dass die Öffentlichkeit nichts oder nur Gerüchte erfuhr." Die Anbiederei von Lutz war ungemein vielfältig: „Da erschien der Minister (Lutz) noch als ein ganz anderer Mann. Er erfreut sich bis heute eines geistlichen Privatdiplomaten, der sich damals in Versicherungen erschöpfte, dass sein hoher Freund uns am nächsten stehe." (vgl. Historisch-politische Blätter für das katholische Deutschland, 1889, S. 629 ff).

„Am 22. Oktober 1889 wurden von der Kammermehrheit drei Anträge veröffentlicht, die nicht nur einen vollen Sieg des linken Flügels innerhalb der Zentrumsfraktion widerspiegelten – die Anträge waren von 81 Abgeordneten unterzeichnet –, sondern bereits der Form nach eine eindeutige Kampfansage an die Regierungspolitik bedeuten, und zwar insofern, als sie zumindest was das placetum regium anging, auf Verfassungsänderung abzielte."

Dr. Freiherr von Lutz
kgl. Staatsminister,
um 1875

**Vorgaben zur Entmündigung Ludwigs II.:**

„So aber von oben jedenfalls doppelt gedeckt, durch Bismarck und durch Luitpold, konnte Lutz zur Tat schreiten. Am 1. Juni begannen die geheimen Vernehmungen des Dienstpersonals und der Kabinettschefs; nur Dürckheim widersetzte sich ihnen, indem er dem Kriegsminister, der ihn vorlud, erklärte, falls man ihn über den König ausfragen wolle, werde er diesem unverzüglich Meldung erstatten, worauf der General sofort vom Wetter sprach."

**Kabinettskasse:**

„Ludwig befolgte diesen Rat ohne Zaudern, indem er Lutz befahl, dem Landtag möglichst rasch eine Vorlage zur Sanierung der Kabinettskasse zuzuleiten – ein Befehl, durch den aber der Minister verständlicherweise in Verlegenheit geriet." (vgl. Werner Richter, Ludwig II., König von Bayern, München 1993 (zuerst: 1939), S. 293f).

Prinzregent Luitpold von Bayern
um 1886
Foto-Lithographie

Die Staatsgeschäfte nahmen ungehindert ihren Lauf. Mehr noch, die angebliche Krankheit Ludwigs II. war zum Gegenstand des politischen Kalküls geworden. Erst seit Ende der 70er und Anfang der 80er Jahre, als die Gerüchte zu greifen begannen, stand die Regierung dabei unter nicht geringem Druck, da eine Regentschaft des ultramontanen Prinzen Luitpold und das Umschwenken einflussreicher Männer auf seine Seite in eine Gefährdung des Ministeriums Lutz zu münden drohte, so dass Lutz seine Maßnahmen gegen den König verschärfte.

Johann Freiherr von Lutz um 1880
Fotografie nach einer Kaltnadel-Radierung

Zu diesem Punkt schrieb der preußische Gesandte: „Vor 6 Wochen, nach seinem (des Königs) 14-tägigem Aufenthalt in der Stadt, war in reichsrätlichen Kreisen die Rede von einer Regentschaft wie von einer Sache, die sich von selbst verstünde. Bei Toerring auf der Jagd bin ich fast von nichts anderem unterhalten worden. Man erzählt allerhand wunderliches Zeug: ... Heute ist das Gerede in jenen Kreisen wieder verstummt, wird aber sehr viel in bürgerlichen Kreisen herumgetragen und man kann sagen, dass der Aufenthalt in der Stadt dem König großen Schaden getan hat. (Feilitzsch leugnet die Wahrheit jener Geschichten und lehnte ein Fortschreiten des Krankheitszustandes des Königs ganz ab und sucht hinter denselben ultramontane Einflüsse auf die öffentliche Meinung ...“ (Politischer Bericht des österreichischen Gesandten, Freiherr Karl von Bruck, vom 30. Nov. 1877, Haus-, Hof- und Staatsarchiv Wien, Politisches Archiv IV, 44).

Das Ministerium mit seinen Unterabteilungen war stets bedacht, dass der König nicht nach München kommen sollte, da es die Staatsgewalt allein ausüben wollte. Dieses lässt die Doppelbödigkeit des ministeriellen Verhaltens erkennen. Ludwig II. fragte den Innenminister, ob er nicht unter den gegebenen Verhältnissen nach München kommen sollte, jedoch dieser wiegelte ab. Als Ende März 1886 die Patrioten-Partei im Münchner Magistrat den Antrag einbrachte, den König im Namen der bayerischen Hauptstadt zu bitten, in die Residenz zu kommen, wurde dies abgelehnt.

Das Kabinett Lutz zeigte Abnutzungserscheinungen und Bismarck kannte diese Erscheinungen, so dass Lutz gewisse Konsequenzen ziehen musste. Lutz suchte in der langsamen Konspiration gegen den König einen Ausweg um abzulenken, denn die wachsende Opposition in der konservativ-katholisch-aristokratischen Linie Bayerns war kaum noch aufzuhalten. Die oppositionellen Kräfte konnten nur durch eine straffere Politik unwirksam gehalten werden. Lutz versuchte daher, die Person des Königs in den Mittelpunkt seines politischen Kalküls zu stellen, um einen Ausgleich sonstiger politischer Verluste in bestimmten Kreisen vorzeigen zu können. Auch Lutz schwenkte auf die Gerüchte-Inflation über Ludwig II. ein. Die Regierung musste daher eingreifen. „Sie stand dabei unter nicht geringem Druck, da eine Regentschaft des „ultramontanen" Prinzen Luitpold und die Schwenkung einflussreicher Männer zu seinen Gunsten in eine Gefährdung des Ministeriums Lutz zu münden drohte." (vgl. K. Möckl, S. 89).

Bismarck durchschaute das Vorgehen des Ministeriums von Lutz und stellte fest, dass es weniger um die Interessen der Krone als um die eigenen ging. Lutz hatte jedoch bereits die Fronten gewechselt und fühlte sich sicher. „Es fanden ... sehr vertrauliche Besprechungen zwischen Prinz Luitpold und Herrn von Lutz statt, die zu dem Resultat führten, dass Prinz Luitpold sich bestimmt dafür ausgesprochen hat, er würde, im Falle er an die Spitze einer Regentschaft treten müsse, unbedingt das derzeitige Ministerium beibehalten und gar keine Personalveränderung in demselben vornehmen. Seitdem es Herrn von Lutz gelungen ist, das ganze Vertrauen des Prinzen Luitpold zu gewinnen, ist die Möglichkeit einer Regentschaft viel näher gerückt." (Brief Brucks an Freiherrn Gustav Sigmund Kalnocky vom 5. Febr. 1886, HH St. R. Wien, PA IV, 48).

Lutz hatte hohe Ämter inne und wollte auch ein wenig wie Ludwig XIV. leben. Dazu schrieb das Fränkische Volksblatt am 5. Juni 1886: „Minister von Lutz ließ seine Kinder auf Kosten des Königs in der Pagerie erziehen, seine Kreaturen (darunter auch Gudden), erhielten Würden und Orden, sein Freund Türk wurde noch vor Torschluss (Gefangennahme des Königs) zum ‚Ritter' gemacht." Lutz war von einem krankhaften Ehrgeiz erfüllt. Werthern sagte dazu: „Unserem dicken Freund Lutz geht der Anus sehr auf Grundeis und der Abschied von der süßen Gewohnheit des ministeriellen Daseins und dem affolierten Wildpark in Anzing wird ihm entsetzlich schwer."

Auch machte sich der Aristokrat Werthern vielfach über den Emporkömmling Lutz lustig, so über dessen Jagdleidenschaft: „In Schliersee wird nun folgendes Schnaderhüpferl gesungen: ‚Der Minister von Lutz, der gibt koane Ruh' und schießt er koan Treiber, so schießt er a Kuh.'" Auch Freiherr von Bruck berichtete ähnlich: „Die Liebe des Ministers von Lutz zu seiner Stellung ist eine allgemein bekannte Tatsache und einige seiner Kollegen hegen das gleiche Gefühl; daher ist in diesem Moment eine <u>originelle Ängstlichkeit</u> bei allen Herren <u>Staatsministern</u> wahrzunehmen." (vgl. Briefe Werthers an Rantzau v. 19. Okt. und 28. Nov. 1881, Bismarck-Archiv Friedrichsruh; Politischer Bericht Nr. 15 E. Brucks an den Freiherrn Kalnoky v. 1. Mai 1886, Haus-, Hof- und Staatsarchiv Wien, Politischer Bericht IV, 48).

Fürst Otto von Bismarck, der Eiserne Kanzler
Lithographie um 1880

Noch 1884 hatte Ludwig II. Lutz in den erblichen Adel erhoben. Er wollte so sein Kabinett gegen den Einfluss der starken konservativen Kräfte in Bayern schützen und ahnte dabei nicht, dass er sich damit den eigenen Todesstoß versetzt hatte. Von Gudden erkannte die skrupellose Staatsmacht und verriet seine Wissenschaft, indem er gegen den Eid des Hippokrates und seiner Fakultät verstieß.

*Dr. von Gudden um 1872*

Gudden rühmte sich damit, eine Methode aus England, die „No-restraint-princips“ übernommen zu haben. Es handelt sich dabei um eine krankenfreundliche Behandlungsmethode ohne mechanischen Zwang. Gegen diese Methode jedoch verstieß Gudden, als er den König auf Schloss Neuschwanstein mit Gewalt gefangen nehmen ließ (Geheimes Hausarchiv GHA 36/1/4).

*Otto von Bayern um 1860*

Die Nichtachtung gegenüber einem großen europäischen Herrscherhaus zeigte sich schon in der Verachtung des Patienten Otto. Es kam aber noch schlimmer. Von Gudden übertrug die Ergebnisse der ehrverletzenden pseudowissenschaftlichen Fallstudie, die er mit seinem Patienten Otto betrieb, auf den regierenden König Ludwig II., denn wie ein Menetekel sollte der erbliche Wahn wissenschaftlich abgesichert werden. Von Gudden, der „Seelenarzt“, wie er sich fühlte, verstieß damit gegen alle ethischen Grundsätze der Medizin seiner Zeit. Von Gudden reihte sich damit ohne Hemmungen als Scherge in das politische Intrigenspiel ein und kam folgerichtig in diesem um.

Der Kanzler des Reiches, Fürst Bismarck, fühlte sich durch die Tötungserwägungen (Bismarck war über die Vorgänge in München genauestens informiert) angewidert. Bismarck vermerkte dazu in einem Brief: „Der Irrenarzt als Königsbeseitiger bleibt bedenklich“. In die Anklage wegen Hochverrats gegen den getreuen Flügeladjutanten des Königs Ludwig II., Graf Dürckheim-Montmartin, hatte sich Bismarck eingeschaltet, um dessen Leben zu retten (Geheimes Staatsarchiv München, Bayerisches Gesetz- und Verordnungsblatt, 24. Mai 1886).

*Fürst Otto von Bismarck um 1885*

Wie man auch andernorts das Ministerium Lutz einschätzte, ist interessant, so brachte der Gesandte Freiherr von Bruck sein Wissen um Lutz in folgenden Sätzen auf den Punkt: „Das Ministerium Lutz mag bezüglich der Regentschaft recht gehandelt haben, aber die Ausführung war nicht nur eine wenig überdachte, sondern in jedweder Beziehung eine vollkommen mangelhafte, um nicht mehr zu sagen. ... Je schwieriger die Lage war, umso umsichtiger hätte vorgegangen werden sollen: statt dessen hat man sich vielmehr um München anstatt um die Person des verstorbenen Königs gekümmert ...".(vgl. Brief Eulenburgs an H. v. Bismarck, v. 17. Juni 1886; Bericht Berchems an den Reichskanzler vom 23. Juni 1886, beide Friedrichsruh, Politischer Bericht Nr. 40 Brucks v. 27. Juni 1886, Haus-, Hof- und Staatsarchiv Wien, Bismarck-Archiv IV, 48).

*Johann von Lutz um 1870*
*Farblithographie*

„Was Minister Lutz und Crailsheim davon abhielt, die Lage der bayerischen Landwirtschaft strukturell zu bessern oder der Reichsleitung wenigstens ein Stück entgegenzukommen, war die enge Verknüpfung der gesellschaftlichen, wirtschaftlichen und politischen Macht innerhalb der Führungsschicht in Bayern. Konnte Lutz auf kultur- und kirchenpolitsicher Ebene noch eine gewisse Lockerung seiner Linie zugestehen, so standen auf wirtschaftspolitischem Gebiet so harte vitale Interessen des national-liberalen Großbürgertums auf dem Spiel, dass Crailsheim auch nicht im Entferntesten daran dachte und denken konnte, Reformen zugunsten der Landwirtschaft einzuleiten." (K. Möckl, S. 85).

Der König rettete Lutz vor einer Kabinettskrise, indem er ihn im Amte bestätigte (K. Möckl. S. 61).

„Herr von Lutz hat, wie sich erwarten ließ, fast alle Sympathien der liberalen Partei durch diese Entscheidung verloren." (K. Möckl, S. 67).

*Freiherr von Crailsheim um 1875*
*Radierung*

Sich voll auf den Prinzen Luitpold zu stützen, kennzeichnete tatsächlich zu einem späteren Zeitpunkt den Weg, den Lutz beschritten hatte. Nämlich die Krise, nicht nur eine Landtagsvorlage in Gang zu bringen, sondern Luitpold aus seiner passiven Rolle zu drängen, so dass von ihm als erstem Agnaten der Anstoß ausging; dabei war das Kunststück zu vollbringen, den Prinzen aus seinen bisherigen Bindungen an Patrioten- und Hofpartei zu lösen und ihn unter den Einfluss des Ministeriums zu bringen. Im Hinterhalt mit Verdrehungen und politischen Querläufen brachte es Lutz immer wieder fertig, seinen Opportunismus zum politischen Ziel zu erheben (vgl. Möckl, S. 137). Lutz streute willkürlich Gerüchte aus, um dem König zu schaden.

„Der Kaiser und die Reichsregierung zeigten sich von der deutschen Haltung des Prinzen Luitpold befriedigt. Lutz hatte auch die Rundreise des Prinzregenten im Herbst 1886 vorbereitet. Vor allem wurden Orte aufgesucht, wo die liberalen Bürger in der Mehrheit waren, so dass sein Eindruck vom Volk und dessen Gesinnung als wenigstens teilweise manipuliert angesehen werden musste.“ Doch diese Tatsache kam ihm nicht zu Bewusstsein, da er zu sehr von dem Volke abgeschlossen war. Zum Namensfest des Prinzregenten, Oktober 1886, wurde Minister Lutz zum Reichsrat auf Lebenszeit ernannt. Er hatte seine Stellung erneut gefestigt.“

Lutz zog weiter seine Winkelzüge. „Darüber hinaus stand der Regent bzw. die Geheimkanzlei eindeutig auf Seiten des Ministers Lutz und, wie Crailsheim bemerkte, hatte man in Bayern noch nie die Konsequenz des parlamentarischen Systems gezogen und seinen Minister der Kammermehrheit geopfert. Dabei bediente man sich der so einfachen wie unrichtigen Formel, dass dann ein parlamentarisches System vorliege, wenn ein Minister aus der Landesmehrheit berufen werde.“ (vgl. Politischer Bericht, Nr. 26 B, Wredes v. 24. Okt. 1889, Haus-, Hof- und Staatsarchiv Wien, PA IV, 49). Die Eitelkeit Lutzens blieb ungeschmälert. Da er seit zwanzig Jahren daran gewöhnt war, dass in der bayerischen Politik sein Wille umgesetzt wurde und da er nicht mehr den Rückhalt beim Regenten hatte, stützte sich Lutz nunmehr stärker auf Berlin und wurde noch bismarcktreuer. Die Sympathien Crailsheims für Lutz schwanden dadurch zunehmend (vgl. auch Politischer Bericht, Politisches Archiv des Auswärtigen Amtes Bonn, Bayern, 57 Nr. 7; Politischer Bericht Nr. 7 Wredes v. 7. März 1890, Haus-, Hof- und Staatsarchiv Wien, PA IV).

*Fürst Otto von Bismarck, der Eiserne Kanzler*
*Radierung um 1880*

Lutz versuchte sich stets anzupassen (vgl. Möckl, S. 320). Unerwartet trat Lutz von seinem Amt am 31. Mai 1890 zurück. Er hatte Schwierigkeiten mit der Geheimkanzlei und vor allen Dingen mit seinem Kollegen von Crailsheim. Er stand auch nicht mehr im Zentrum der Macht. Das konnte er nicht ertragen. Lutz galt auch als Freund und Anhänger Bismarcks. Die „graue Exzellenz“ von Holnstein mischte sich ein und vermerkte: „Wir sind, wie die Engländer vor Khartum einige Tage zu spät gekommen, um unseren Mann zu retten.“ Man sieht daran, dass Holnstein immer noch im Trüben fischte und sein amateurpolitisches Unwesen trieb (vgl. Möckl, S. 336; Politischer Bericht 13, Brief Wredes v. 10. Mai 1890, Haus-, Hof- und Staatsarchiv Wien, PA IV, 49).

*Johann von Lutz um 1875 Radierung*

Der Verfall des diktatorischen Nationalliberalismus erreichte damit seinen Tiefpunkt, der leitende Minister von Crailsheim 1903 seinen Höhepunkt. Das Kabinett Lutz/Crailsheim hatte die Kluft zwischen der radikalliberalen Führungsschicht und den unteren sowie mittleren Schichten der Gesellschaft vergrößert. Die innenpolitische Entwicklung Bayerns wurde durch den Regenten 1886 nicht gefördert. Die Führungsschicht im Land hatte ihre Handlungsfreiheit nicht zurückgewonnen, das Vorgehen gegen den König Ludwig II. und seine Tötung brachte der Lutz-Regenten-Regierung nicht den erhofften politischen Gewinn.

*Freiherr von Crailsheim um 1875*

Die politischen Maßnahmen, die sich in einem Teil der Königsverfolgung herausbildeten, sind innerhalb der Ludwigforschung noch nicht dargelegt worden.

Graf Holnstein war ein Mann, rein äußerlich gesehen ein Primus des Hochadels, ausgezeichnet mit den hohen Würden einer gesellschaftlichen Klasse, die politisch eine Vormachtstellung einnahm.
Er begann die Stallknechte seiner Exzellenz in eine Art Diktatur des Patriarchats zu führen. Daraus wurde ein unglaubliches Ränkespiel entwickelt, indem der König Ludwig II. von Bayern mit Zoten und anderen Gemeinheiten belastet wurde (K.A. von Müller, Süddeutsche Monatshefte, Juni 1932, S. 648 ff).

Graf Holnstein schuf, angetrieben von persönlichem Hass, ein Bespitzelungssystem und erzeugte so unter den Stallknechten eine Bereitschaft zum Hass gegen den Monarchen. Er führte damit eine politische Negation im Klassenbewusstsein durch, das gegen jegliches Rechtsbewusstsein verstieß. Holnstein schuf einen Zustand der Instabilität, der mit dem Auftrag an die Stallknechte, Zettel mit den angeblichen Untaten des Königs abzugeben, die diesen von der Nationalen Kammer der Reichsräte total diskriminieren sollten, seinen unrühmlichen Tiefpunkt erreichte. Die ungehemmten Äußerungen von primitiven und verhetzten Stallknechten hatten eine verheerende Wirkung. Es war dies ein Auftrag der Negation an die unterste Stufe im damaligen hierarchischen System des Königtums.

Noch schlimmer war das Handeln des Irrenarztes Dr. Gudden, denn dieser hatte mit seinem Untergebenen Dr. Müller ein Edelproletariat von Pflegern oder besser Schlägern geschaffen, die sich auf die gleiche Stufe der Ärzte stellten. Die Pfleger waren eigentlich Irrenwärter in gehobener Stellung, die auf den König herabblickten. Die Besitzlosen, wie die Irrenpfleger Mauder und Hack, wurden in ein erbärmliches Ränkespiel verwickelt, indem man sie ermunterte, nur ihren eigenen Gefühlen zu folgen, um so mittels körperlichen Schmerzen ihre Gleichheitsforderungen durchzusetzen. Die Machtausübung der unteren Klassen gegen den König stellte einen Schrecken und eine unkontrollierte Gewaltanwendung auf allen Gebieten des täglichen und nächtlichen Lebens dar.
Umgehend verfolgten die „Pfleger“ ihre Aufträge gegen den König in diktatorischem Eigenwillen; eine Scheinwelt, die sich auf die „Zwangsaufsicht“ aufbaute, und eine Diktatur einer Hand voll von Politikern entstand nun und schaffte Klassenwirrwarr – und damit das Absterben jeglicher Staatsmacht. Die Folge war der Mord am König. Dr. Gudden, der Direktor der Kreisirrenanstalt München, gewann die auszubildenden Assistenzärzte durch sein Wissen, mit dem er brillierte und indem er überheblich seinen wissenschaftlichen Dünkel als Zwangsmittel einsetzte. Die Gleichschaltung der Assistenten mit dem Hilfspersonal der Pfleger führte in der Gruppierung zu einer feudalen gewalttätigen Medizintheorie. Die Irrenpfleger wurden in ihrer latenten Einstellung zu klassenbezogenen Aufgaben geführt, sie wurden überheblich und steigerten damit ihren Zorn von einer dienenden Hilfe zum Zwang, sie folgten damit letztlich Dr. Gudden. Das Ferngutachten Guddens, das überhebliche Auftreten der Assistenzärzte, auch der Einsatz der Pfleger als Schlägertruppe, waren die Vorgaben des linksliberalen Vordenkers der Tötungsgruppe, Ministerpräsident Dr. von Lutz. Seine Exzellenz Holnstein war ein Wirrkopf, der exzentrisch die Stallknechte seiner Reiterhöfe gegen König Ludwig II. und gegen sich selbst in Stellung brachte (K.A. von Müller, Süddeutsche Monatshefte, Juni 1932, S. 659). Gudden, der Irrenarzt, bezog in seine Strategie gegen den König die untersten Hilfskräfte der Psychiatrie mit ein, er schloss einen Bund mit der brutalen Pfleger-Mannschaft, die täglich den kranken König, ebenso wie zuvor seinen Bruder Otto, bis in alle Niedrigkeiten der alltäglichen Verrichtungen begleiten musste.

Der Frust bestimmte die Arbeit für den reichen Adel und die Brechung dieser Aufgaben bestärkten den Widerwillen gegen die hohe Würde der mit reichen Privilegien ausgestatteten elitären Führungsmannschaft des Minister Lutz. Die Anbiederung seiner Exzellenz Graf Holnstein als Oberststallmeister verdingte sich an die unterste Klasse seiner Stallknechte, die nun über den König hohnlachten.

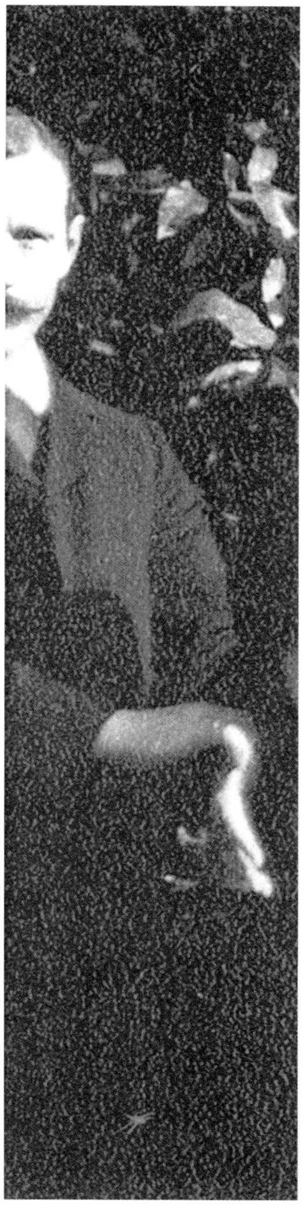

Die weiteren Irrenwärter aus dem Bereich der Gudden-Mannschaft, die auch im Schloss Berg am Starnberger See bereitstanden, hatten großen Einfluss: Es handelt sich hier um den „Pfleger" Hack links und Schneller rechts, sie waren Teil der „schwarzen Bande".

Ihre Handgriffe führten schlagartig in die höchste Schmerzgrenze. Der Griff von „Oberpfleger" Schneller (hier rechts) in den oberen Innenmuskel des linken Oberarms des König Ludwig II., waren geradezu betäubend.

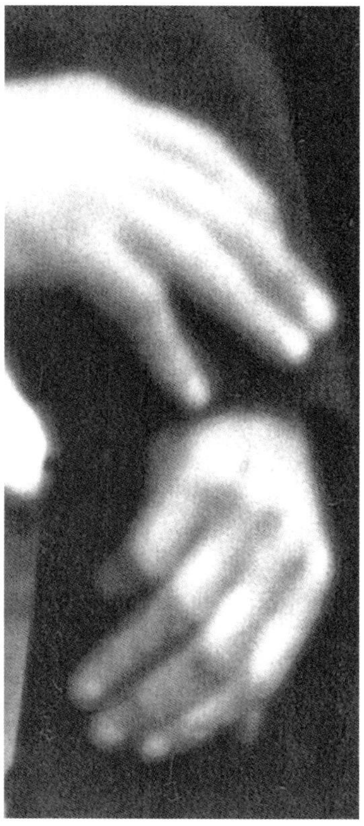

Nachlass:
Dr. Schleiss von Löwenfeld

König Ludwig II. war in Schloss Neuschwanstein von einer größeren Schlägergruppe in einen Schock-Schmerz versetzt worden, um dann schon geistig gebrochen, Gudden vorgeführt zu werden.

# Dr. Bernhard Aloys von Gudden (1824 – 1886) der verlängerte Arm des Ministers Lutz

Staatsminister Lutz hatte seit den 70er Jahren den König im Visier, obwohl Ludwig II. ihm sämtliche Wohltaten zukommen ließ.

Dr. Bernhard Aloys von Gudden,
1824-1886 Stahlstich um 1875/80
Privatbesitz

Auch Gudden erlag dem Machtwillen des Staatsministers Johann von Lutz. Machttrieb verlangt Unterordnung, Minister Lutz führte Gudden in Abhängigkeit und in politische Zwänge, indem er Erfolg versprach.
Lutz hatte eine Gruppe zusammengestellt und übte Kontrolle und Dominanz aus.

**Lutz war angeschlagen, doch er wusste, wer Macht ausübt ist nicht selbst das Opfer – und so wurde der König sein Opfer.**

Dr. von Gudden wurde von seinen Assistenten zunächst als ein systematischer Denker anerkannt. Ihn zeichnete seine scharfsinnige Argumentation aus. Er galt als zuverlässig und der einmal getroffene Entschluss war sicher gefasst und daher unverrückbar. Daher gilt sein medizinisches fragwürdiges Gutachten gegen den König Ludwig II. als besonders verachtungswürdig. Gudden revidierte seine Ansichten höchst selten. Damit war er der geeignete Mann für Lutz. Sorgfältig hatte der Minister Professor von Gudden beobachtet, ehe er ihn einsetzte. Als Irrenarzt gelang es von Gudden, eine Art Durchmarsch durch die Institution zu erlangen. Ein Wahn trieb ihn an. Die Mischung intellektueller Planung und Ausführung, gepaart mit Phantasie und robuster Arbeitskraft, ließen ihn seine einmal gesteckten Ziele schnell erreichen.

Auffallend waren an von Gudden die verkappte Erregung und die Ahnung. „Gudden", so berichtet ein Mitarbeiter und Schüler, Dr. Auguste Forel, „bildete ein sonderbares Gemisch von Genialität und anderen weniger guten Eigenschaften." (Ph. Vandenberg., Die heimlichen Herrscher, München 1991, S. 61).

Gudden hatte, wie viele Psychiater, gewisse „Einflüsse" von seinen Patienten erhalten, die Einfühlung in irre Krankheitssymptome war anregend genug, außermedizinischen Beobachtungen nachzugehen: Machtzuwachs, gebieterischer Wahn beflügelten ihn, als er psychologisch schwankend zwischen brutaler Durchsetzung und anpassender Demut sich zum Chamäleon einer beobachtenden Kamarilla machte, denn Kabinettsdirektor Johann Lutz sah in Gudden seinen verlängerten Arm. Gudden verkehrte bereits Ende der 70er Jahre im Hause des Ministers Lutz.

Lutz, der geniale Negativplaner lockte Gudden und beherrschte ihn mit seinen verdeckten Machtgeschenken völlig. In den nächtlichen Einbestellungen zu jeder Zeit in die Privatwohnung Lutz in die Luisenstraße 6 in München wurde Gudden eingeladen und erlebte ganz privat die Machtfülle des Ministerratsvorsitzenden Lutz in seiner gezielten Verlockung. Er trug seine massiven Annäherungskonflikte vor, bei denen Gudden jeglicher Realitätssinn versagte.
Lutz war ein politisches und menschliches Ungeheuer. Die nächtlichen Sitzungen in seiner Privatwohnung in der Luisenstraße 6 in München waren Treffpunkt der Erpresser und Tötungsvorbereiter in ihrem Machtwahn. Hier plante Lutz, der eine Art „Person des ablaufenden Prozesses" war, seine politischen Entscheidungen. Das Gefährliche an Lutz war, dass er mit den verschiedenen Realitäten innerhalb der Gruppe jonglierte. Lutz war in der Lage durch Reize Annäherungen zu schaffen. Seine völlige Abneigung gegen den König übertrug er in nächtlicher Konspiration auf die Gruppe.
Lutz missbrauchte Gudden als Arzt. Er verlangte am 2. Juni 1886 von Gudden **Nachbesserung** der Belastungen gegen den König, auch Crailsheim war ständig von den geheimen Maßnahmen des Lutz informiert (vgl. auch W. Gudden 1987, S. 185).
Gudden verschloss sich gegen seine eigene Forensik-Forschung und förderte die Zwangsmaßnahmen gegen den König Ludwig II. Er fühlte sich in den engsten Zirkel der **staatlichen Macht aufgenommen**.
Die unlösbaren Konflikte Guddens waren von Lutz bewusst geschaffen. Gudden übersah auch, dass im Mittäter Graf Holnstein eine kriminelle Gewalt steckte, die dieser durchaus anzuwenden gedachte.
Der Ministerrat als Staatsmacht unter dem Einfluss von Lutz stellte eine enorme Machtkonzentration dar. Das Gutachten Guddens nach Aktenlage war der entscheidende Schritt. Nach den Zugriffen der „Schwarzen Bande" in Neuschwanstein war das ärztliche Vertrauen zerstört. Gudden verging sich gegen

den König, da er die Welt des Königs nicht verstehen konnte, wohl aber an dessen Ruhm teilnehmen wollte. Gudden war kein kühl abwartender Gutachter mehr, er wurde von Lutz unter Vorspielung falscher Tatsachen angetrieben und von diesem in eine **lebensbedrohende Aufgabe ohne Sinn und Wiederkehr** verwickelt. Als Gudden im Auerfriedhof zu Grabe getragen wurde, war Gudden für Lutz **abgehakt**. Die nunmehr vermehrt ins Feld geführte Interpretation der Lage als von der Suizidgefährdung des Königs geprägt darf umstandslos als misslungener Beweiswiderspruch in der neuen Guddenforschung gelten. Der Verschluss, die Abtrennung vom täglichen Leben durch gewaltsame Absperrung in Kutschen und im eigenen Schloss im Park von Berg waren Zwang, Freiheitsberaubung und nahmen die kommende Tötung in gewisser Weise schon voraus. Ein verantwortlich fühlender Arzt konnte Gudden gegenüber dem König niemals mehr sein, denn sonst hätte er nicht die Irrenpfleger Mauder und die „Schwarze Bande“ gegen den König eingesetzt. Aber wesentlich bleibt: Gudden distanzierte sich nicht von den verbrecherischen Vorstellungen des Grafen Holnstein. Gudden fühlte sich durch die Machtfülle der Lutz, Holnstein, Crailsheim, Freyschlag in die vorgegaukelte Scheinwelt der Regierung Lutz aufgenommen. Die uneingeschränkte Macht – eine Art Rollenverhalten des Lutz, das ungeahnte Anerkennung für Gudden versprach.

Dr. Bernhard von Gudden, Foto um 1886 Fotografie
Archiv Ludwig II.- Museum, Inv.-Nr. 141 (BSV)

1885

Philipp zu Eulenburg schreibt: „Da sah ich im Nebenzimmer, Dr. Gudden tot; den Ausdruck düsterer Energie auf seinem Antlitz. Ich sah die Narben auf seiner Stirn, die **fürchterlichen Strangulationsmarken** an seinem breiten Hals.“ – Die Zurückhaltung von Informationen über den getöteten König ist eklatant. Wöbking spricht dennoch von einer offenen Informationspolitik der Staatsregierung, ein klarer Irrtum (Wöbking, S. 188).

Hier trafen sich zwei für das 19. Jahrhundert durchaus stellvertretende Gestalten, die, von Machtwillen getrieben, vor gar nichts zurückschreckten. Lutz, ein guter Schachspieler, suchte und fand in seinem Spiel „Schach dem König“ im Irrenarzt von Gudden das Bauernopfer, er führte gewissermaßen jenen Spielzug aus, der von Philidor in seinem Buch über das Bauernopfer, 1777, so ausführlich beschrieben wurde.
Der Vierte Stand erhielt durch die Sozialisierung der Massen einen Aufschwung, so dass die Würde des Königs beschädigt wurde; vor allen Dingen das Gottesgnadentum war nun nicht mehr als eine Folge der königlichen Geburt anerkannt.
Und über das „Bauernopfer“ von Gudden wurde später geurteilt: „Seine scheußlichen Experimente, bei denen er u.a. neugeborenen Kaninchen die Augenlider zunähte, sollen hier nicht kritisch beurteilt werden – Gudden war besessen von seiner Forschung und stellte sich immer neue Aufgaben. Nach seinen Experimenten über das Schädelwachstum wandte er sich der Hirnfaserlehre zu.“ (vgl. Kurt Kolle, Große Nervenärzte, Bd. 1, München 1970, S. 128 f.; Ernst Grünthal, Bernhard von Gudden 1824-1886).

Der Kultusminister Lutz in Bayern war ein Aufsteiger, der im richtigen Augenblick dem gleichen Typus begegnet war. Lutz begegnete Gudden in dessen Zenit, denn im Schloss Fürstenried bei München betreute dieser den geistig umnachteten Prinzen Otto, Bruder Ludwigs II. In den angrenzenden Räumen des Schlosses Fürstenried installierte von Gudden in einer Art faustischer Eingebung ein mittelalterlich wirkendes Versuchslabor. Das scharfe Auge des Irrenarztes ruhte dabei auf Otto und er zog Parallelen zu Ludwig II. –zwei Personen, eine Krankheit! Von Gudden spürte den ungeheuren Machtzuwachs, als er die zerbrechliche Würde des angeblich kranken Potentaten als Politik wahrnahm und als er erahnte, in welche Positionen er durch Lutz gegenüber dem regierenden Monarchen Ludwig II. gebracht wurde, erfasste Gudden jene Selbstüberschätzung, die er oftmals bei seinen Kranken beobachtet hatte. Hier nun ereilte Gudden bereits sein Schicksal. Lutz kalkulierte Gudden in sein politisches Kalkül ein, und dazu gehörte auch dessen Tod.

*Otto von Bayern Foto um 1865 Privatbesitz*

Bismarck nannte die irrenärztliche Begründung und die Entmündigung durch Gudden und seinen Kreis „die Büttel des Irrenhauses“ (K.A. von Müller, Süddeutsche Monatshefte, Juni 1932, S. 660).

Der Irrenarzt Gudden hatte ein besonders starkes Streben nach bestimmten Zielen. Es war ein geradezu affektgesteuertes Verhalten. Das Auge des Irrenarztes zeigt jene Besessenheit. Die Psychologie ist die Wissenschaft vom Verhalten und Erleben. Es sind jene beobachtbaren Äußerungen von Menschen, meist als Reaktion auf bestimmte Umweltreize stimuliert, die Antriebslagen, Gefühle und Motive spielten beim Irrenarzt Gudden eine wesentliche Rolle. In der Behandlung von Prinz Otto im Schloss Fürstenried entstanden bei dem Arzt gewisse Eindrücke, seine Beobachtungen am Prinzen Otto übertrug Dr. Gudden in einer ziemlichen Unschärfe auch auf König Ludwig II. Es sind jedoch vor allem vorerst visuelle Wahrnehmungen, die ihn beherrschten. Gewisse Gefühle und Emotionen hatte Gudden immer wieder zwischen dem König und seinem Bruder verglichen, Gefühle, deren Intensität derart gewachsen war, dass Gudden sich bestimmte Leitbilder vorstellte, die er als Symptome einer Erbkrankheit schließlich auch auf Ludwig II. übertrug. Die Aggressionen, die er bei Prinz Otto beobachtete, erkannte er wohl nicht vorwiegend als ein oppositionelles Verhalten, vielmehr wohl schon als eine generell feindselige Einstellung gegenüber den Mitmenschen. Die Aggressionen Ottos, die Gudden beobachtete, deutete der Arzt vielleicht als eine Willensäußerung zur Macht, vielleicht sogar als eine Projektion des Todestriebes. König Ludwig II. von Bayern verfolgte sehr genau die Behandlung seines Bruders Otto durch Gudden. Ludwig hatte den Arzt schließlich aufgefordert, Elektroschocks bei der Behandlung des Bruders nicht mehr anzuwenden. Das führte zu einem stark angespannten Verhältnis zwischen dem König und dem Arzt. Der König, sehr empfindsam, empfand angesichts der Behandlung seines Bruders eine gewisse Abneigung gegen den Arzt. Ludwig II. hatte außerdem herausgefunden, dass Gudden eine gewisse Anamnese erhob. Diese Art von Krankengeschichte musste Ludwig II. ablehnen, da er ahnte, dass Gudden die Diagnose seines Bruders auch für ihn selbst stellen könnte.
Die Auslösereize der Augen des Irrenarztes Gudden waren für den König vermutlich indirekt forschend. Damit verlor die Anschauung bzw. der Blick des Gudden seine Vertrautheit. Der König nahm wahr, wie eingangs beschrieben, dass Dr. Gudden, der sich in Schloss Fürstenried neben den Aufenthaltsräumen seines Bruders Forschungseinrichtungen einbauen ließ, mit denen er planvolle Wahrnehmung und Registrierung von Vorgängen an Otto in bestimmten Situationen durchführte, neue Bezugssysteme aufstellte, die König Ludwig II. sehr unangenehm waren.
Diese Eigenheit findet sich in allen Bereichen des Verhaltens von Wahrnehmen und Erkennen bis hin zu Denk- und Intelligenzleistungen sowie in den verschiedenen Bereichen alltäglicher Begegnungen, so zum Beispiel Erfahrung, Gefühle und Handlungen die sein Bruder Otto ausgeführt hatte.

Otto von Bayern
Foto um 1865

Dr. Bernhard von Gudden
Ausschnittfoto
Fürstenried bei München
Privatbesitz, Archiv.

Somit ist es nicht überraschend, dass der König den behandelnden Irrenarzt ablehnen musste. Der ärztlich-diagnostische Blick Dr. von Guddens war prüfend und von Misstrauen geprägt, er war zudem von seiner wissenschaftlichen Einstellung unmittelbar bestimmt. Die Herrschsucht des Arztes über den Patienten König Ludwig II. nahm Anfang der 80er Jahre zu.

# Graf von Holnstein und der Griff in die Kasse des König Ludwig II.

Max Carl Theodor Graf von Holnstein wurde am 19. Oktober 1835 geboren. Er war der Sohn des Grafen Carl Theodor Holnstein, der bayerischer Kämmerer war. Nach dem Tode des Vaters am 30. Juni 1857 wurde Graf Holnstein Herr auf Schwarzenfeld und dem Rauberweiherhaus sowie auf Thanstein und Pilmersried in der Oberpfalz. Er war gleichzeitig auch Herr auf Thalhausen und Palzing in Oberbayern. Graf Holnstein wurde von König Ludwig II. von Bayern in den erblichen Reichsrat der Krone Bayerns erhoben. Er wurde unter dem König Generalmajor á la suite der Armee. König Ludwig II. von Bayern schätzte den jungen Offizier aufgrund seiner unglaublich schnellen Auffassungsgabe und Geistesgegenwart. Graf Holnstein machte sich derartig geschickt unentbehrlich, dass der König kaum auf ihn verzichten konnte. Somit ergab sich, dass Graf von Holnstein von sämtlichen obersten Hofchargen dem König am nächsten stand. Der Souverän revanchierte sich, indem er Graf von Holnstein zum Oberststallmeister ernannte und mit dem Prädikat „Exzellenz" auszeichnete. Er wurde Kämmerer und Ehrenritter des souveränen Malteser-Ordens. Die Reisen des Königs nach Paris und Versailles wurden stets in Begleitung dieses Kavaliers unternommen. Auch daran ist zu ersehen, dass der Graf beim König immer mehr an Ansehen gewann.

<u>Die Helfer bei der Gräueltat</u>

Der aufwendige und hinterhältige Kampf gegen König Ludwig II. konnte nicht allein durch die Reichsräte, konnte nicht allein durch die politischen Gremien um Lutz und Freyschlag zu Freyenstein mit seiner Geheimkartei und schon gar nicht durch den Hochadel allein gewonnen werden. Man brauchte also Helfer.

Im Mittelpunkt standen die von Graf Holnstein benannten Stallknechte, die Belastungszettel gegen den König an den Oberststallmeister auszuhändigen hatten.

Eine weitere Gruppierung waren die so genannten Pfleger, die namentlich bekannt sind. Sie waren in Kleidung und Verhalten der so genannten besseren Gesellschaft angeglichen.

Wegen ihrer streng und förmlich wirkenden schwarzen Straßenanzüge wurden sie auch die „Schwarze Bande" genannt. Gudden und Holnstein wurden von den Irrenpflegern abhängig und taten sich mit diesen bei Festen gemein. Graf Holnstein hatte mit seinen Stallknechten keine Gemeinsamkeiten, vor allem nicht in sozialer Hinsicht.

Daran änderte auch der allen gemeinsame tägliche Umgang mit den Pferden nichts. Der einzige Zusammenhalt war die Verächtlichmachung König Ludwig II. von Bayern.

Die Signale wirkten, die der Oberststallmeister des Königs an seine Stallknechte weitergeben konnte, es war die Abstufung des Gottesgnadentums und eine Überführung in eine künstliche Klassifikation, die nach seiner Meinung eine Herabstufung an eine andere Zuordnung beinhalten müsste: einen Verlierer-Effekt, den seine Exzellenz plante.

Der Herkunft nach, so berichteten Ludwig II.-Forscher, wuchs Graf von Holnstein im Schloss Rauberweiherhaus auf, das auch als <u>Räuber</u>weiherhaus geführt wird. Er versuchte sich auch im Braugewerbe mit „Thalhauser Bocker"; selbst die Berliner Schaltstelle in Friedrichsruh erhielt den Holnstein-Bocker als Bestechung.

Graf Holnstein fühlte sich dem Hochadel, dem er sich zugehörig fühlte, verpflichtet. Doch seine charakterlichen Anlagen waren hinterhältig, er galt als graue Exzellenz gemeinster Abstufung. Aus Sicht der Berliner Machtpolitik war er als pikant eingestuft, er galt dadurch als Ausputzer einsetzbar in dunklen Gefilden, die Bismarck nicht selbst betreten wollte.

Bei einem Berlinaufenthalt Anfang Februar 1884 wurden an Bayern eine Million Mark aus dem Welfenfond übergeben (K. Möckl, S. 99), dabei hatte der Kurator des Königs Ludwig II., Graf Holnstein, kräftig mitgeholfen. Doch der Oberststallmeister mit dem Prädikat „Exzellenz" war auch verstrickt in die Münchner Geheimkanzlei, die sein Mitstreiter Freyschlag von Freyenstein seit der politischen Umwandlung 1886 vor allem in den Abendstunden recht stümperhaft, aber dennoch im Sinne der Lutz-Verschwörung immer weiter ausbaute.

Rechtlich war König Ludwig II. sein Mündel, eine Ungeheuerlichkeit, die durch den Tod des Königs zur Farce verkommt. Holnstein kannte keine Grenzen seiner schlechten Anlagen.

Links:
Max Carl Theodor Graf von Holnstein, erblicher Reichsrat der Krone Bayern, Generalmajor à la suite der Armee, königlich bayerischer Oberststallmeister mit dem Prädikat „Exzellenz", Kämmerer etc. Sein Lieblingsfoto, porträtgetreu: „Seine Exzellenz nach rechts stehend, die rechte Hand im Revolvergriff".

Die politischen Maßnahmen, die sich in einem Teil der Königsverfolgung herausbildeten, sind innerhalb der Ludwigforschung noch nicht dargelegt worden.

Graf Holnstein war ein Mann, rein äußerlich gesehen ein Primus des Hochadels, ausgezeichnet mit den hohen Würden einer gesellschaftlichen Klasse, die politisch eine Vormachtstellung einnahm.
Er begann die Stallknechte seiner Exzellenz in eine Art Diktatur des Patriarchats zu führen. Daraus wurde ein unglaubliches Ränkespiel entwickelt, indem der König Ludwig II. von Bayern mit Zoten und anderen Gemeinheiten belastet wurde (K.A. von Müller, Süddeutsche Monatshefte, Juni 1932, S. 648 ff).

Graf Holnstein schuf, angetrieben von persönlichem Hass, ein Bespitzelungssystem und erzeugte so unter den Stallknechten eine Bereitschaft zum Hass gegen den Monarchen. Er führte damit eine politische Negation im Klassenbewusstsein durch, das gegen jegliches Rechtsbewusstsein verstieß. Holnstein schuf einen Zustand der Instabilität, der mit dem Auftrag an die Stallknechte, Zettel mit den angeblichen Untaten des Königs abzugeben, die diesen von der Nationalen Kammer der Reichsräte total diskriminieren sollten, seinen unrühmlichen Tiefpunkt erreichte.

Die ungehemmten Äußerungen von primitiven und verhetzten Stallknechten hatten eine verheerende Wirkung. Es war dies ein Auftrag der Negation an die unterste Stufe im damaligen hierarchischen System des Königtums.

Graf Holnstein hatte sich zügellos und mit großem Hass gegen den König Ludwig II. gestellt. Er sammelte bei seinen Münchner Stallknechten für Lutz Anschuldigungen gegen König Ludwig II. von Bayern, um ihn entmündigen zu lassen.
Bismarck selbst äußerte sich über Ludwig II. wie folgt: „Die Welt wird ihr Urteil über König Ludwig bedeutend ändern, wenn man nicht bloß seine Kunstschöpfungen bewundern, sondern auch in seine staatsmännische Korrespondenz Einsicht nehmen kann. Aus den Zetteln, die die Bediensteten aus dem Papierkorb und Klosett gesammelt haben und die die Minister als Anklagematerial benutzten, kann man kein Todesurteil über den König bestätigen. Ich habe auch niemals nach seinem Benehmen innerhalb seiner Zimmerschwellen gefragt, denn selbst der frömmste Fürst ist vor seinem Kammerdiener kein Heiliger ... Ich werde sein Andenken in meinen Erinnerungen besonders ehren.“

Oberststallmeister Max Carl Theodor Graf von Holnstein zu Pferd (1835 – 1895)
F. W. Pfeiffer, um 1870, Öl auf Leinwand, 49,8 x 43,8 cm, bezeichnet unten rechts: W. Pfeiffer (W. u. P. legiert), München, Marstallmuseum, Schloss Nymphenburg,
Inv. Nr. W 59 (W AF)

Nachdem die Entmündigung Ludwig II. König von Bayern vollzogen war, vermied Luitpold einen persönlichen Kontakt zu seinem Neffen Ludwig II., er beschränkte sich nur auf ein Schreiben an den König. Die Fangkommission, die Ludwig II. gefangen nehmen sollte, machte sich auf nach Neuschwanstein, angeführt von seiner Exzellenz Graf Holnstein, der zum Zeitvertreib sein Angelgerät mitgenommen hatte.
Auch der Hochadel war bei der „Fangreise“ mit von der Partie. Vor allem Gudden und sein Assistent Dr. Müller hatten Führungsfunktionen. Wichtig war es für Graf Holnstein auch, dass die Irrenpfleger Mauder, Hack, Barth und Schneller dabei waren; sie wurden hofiert, es sollte fortan kein Unterschied herrschen, denn die Männer mussten spätestens im Schloss Berg Sonderfunktionen durchführen. Seine Exzellenz Graf Holnstein zeigte sich spendabel, denn er wollte den bestehenden Klassengegensatz zwischen dem anwesenden Adel und den Irrenpflegern vorübergehend aufheben.
Am Abend des 9. Juni 1886 traf man mit einem Sonderzug ein, man war hungrig, und Oberststallmeister Holnstein lud zu einem siebengängigen Menu ein, das den Namen trug: **„Souper de sa Majesté le roi“** trug. Holnstein hatte sich viel einfallen lassen, denn die Getränke sollten die Klassenunterschiede vertreiben. Man schlürfte und kam sich näher!

Dies war die Speisenfolge des Menüs:
1.) Consommé aux noque
2.) Truites à la hollandaise
3.) Poulet à la Marengo
4.) Terrine de Foie gras
5.) Cuissot de Chevreuil rôti
6.) Asperges
7.) Crème à la vanille aux framboises.

Dazu konsumierte man sechsundvierzig Maß Bier und sechzehn Flaschen Champagner.

Mauder, der Irrenpfleger, begoss sich mit Champagner, so dass sich die echt silbernen Knöpfe seiner schwarzen Weste verfärbten (Dr. Schleiss von Löwenfeld, Aufzeichnungen und Briefe, Privatbesitz)!

Ein größeres Problem kann im Bereich der so genannten Pfleger nachgewiesen werden, sowohl der Vermittler von Gudden zu den Irrenpflegern, die aus Schloss Fürstenried kamen, war Dr. Müller, ein Guddenassistent aus der Kreisirrenanstalt München; er war der Vermittler zum Chef.
Dr. Müller befand sich in Schloss Berg bereits in einer krisenartigen Belastungssituation.
Die so genannte Fangkommission, die dem König seine Entmündigung überbringen sollte, da sich der Prinzregent drückte, war eine klassenspezifische Handlung im Hinblick auf das Opfer König Ludwig II. Man wollte sozialen Zusammenhang schaffen, Pfleger und Ministerialbeamte und der Hochadel schritten am 12.6.1886 zu einem gemeinsamen Henkersmahl.

Graf Carl Theodor von Holnstein
Lithografie um 1890
18,5 x 24,2 cm,
Ausschnitt,
Privatbesitz

Oben blasiert, unten blind!
Graf Holnstein starb am 1. Februar 1895 auf seinem Gut Schwarzenfeld in der Oberpfalz. Es wird berichtet, er habe im Zusammenhang mit der Königskatastrophe geäußert, **„er wolle blind werden, wenn ihn eine Schuld am Tode des Königs träfe.“ Als er starb, war er völlig erblindet.**

Graf Holnstein baute seine Beziehungen vor allen Dingen zum bayerischen Hochadel, aber auch zu den maßgeblichen Politikern in Bayern aus. Er knüpfte außerdem die allerbesten Beziehungen zur Krone Preußens an. Für die „liberale Politik“ des Freiherrn von Lutz hatte der Graf höchstes Interesse. Er wurde auch für den Minister Lutz eine Persona gratissima. Graf Holnstein wurde von der preußischen Hierarchie benutzt um wichtige diplomatische Aufträge zu erfüllen. Seine Ungeniertheit brachte ihn dazu, auch die heikelsten diplomatischen Vorgänge auszuführen. Er hatte darüber hinaus gute Beziehungen zu Franz von Lenbach und arrangierte die Zusammenkunft des päpstlichen Nuntius in München, Masella, mit Fürst Bismarck, welche seinerzeit in Kissingen stattfand und in der politischen Welt viel Beachtung gefunden hatte. Graf von Holnstein konnte sich immer auf die huldvolle Zuneigung des Königs verlassen, die er jedoch missbrauchte. Er wurde „Graue Exzellenz“ genannt. Immer waren seine Auftritte äußerst „pikant“ (Brief Wertherns an Rantzau v. 28. Jan. 1884, Politisches Archiv des Auswärtigen Amtes, Bonn, Ass. 34).

Fürst Otto von Bismarck,
der Eiserne Kanzler,
um 1884,
Stahlstich,
Privatbesitz

Schließlich wechselte Graf von Holnstein die Fronten. Er wurde zu einem unberechenbaren Gegner Ludwig II., König von Bayern. Er und der Irrenarzt Gudden wurden zur Schaltstelle des Komplotts gegen den König. „Die Ernennung Carl Holnsteins zum Kurator kann nicht anders denn als Missgriff bezeichnet werden, war er doch beim König in Ungnade gefallen und somit einerseits nicht frei von Voreingenommenheit und andererseits nicht in der Lage, vertrauensvolle Kontakte zum König, seinem ‚Mündel‘ zu knüpfen“ (Geheimes Hausarchiv 36/1/1). Weiterhin ist erwiesen, dass sich Holnstein an den Flügel-Adjutanten Graf Alfred Eckbrecht von Dürckheim-Montmartin heranmachte, um negatives Material gegen Ludwig II., König von Bayern gegen Geld zu erwerben.

**Anmerkungen zum Oberststallmeister Max Carl Theodor von Holnstein zu Pferd**
F. W. Pfeiffer um 1870, Öl auf Leinwand, 49,8 x 43,8 cm,
bezeichnet unten rechts: W. Pfeiffer, (W. u. P. legiert)
München, Marstallmuseum Schloss Nymphenburg, Inv.-Nr. W 59 (WAF)

Max Graf von Holnstein, Oberststallmeister des Königs mischte sich in äußerst „pikante“ Angelegenheiten ein, er wurde des Öfteren in Friedrichsruh eingeladen und war ein Duzfreund Herbert von Bismarcks, des Sohnes des Reichskanzlers (Möckel, S. 52f). Als Brauereibesitzer der Thalhausener Brauerei belieferte er den Bismarck'schen Bierkeller mit „Thalhauser Bocker“. Diese Nebensächlichkeiten wurden hochstilisiert und verfehlten nicht ihren Zweck. Der zwielichtige Graf von Holnstein versorgte sich selbst mit Geldmitteln, die er eigentlich nur zu verwalten hatte. Daher fiel er 1883 beim König Ludwig II. von Bayern in Ungnade.

Wie angedeutet, baute Graf von Holnstein seine Beziehungen, vor allen Dingen zum bayerischen Hochadel, aber auch gleichzeitig zu den maßgeblichen Politikern in Bayern aus. Er knüpfte außerdem die allerbesten Beziehungen zur Krone Preußens an. Für die liberale Politik des Freiherrn von Lutz hatte der Graf höchstes Interesse. Andererseits wurde auch er für den Minister Lutz eine Persona gratissima. Graf Holnstein wurde von der preußischen Hierarchie benutzt um wichtige diplomatische Aufträge zu erfüllen. Seine Skrupellosigkeit brachte ihn dazu, auch die heikelsten diplomatischen Missionen nicht zu scheuen. Auch hatte er gute Beziehungen zu Franz von Lenbach und arrangierte die Zusammenkunft des päpstlichen Nuntius in München, Masella mit dem Fürsten Bismarck, welche seinerzeit in Kissingen stattgefunden hatte und in der politischen Welt viel Beachtung fand. Graf von Holnstein konnte sich immer auf die huldvolle Zugeneigtheit des Königs verlassen, die er allerdings missbrauchte. Die liberale Gesinnung des Ministers von Lutz und die klerikale Einstellung des bayerischen Hochadels konnte er gleichsam als Hobby-Diplomat miteinander verbinden. Er vermählte sich am 18. Mai 1867 zu München mit Maximiliane, geb. Freiin von Gumppenberg-Pöttmes, geboren am 14. Mai 1850. Diese war Ehrendame des Königlich-Bayerischen Theresienordens sowie bayerische Palastdame, außerdem eine Enkelin des Prinzen Karl von Bayern, (Groß-Oheim des Königs Ludwig II.) in morganatischer Ehe. Die Wiederholung ist wichtig, denn sie zeigt einen Holnstein als einen verantwortungslosen Kavalier.

Otto Fürst von Bismarck
Anonymer Kupferstich auf Kaltnadeltechnik, übertragen um 1875, Privatbesitz

Die zweifelhaften Dienste, die Graf Holnstein erfolgreich ausführte, waren hingegen für andere sehr suspekt: „So gelang es der preußischen Gesandtschaft über die schillernde Vergangenheit des Grafen Holnsteins Ungeheures in Erfahrung zu bringen; weniger aber in der Absicht den Grafen unter Druck zu setzen, als vielmehr Bismarck auch personalpolitisch von der Unmöglichkeit einer Zusammenarbeit mit Patrioten und Hofpartei zu überzeugen.“ Eine Hauptrolle spielte dabei die Beziehung Holnsteins zur Hofbeleuchtungs-Offizianten-Tochter Hildegard Rixinger, einer skandalumwitterten, welterfahrenen, beruflich überaus vielschichtigen Gestalt.

Marie Rixinger, mehrfach in Wien polizeilich aufgegriffen, im Alter nach 1900 ohne weitere „Erfolge“. Stahlstich 18,5 x 24,8 cm, um 1902, Privatbesitz

Die bunte Palette reicht dabei von Unterschlagung über Erpressung bis hin zu finanziellen Verschiebungen nach Amerika (vgl. K. Möckl, S. 59 und Anm. 85; vergl. auch „Die geheimen Papiere Max Friedrich von Holnsteins“, S. 99, Anm. 254). Graf Holnstein lebte zwei Leben: eines als der unerschütterliche, bedeutende Vertreter des bayerischen Hochadels, auf der anderen Seite hatte er sich in eine „Münchner Grundsuppe“ begeben, die hier zu schildern notwendig ist. Hildegard Rixinger, die vielbekannte Kurtisane geboren zu München am 16. Juli 1835, Tochter des

Hofbeleuchtungs-Dieners Jakob Rixinger und Schwester der berüchtigten Schwindlerin Marie Rixinger, führte ein sehr bewegtes Leben. „Ihre Schönheit ..., ihr distanziertes äußeres Wesen und ihr natürlicher Witz ... machten sie der Männerwelt bis in die neueste Zeit begehrenswert. ... Besonders opferte der bayerische Adel an ihrem Altare. Graf Otting, ältester Sohn des früheren Oberhofmeisters der verstorbenen Prinzessin von Bayern und Enkel des berühmten Architekten Leo von Klenze, schlug ihr zuliebe Vermögen und Erstgeburtsrecht in die Schanze und lebt jetzt als Kommis eines Bankhauses in Paris." Wenige kennen diese Geheimnisse des abenteuerlichen Lebens dieser Person!

Hildegard Rixinger, Schwester von Marie Rixinger, eilte von einem Betrug zum anderen. Gegen sie liefen stets mehrere Verfahren, dennoch blieb sie die begehrte Kurtisane im Bereich seiner Exzellenz des Grafen Holnstein, Reichsrat der Krone, Generalmajor à la suite der Armee.

In München, Hamburg, Wiesbaden, Baden-Baden, Saxon am Genfersee, Monaco, New York, New Orleans, Rio de Janeiro und Wien warf sie unter dem Namen Deutsch, Reichmann und Erkens ihre Netze aus. 1882 nach München zurückgekehrt suchte Hildegard Rixinger alte Freunde auf, darunter den Grafen Holnstein, und zwar mit gutem Erfolg. **Zu ihr unterhielt er ein Verhältnis**. Das vertrauliche gegenseitige Du schien aus früherer Zeit zu datieren. Aber auch noch andere Vertraulichkeiten gingen auf eine frühere Zeit zurück, in welcher Graf Holnstein, plötzlich zu hohen Würden gelangt, eine mächtige Hand hatte und sich großen persönlichen Vertrauens seines Allerhöchsten Herrn erfreute. Damals hatte Hildegard Rixinger Zutritt auch zum Arbeitskabinett des Grafen Holnstein. Sie scheint ihm sogar bei kleineren schriftlichen Arbeiten geholfen und Einblick in höchst intime Angelegenheiten genommen zu haben. Denn nur so ist es erklärlich, dass sie Mitwisserin von gewissen **Rückkäufen** interessanter Korrespondenzen, die Graf Holnstein zu besorgen hatte, wurde und bei den Liquidationen aktiv beteiligt war. Holnstein war vermögend, er führte die Kasse seines **Mündels** König Ludwig II. von Bayern. Dieser Freundin bediente er sich außerdem, um durch **Fälschungen** der Unterschrift des Königs Ludwig II. erhöhte Summen von der Kabinettskasse zu erlangen.

# Literarische Anmerkungen zum Leben des Grafen Holnstein

„Regelmäßig finden sich in vertraulichen Briefen und Berichten aus München nach Berlin dahingehende Hinweise, wie etwa Folgende: Holnstein hat beim König großen Einfluss. ... Er muss irgendeine wunderliche Sache des Königs wissen und dieselbe als Waffe benutzen – der König liebt ihn nicht mehr und gehorcht ihm doch! Und das ist bei der Natur des Königs sehr seltsam." (Brief d. Preuß. Gesandtschaftssekretärs in München, Philipp Graf zu Eulenburg-Härtefeld vom 25. Juli 1882, BA Friedrichsruh).

„Der Oberststallmeister wusste zu viel, hatte zu lange im politischen Halbdunkel gewirkt und besaß eine genaue Kenntnis der Umgebung des Königs Ludwig. Noch bei der Zusammenstellung des Materials für das medizinische Gutachten, das zur Entmündigung Ludwig II. führte, spielt er eine Hauptrolle. Auch bei der Einsetzung der Regentschaft übernahm Holnstein wichtige Aufgaben und blieb Oberststallmeister bis kurz vor seinem Tod im Jahre 1895."

Graf Holnstein wirkte nicht nur im politischen Halbdunkel, sondern auch in sehr dunklen Gefilden. So berichtet Freiherr von Werthern am 7. April und 5. Mai, 9. Juni und 27. August 1883 nach Friedrichsruh an Bismarck: „Eine Hauptrolle spielt dabei die Beziehung Holnsteins zur Hofbeleuchtungs-Offizianten-Tochter Hildegard Rixinger, einer skandalumwitterten, welterfahrenen, beruflich überaus vielschichtigen Gestalt. Die bunte Palette reicht dabei von Unterschlagung über Erpressung bis an Amerika-Verschiebung." (K. Möckl, S. 59).

Holnstein klemmte sich über die halbdunklen Ministerialtreffen immer wieder in die Geschicke der Politik. Es gelang Holnstein sogar bis zu einem gewissen Grad auf die Stimmung der Minister gegenüber Werthern zu wirken. Das ging aus privaten Bemerkungen Lutzens und Crailsheims hervor.

Um die Jahreswende 1892/93 drohte durch die öffentliche Erörterung der Beziehungen Ludwig II. und des Grafen Holnsteins zum Reptilienfonds Bismarcks, dem so genannten Welfenfonds, dem Hause Wittelsbach ein Skandal (vgl. K. Möckl, S. 368).

Als etwa im Sommer 1892 Oberststallmeister Graf Holnstein im Zusammenhang mit der Welfenfonds-Affäre aus Gesundheitsgründen „zurücktrat", berief der Regent seinen Freund und Vertrauten, den bisherigen Flügeladjutanten, Major Freiherrn von Wolffskeel, zu dessen Nachfolger.

Holnstein ist der Meister vieler Erwartungen, die jedoch zunächst fehlschlagen. Er sucht Bewältigungsstrategien, die ihm aber misslingen, er verfällt auf gerichtete Aggressionen als

Ersatzobjekt. Sie entladen sich in den 70er Jahren gegen den König, nicht gegen die Stallknechte, die oft versagten.

Holnstein war zeitweise auch von Selbsthass geprägt und musste sich durch seine Opfer aufbauen.

Graf Holnstein litt an zwanghafter Befriedigungsucht – viele Bedürfnisse bestimmten seinen Tagesablauf – doch war die Bedürfnisbefriedigung nur von kurzer Dauer und führte Holnstein zur Wiederholung der Zustände, vor allem in seinem zügellosen Machtstreben. Aus dem Geltungsstreben wurde schließlich eine Sucht.

Die zwanghaft gewordenen Angriffe gegen den König Ludwig II. entwickelten sich nun immer zügelloser.

Die Persönlichkeitsstruktur von Graf Holnstein zeichnete sich, nachdem die Bismarckvasallen in Berlin-Friedrichsruh keine Aufgaben mehr für ihn hatten, in einem Mangel an mitmenschlichen Beziehungen aus, er verharrte in erfolglosen Gaunereien.

Die hier bei Graf Holnstein genannten Merkmale eines Verhaltens sind im Lutz-, Gudden-, Freyschlagkreis gewisse Interaktionen, bestimmend mit Rollenverteilungen. Die gemeinsamen Überzeugungen haben jeweils Folgen für den anderen.

Die Tötung des Königs Ludwig II. war ein Gruppenziel, es war eine Führung zur Macht des Freiherrn von Freyschlag. Er beherrschte im Sinne der Leistungsvorteile den Wertkostenbereich. Die Einstellung zur jeweiligen Entscheidung lag wohl im Lutzbereich, die Beweisführung des Konfliktes gab Lutz an Gudden ab, der darin umkam.

Die selbst organisierte Gruppe verkürzte die Pläne und steigerte die Leistung des Projektes. Allmählich fühlten sich die Mitglieder der Lutzgruppe ähnlicher, indem das wahnwitzige Ziel und die Konfliktbereitschaft sich steigerten.

Die Ausübung von Macht und Einfluss war der gefährliche Antrieb, die Gruppenstruktur wurde durch feste Ziele gehärtet, ohne die Vorbereitungen bis in alle Wandlungen durch nicht beachtete Vorgänge zu überprüfen. Die organisierte Todesstunde wurde „überschattet" durch die Anwesenheit der Freunde des Königs Ludwig II. von Bayern. Eine Fehlentwicklung, die kaum geschlossen werden konnte, da die Phantasien der Töter sehr stark auseinanderklafften.

# Dr. med. Franz Carl Müller, Assistenzarzt der Kreis-Irrenanstalt München

Dr. Müller, der Assistenzarzt der Irrenanstalt in München erhielt 1929 nochmals die Möglichkeit, und zwar durch seinen Sohn Erich Müller, zum Thema der Tötung des Königs Ludwig II. seine Stimme zu erheben. Dessen Bericht liegen Tagebuchblätter zugrunde. Betrachtet man die dortige Schilderung der Ereignisse am 13. Juni 1886, fallen im Ablauf des Geschehens Fakten auf, die Dr. Müller nicht wahrgenommen hat oder nicht wahrnehmen wollte.

Gudden führte den König am 13. Juni 1886 am Vormittag bis 12.15 Uhr auf dem gleichen Weg, der am Abend ihr letzter werden sollte.
Der Pfleger Hack folgte am Vormittag den beiden auf eine Entfernung von 400 Metern. Gudden berichtete seinem Schwiegersohn Grashey, was den König zu dieser Zeit sehr bewegte. Davon wusste auch Dr. Müller, denn der König behauptete, man werde ihn mit Gift töten, „man wird schon ein Mittelchen wissen, mich (Ludwig II.) unbemerkt aus der Welt zu schaffen."

Gudden, der den letzten Gang des Königs vorbereitet hatte sagte beim Aufbruch zum Pfleger Mauder: „Es geht niemand mit". Mauder gab später zu Protokoll: Der König sagte, „**es darf kein Pfleger mitgehen**".

Lutz um 1875/80

Graf Holnstein,
blind, 1893

Gudden 1824-1886

Mauder und Schneller mit Griffstudien der „Schwarzen Bande“.

Die Physiognomien sprechen Bände und sind verbindlich für die Gesamtsituation der Tötungsnacht.

Max Graf Holnstein
1835 – 1895

Dr. med. Carl Müller, Assistenzarzt in Ausbildung an der Kreisirrenanstalt in München, war über die Umstände des Todes von König Ludwig II. am 13. Juni 1886 unterrichtet.

Noch 1929 wurde in den Süddeutschen Monatsheften, Heft 11, 26. Jahrgang, August, versucht, sein zeitlebens schlechtes Gewissen reinzuwaschen, indem die Falschmeldungen zum Tod des Königs erneut verbreitet wurden.

Auffällig ist, dass er nicht nur die schlechten Taten seiner Auftragsgeber verheimlicht, sondern darüber hinaus Kritik am Leben und Werk Ludwigs vornimmt, obwohl ihm diese Fachbereiche unbekannt waren.

Die hier dargestellten Vorgänge, die das Leben und Wirken des bayerischen Königs Ludwig II. bestimmten, werden durch politische Gruppierungen gelenkt. Anhand eines Assistenten der Landesirrenanstalt, der an dem Tod des Königs 1886 Anteil nahm und sogar über den Ablauf des politischen Mordes direkter informiert sein musste, wird zusammengefasst, denn in der hier vorgelegten Darstellung lassen sich Fronten klären. Im Tod des Königs ist nachgewiesen, dass der Monarch Ludwig II. fast 20 Jahre seines Lebens von einer politisch feindlichen Spitzengruppe verfolgt, gleichsam zu Tode gehetzt wurde. Es handelt sich um die hier oft benannte Lutzgruppierung, bestehend aus massiven und sehr entschlossenen Politikern, die den König zu Fall bringen wollten. Zunehmend ist es Freyschlag zu Freyenstein, dessen Informationen direkt zu Lutz führten und von dort direkt zum Prinzregenten, weiter zum Grafen Holnstein, der seinem Hass Luft machen musste, zu den Irrenärzten

Gudden und Grashey und nicht zuletzt Dr. Müller, auch er ein Emporkömmling in der befangenen Irrenbeschreibung des 19. Jahrhunderts.

Interessant ist nun aber, dass, nachdem die letzten Tage des Königs angebrochen waren, sich in Schloss Berg am Starnberger See nur eine kleine Gruppe der ausübenden Scharfrichter traf, die eigentlichen Töter verblieben in München und warteten auf den entscheidenden Augenblick.

In Übertragung einer Krankheit, die man bei des Königs Bruder Otto feststellte, wurde diese auch Ludwig II. unterstellt. Besonders der für kulturelle Belange nicht verständnisvolle Franz Carl Müller, Assistenzarzt der Kreisirrenanstalt München, war nicht geeignet, Verhaltensformen von Otto mit denen von König Ludwig II. zu vergleichen.

Wir erfahren also von Dr. Müller 1929 nochmals, wie Prinz Otto in Fürstenried von den Pflegern „geleitet" wurde und wie dessen Krankheit mit der des Königs Ludwig II., seinem Bruder, in Zusammenhang gestanden habe, die alte These von Guddens.

Dr. Müller spricht vom Wechsel der Dienerschaft und den altbekannten Anschuldigungen gegen Ludwig II.

Müller bedachte aber nicht die zwanzig Jahre andauernde Verfolgung durch den Lutz-Apparat, der König Ludwig II. überwachte und beschattete. Müller der Assistenzarzt, ausgebildet von Gudden in der Kreis-Irrenanstalt in München, besaß zum Zeitpunkt seines Zusammentreffens mit König Ludwig II. keine ausreichende Allgemeinbildung. Müller hatte sich während seines Studiums um historische Kenntnisse und kulturelle Fragen nie gekümmert. Als Assistenzarzt wurde er von einem kulturfeindlichen Vorgesetzten, von Gudden, in „verrückte Ideen" eingeweiht und von diesem zu früh in ein verantwortungsvolles Amt gedrängt. Müller verlor jeden Sinn für einen seit Jahrhunderten feststehenden Verhaltenskodex gegenüber **seinem König**.

Müller berichtet zurückblickend im August 1929 (Süddeutsche Monatshefte, H. 11, Jg. 26, S. 771): „Ich selbst hatte den König, bevor ich ihn am 12. Juni 1886 in Schwanstein beobachten konnte, niemals gesehen. Und endlich (sah ich) eine Radierung von Hecht, die den Fürsten im Königsmantel vor dem Throne stehend darstellte. Dieses Bild erregte in mir Bedenken: der finstere Zug im Gesichte, ein gewisser weltverachtender Blick, kurz eine Reihe von Merkmalen." Das war Müllers wahre Meinung über den König! – Hinzu kommt, dass der Radierer Wilhelm Hecht (1843 – 1920) nur ein schwacher Kopist war.

## Irrenwärter – genannt Pfleger

Die Frage muss gestellt werden: Warum durften die Pflegerbewacher in der Tötungsnacht nicht mehr anwesend sein? – Sie sollten nicht zu Zeugen des Mordes werden!
Für Lutz war die Flucht des Königs undenkbar, aber die weitere Verwahrung in Schloss Berg, obwohl man Stacheldraht um das ganze Gelände plante, war ob dieser Fluchtpläne unmöglich geworden. Gudden hatte Lutz mitgeteilt, „er werde den König bringen". Bahren und weiße Tücher zur Abdeckung und für den Abtransport der Leiche waren bereits bereitgelegt worden. Gudden hatte sich darauf berufen, dem König vor seinem Tode „ein Maß von Freiheit" zu vermitteln. Der König ahnte am 12.6.1886 seinen Tod voraus.

Nach dem nicht eingeplanten Tod Guddens war das Komplott plötzlich in Frage gestellt.
Washington und Müller als anwesende Vertreter der Verschwörer waren der Situation nicht mehr gewachsen.
Müller schrieb nieder: „Aber ich bekam ein Gefühl der Angst."

Das folgenschwere Gutachten vom 8. Juni 1886 war für den König erschütternd (vgl. Th. Vandenberg, Die heimlichen Herrscher, München 1991, S. 59 ff).
Der Schwiegersohn Guddens war der Würzburger Psychiatrieprofessor Dr. Hubert Grashey. Im Auftrag von Kabinettsdirektor Johannes Lutz lieferte Gudden mit seinem Schwiegersohn einen Lebenslauf, der sich eher wie eine Krankengeschichte las.
Guddens Schüler Dr. August Forel bezieht sich auf die „weniger guten Eigenschaften" seines Lehrers Gudden (Vandenberg, S. 61).
Gudden, so meint Vandenberg, habe sich als Psychiater an der Paranoia-Prognose „aufgegeilt" (Vandenberg, S. 86).
Grashey gab ein mündliches Gutachten zum Tod des Königs und zu seinem Geisteszustand ab (vgl. Dr. Müller, Süd. Monatshefte, S. 791, H. 11, 26. Jg., August 1929).

Am 8. Juni 1886 erstellte Dr. von Gudden zusammen mit seinem Schwiegersohn Prof. Grashey ein Gutachten, das den König als „unheilbar geistesgestört und regierungsunfähig auf Lebenszeit" erklärte.

9. Juni: Entmündigung Ludwigs II.

11. Juni: Festnahme von König Ludwig II., veranlasst durch Gudden durch die „Schwarze Bande": fünf Irrenhauspfleger führen schwerste schmerzhafte Zugriffe in Schloss Neuschwanstein aus.

Links:
Dr. Bernhard Aloys von Gudden,
Foto um 1880 (Ausschnitt),
Archiv: Starnberg

Weiter berichtet der Assistenzarzt der Landesirrenanstalt München über den 12. Juni 1886: „Baron Washington redete demselben (von Gudden) mittags zu, er solle nicht allein mit Seiner Majestät solche Gänge unternehmen, bzw. äußerte Bedenken darüber. Dr. Gudden erwiderte indessen, seine Majestät seien vollständig ruhig, haben sich ganz in die gegenwärtige Lage gefügt, und es bestehe keine Veranlassung zu einer Überwachung auf den Spaziergängen in seiner Begleitung." Am Schluss von Baron Washingtons Vernehmung heißt es: „Das ist richtig, dass Dr. Gudden überzeugt von der Liebenswürdigkeit auf seinen Einfluss Seiner Majestät war. Dr. Gudden schien mir auch bestrebt, den Umgang Seiner Majestät mit dem Dienstpersonal zu verringern und ihn allmählich wieder ganz dazu zu bringen, dass er den Herren seines Dienstes näher trete und sich an deren Unterhaltung gewöhne.

In diesem Sinne äußerte sich Gudden auch noch in Gegenwart des königl. Bezirksamtmannes Freiherrn von K. H. und ich glaube Grasheys gestern nachmittag; er legte mir dabei nahe, selbst einmal mit Seiner Majestät allein eine Ausfahrt zu machen, und als ich mich hiergegen verwahrte und erklärte, ich würde dies nur mit Zuziehung eines Wärters tun, suchte er die von mir geäußerten Bedenken hinwegzuscherzen und als übertrieben hinzustellen." Dem braucht wohl weiter nichts hinzugefügt zu werden. Wir erkennen, wie eng Gudden mit seinem Verwandten Grashey die Angelegenheit Ludwig II. lenkt. Der Ablauf der Mordnacht sollte durch die gute Beziehung zum König nicht belastet werden (F.C. Müller; vgl.: Südd. Monatshefte, Aug. 1929, S. 788).

Der König hatte zu seinem getreuen Kammerdiener Alfons Weber gesagt: „Man will mich geisteskrank erklären wie meinen Bruder." Und weiter: „Eine solche Behandlung ertrage ich nicht, wie sie meinem Bruder zuteil wird – dem rohe Wärter mit den Fäusten drohen." (Wöbking, S. 105).

Pfleger Mauder von der „Schwarzen Bande",
Fotoarchiv Starnberg

Das geringe Wissen des Irrenarztes Müller in Verbindung mit der Angriffslust seines Chefs, Obermedizinalrat Dr. von Gudden, führte den Assistenzarzt zu Aufgabenbereichen, denen er nicht gewachsen war, vor allem nicht in der Mordnacht am 13. Juni 1886, als der Oberstleutnant a.D. Freiherr von Washington, ein entschlussarmer „Ausputzer für unangenehme Situationen" am Hofe, und die verdeckt arbeitende Gruppe Lutz, Holnstein, Crailsheim, Toerring, Malsen und Freyschlag zum entscheidenden Schritt gezwungen waren.

Bei den heiklen Situationen, die vor dem Tode des Königs im Schloss Schwanstein, Linderhof und Schloss Berg eingetreten waren, mussten stets die Pfleger der „Schwarzen Bande" zugegen sein. Diese „Schläger", auch „mit Pistolen bewaffnet", vergriffen sich im Schloss Neuschwanstein sogar am König selbst.
Die so genannten Pfleger, die jegliche Achtung vor dem Souverän verloren hatten, umgaben den König auch in seinen letzten Stunden. Es waren dies Bruno Mauder, Hack, Schneller, Braun, Zanders, Ritter und Huber.

Der Ablauf der Mordnacht wurde von dem Irrenarzt Dr. Müller unter dem Druck der Lutzgruppe verfälscht dargestellt.
Nachdem der König Ludwig II. durch Lungenschuss vom Rücken her getötet war, versuchte der in die Tat eingeweihte Gudden die Leiche für die Staatsmacht positiv aufzuarbeiten. Kleidungswechsel, Schließung der Durchschüsse u. a. Die Vorstellungen der Auftraggeber aus der Gruppe Lutz vom Todesablauf wurden aber durchkreuzt vom Tod des Obermedizinalrats Dr. von Gudden. Lutz und sein Kreis standen vor grundsätzlich neuen Entscheidungen, die in kürzester Zeit getroffen werden mussten, aber zudem war das schwächste Team nach Schloss Berg gesandt worden. Der Schütze war gedungen worden und reagierte pünktlich, man hatte aber offensichtlich nicht damit gerechnet, dass sich zu grausamer Handlung fähige Guddengegner im Park aufhielten, wie das geöffnete Haupttor vom Schlosspark Berg beweist.

Die beiden in der Mordnacht immer wieder positiv erwähnten Franz Carl Müller, Irrenarzt an der Kreis-Irrenanstalt München, und Freiherr von Washington versagten indes völlig, so dass der Ablauf der Tötung des Königs von der Legende überlagert wurde, dass der König selbst angeblich Gudden zu Tode würgte. Die Wendung fand Beifall bei Lutz und seinem Kreis, da man damit auf ewig König Ludwig II. zum Mörder abgestempelt hatte, als der er dem Publikum der Schlossbesichtigungen gegenüber noch heute bezeichnet wird.

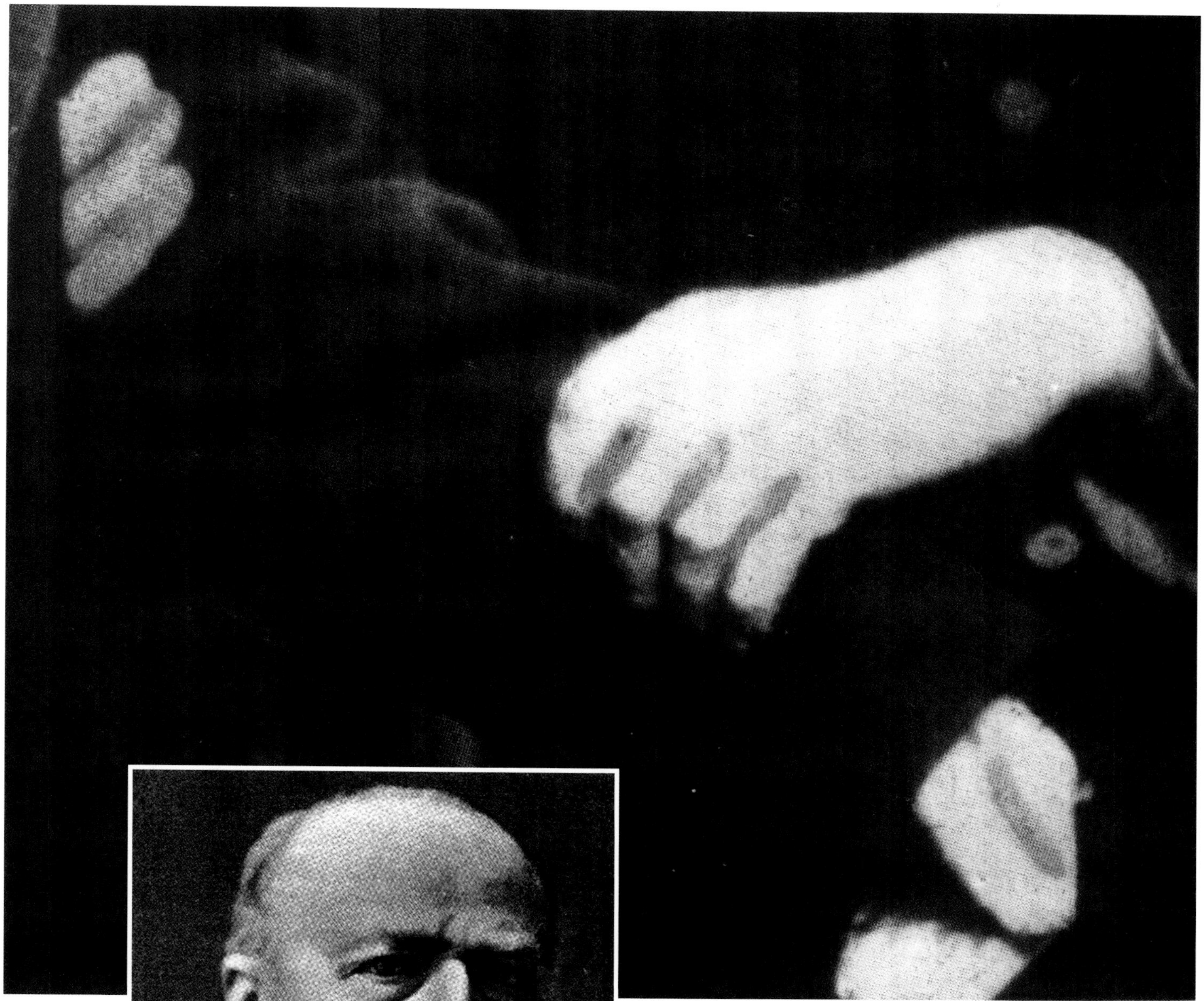

Der Fesselgriff des Pfleger-Aufsehers Mauder

Obermedizinalrat Dr. von Gudden, ein unerbittlicher Gegner des Königs Ludwig II., um 1885/86

# Freiherr von Crailsheim – Staatsminister in der Krise

Frhr. v. Crailsheim,
kgl. Staatsminister.

Krafft Freiherr von Crailsheim wurde 1841 in Ansbach geboren. Nach dem Studium der Rechte – währenddessen er Mitglied des Corps Onoldia in Erlangen wurde – und einer Rechtspraxis, strebte er, nachdem er 1870 Hilfsarbeiter im später aufgelösten Handelsministerium gewesen war, 1872 die diplomatische Laufbahn an. Außerordentlich jung wurde er 1880 zum Staatsminister des königlichen Hauses und des Äußeren als Nachfolger Adolf von Pfritzschners berufen. 1890 wurde er Vorsitzender im Ministerialrat, ein Amt, dass er bis 1903 inne hatte. Nach seinem Rücktritt als Minister wirkte er als Mitglied der Reichratskammer, deren zweiter Präsident er zeitweilig war. 1926 starb er in München. Crailsheim musizierte regelmäßig mit Eulenburg und ermöglichte ihm 1885 die Aufführung eines selbst verfassten Schauspiels im Hoftheater.

**Die Machtteilung der Minister unter Ludwig II.**

Die führenden Männer des Ministeriums mit seinen Unterteilungen waren stets darauf bedacht, dass der König nicht nach München komme, da sie die Staatsgewalt allein ausüben wollten. Das lässt die Doppelbödigkeit des ministeriellen Verhaltens erkennen. Ludwig II. fragte den Innenminister in Krisenzeiten, ob er nicht unter den gegebenen Verhältnissen nach München kommen solle, doch dieser wiegelte ab. Als Ende März 1886 die Patrioten-Partei in München im Magistrat den Antrag einbrachte, den König im Namen der bayerischen Hauptstadt zu bitten, in die Residenz zu kommen und sich dem Volke zu zeigen, opponierte die liberale Fraktion auf das Heftigste, und Lutz knüpfte daran die Bemerkung, es wäre dies wohl der Anfang vom Ende. Lutz sah darin auch die vorbereiteten Machenschaften gegen den König gefährdet (vgl. dazu: K. Möckl, S. 95f). Auch Crailsheim mischte zusammen mit Holnstein und Lutz ständig in den dunklen unübersichtlichen Ministerialentscheidungen mit, gemeinsam war Freyschlag dabei, letztlich mit Gudden und dem verbündeten Prinzregenten Luitpold von Bayern (dieser war unsicher und abhängig), wobei Crailsheim seine Entscheidungen ständig verkomplizierte (K. Möckl S. 60). So blieben Crailsheim und die Regierungskommission voll im Einsatz (Vandenberg, S. 92).

Crailsheims unsichere Politik erzeugte auch im industriellen Sektor Unsicherheit. „Im Übrigen erzeugte die Tarifpolitik des Herrn von Crailsheim nur ein vages, dumpfes Gefühl von Unbefriedigtheit", das das allgemeine Interesse schädigte (K. Möckl, S. 82).

„Der einsetzende heftige Pressekrieg veranlasste zwar die bayerische Regierung keineswegs zur Änderung ihres Standpunktes, erschütterte aber Crailsheims Stellung politisch, besonders gegenüber der Landtagsmehrheit so sehr, dass der bayerische Geschäftsträger in Berlin das Auswärtige Amt ersuchte, auf die Reaktion der Norddeutschen Allgemeinen Zeitung einzuwirken." (K. Möckl, S. 83).

Die Stellung Crailsheims „wird gerade durch solche Angriffe erschüttert, da seine Feinde, die Ultramontanen, welche in Bayern mit den Eisenbahnverwaltung des Ministers befehdenden Agrariern identisch seien, die Haltung der ‚Norddeutschen Allgemeinen Zeitung' dahin auslegten, als habe Herr von Crailsheim auch in den maßgebenden Kreisen in Berlin keinen Rückhalt mehr." (AA (Hatzfeld) an Bismarck am 8. März 1884, PAAA Bonn, Bayern 55; Marginalie Bismarcks auf dem Bericht des AA v. 8. März 1884; Erlaß Nr. 135 an Werthern am 12. März 1884, PAAA Bonn, Bayern 55).

Graf Crailsheim hatte sich an den preußischen Gesandten, Graf Eulenburg, mit der Bitte gewandt, Berlin zum Ankauf der geplanten Broschüre über den Welfenfonds zu veranlassen, „da ihm die erforderlichen Mittel nicht zur Verfügung stünden".
Dass Crailsheim wiederholt den Welfenfonds anzapfte, um Gelder zu erhalten, ist damit bewiesen (R. 170). Es ist nachweisbar, dass Graf Crailsheim auch noch 1892 auf den Reptilienfonds zurückgreift (vgl. R. 175).

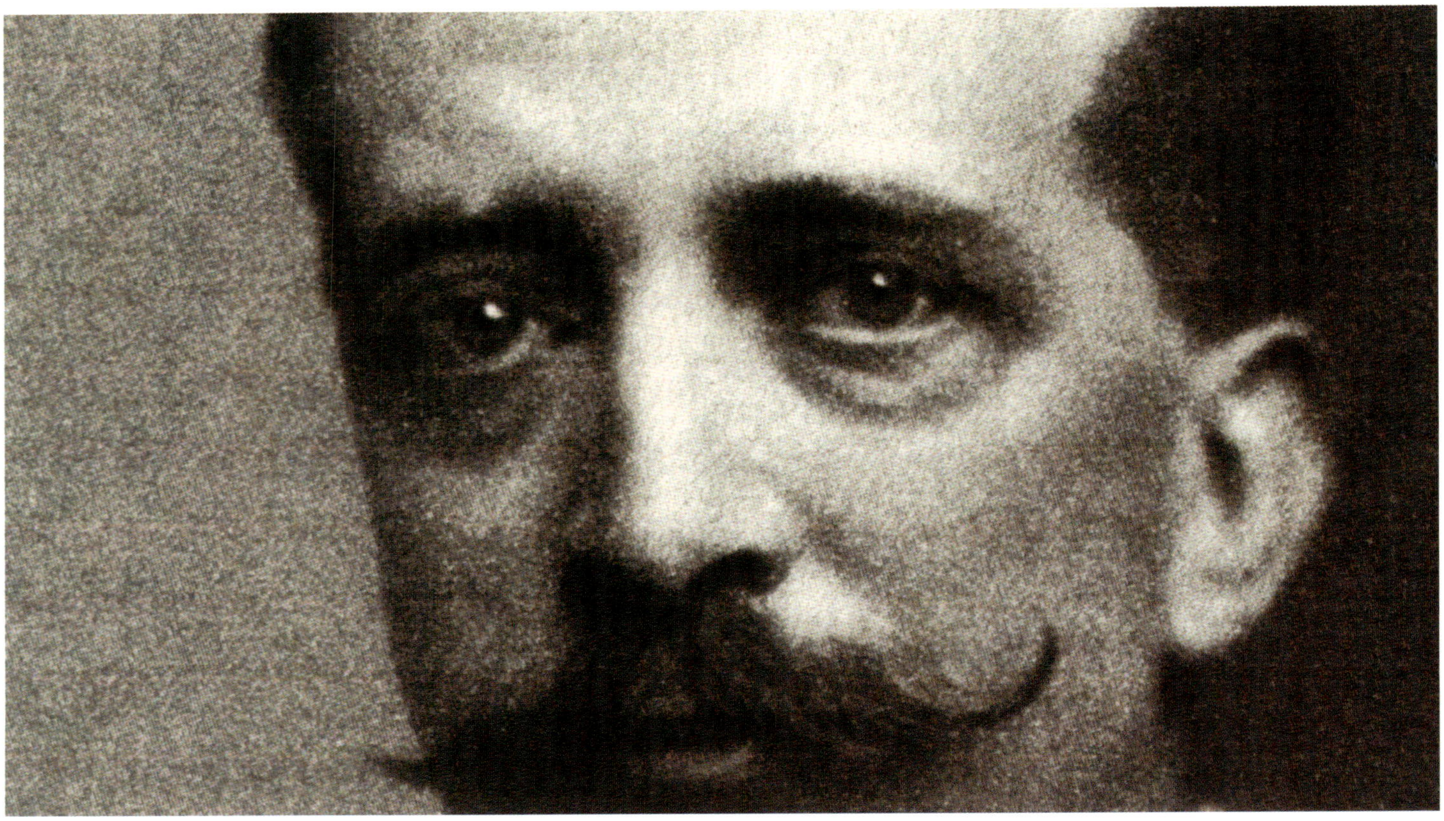

Crailsheim hatte von der Zwangsbeurlaubung Perfalls durch den Erlass vom 10. Januar 1893 keine Kenntnis gehabt und gedachte, ebenso wie sein Ministerkollege, ganz gleich wie der Skandal Klug verlaufe, keineswegs die Kabinettsfrage zu stellen, sondern wollte sich abwartend verhalten. Kultusminister von Müller versteckte sich hinter dem Erlass des Regenten, obwohl er ihn doch selbst formuliert hatte. Obersthofmeister Graf Castell sah zwar die Sache als eine so starke Schädigung des Ansehens Seiner Königlichen Hoheit, des Prinzregenten und des gesamten Hofstaates, dass er es für seine Pflicht hielt, einzuschreiten, forderte, dass Klug wenigstens bis nach dem Prozess beurlaubt werde, hatte aber wenig Erfolg, da er in dieser Angelegenheit persönlich beim Regenten nicht vorgelassen wurde und eine geeignete Vermittlung nicht fand. Die ganze Angelegenheit war eine lästige Sache. Klug hatte innerhalb der Ministerriege für ziemlichen juristischen Aufwand gesorgt und man hielt sich zurück. Sichtlich scheute Crailsheim entgegen seiner Pflicht als Minister des Königlichen Hauses vor energischen Schritten zurück, da er **Offenbarungen aus der Zeit um 1886 befürchtete.**“ Es ist also klar, dass Crailsheim damals mit Lutz, Holnstein und Gudden Dinge unternommen hatte, die innerhalb des Königlichen Hauses (des Prinzregenten) nicht unbekannt waren (vgl. Möckl, S. 375).

Krafft Friedrich August Ernst Gustav Christopher Freiherr von Crailsheim war königlicher Kämmerer und Staatsrat im ordentlichen Dienst, er war Staatsminister des königlichen Hauses und des Äußeren, zu dem auch die Verkehrsanstalten gehörten. Er wurde am 15. März 1841 als einziger Sohn des Chevauxlegers Oberleutnants Richard Freiherr von Crailsheim geboren. Die Mutter des Freiherrn von Crailsheim war eine geborene Edle von Zumpf. Schon mit 39 Jahren wurde Crailsheim in die Höheren Staatsgremien berufen. Nachdem er sich dem Rechtsstudium an den Universitäten Erlangen und Leipzig gewidmet hatte, war er nach gut gelungenen Staatsexamen nur eine kurze Zeit Bezirksassessor in Brückenau und wurde baldigst in das Handelsministerium berufen. Mit der Auflösung dieses Ministeriums wurde Baron Crailsheim zum Ministerium des Äußeren versetzt, um kurze Zeit darauf zum Legationsrat befördert zu werden. Es folgten die Stufen des Geheimen Legationsrates und auf Vorschlag des Ministers von Pfretschners wurde er dessen Nachfolger und wirkte in der Eigenschaft als Bayrischer Staatsminister seit dem 14. März 1880. In seiner Eigenschaft als Verkehrsminister hat er einige Erfolge aufzuweisen: die neu geschaffene Organisation stand unter der damaligen Industrieentwicklung unter guten Voraussetzungen. Als Vertreter des erkrankten Kultusministers hat Crailsheim bei der denkwürdigen Budget-Debatte im Landtag seine juristischen Kenntnisse eingesetzt.

Jedoch die Mitglieder der verunglückten Fahrtkommission wurden von Ludwig II. von Bayern am 9. Mai 1886 zeitweise in Neuschwanstein interniert.

Unterdessen zog Bismarck ein bewährtes, psychologisch wirksames Register, nämlich die Verlagerung der wirtschaftspolitischen Diskussion in die Öffentlichkeit auf die Presse-Ebene. Die komplizierten Auseinandersetzungen, die Baron von Crailsheim durchführte, waren unbefriedigend. Als exemplarisch für die dunklen Vorgänge beispielsweise im bayrischen Getreidegeschäft könnte das Verhalten der so genannten Zoll-Transit-Lagerhäuser gelten, über die 98 % der Getreidefrequenz liefen. Crailsheim spielte dabei eine äußerst undurchsichtige Rolle. Der einsetzende heftige Pressekrieg veranlasste zwar die bayrische Regierung keineswegs zur Änderung ihres Standpunktes, erschütterte aber Crailsheims Stellung politisch besonders gegenüber der Landtagsmehrheit so sehr, dass der Bayrische Geschäftsträger in Berlin das Auswärtige Amt ersuchte, auf die Reaktion der ‚Norddeutschen Allgemeinen Zeitung' einzuwirken.

Insgesamt kann die Krise Crailsheims auch als Krise des Systems Lutz gesehen werden, allenfalls ist festzustellen, dass 1886 Lutz eine freiere Bewegung für seine linksliberalen Ideen voraussetzte, aber diese nicht eintraf. Dem Zusammenschluss der privilegierten Schichten und der ungenügenden Mobilität des bürgerlichen Mittelstandes konnte durch Lutz nicht wirksam entgegengesteuert werden. Es folgte deshalb eine Auseinandersetzung um die Macht im Staate.

Crailsheim hatte zusammen mit dem Grafen Holnstein und dem Minister Lutz bei den dunklen und unübersichtlichen Ministerialentscheidungen mitgewirkt. Crailsheim berichtet selbst: „Um Klarheit zu gewinnen, hätte Herr Staatsminister Dr. Freiherr von Lutz und der Referent (Crailsheim) Ende März des Jahres (1886) mit dem Obermedizinalrat Dr. von Gudden, einer psychiatrischen Kapazität ersten Ranges, private vertrauliche Unterhaltungen gepflogen." (vgl. Bayr. HStA-Staatsarchiv 13 16 W. 59).

Das immerwährende Ränkespiel des Crailsheim zusammen mit Lutz diente der Verschleierung und war wesentlicher Bestandteil der Verschwörung gegen den König (vgl. Möckl, S. 155).

Auffällig ist, dass Crailsheims unsichere Politik ständig im Industriebereich Unsicherheiten erzeugte. „Im übrigen erzeugte die Tarifpolitik des Herrn von Crailsheim nur ein vages, dunkles Gefühl von Unbefriedigtheit.“ Diese Einstellungen wurden auch von den öffentlichen Medien angenommen (K. Möckl, S. 82). Es fiel im Allgemeinen auf, dass Crailsheim auch selbst bei Bismarck keinen Rückhalt mehr hatte (A.A. Hatzfeld an Bismarck am 8. März 1884, PAAA Bonn, Bayern 55, M., S. 83).

Graf Crailsheim betrieb keine kontinuierliche Politik mehr. Er war zu verschwommen und nicht zielbewusst (K. Möckl, S. 311). Daher war es folgerichtig, dass von Crailsheims Ziele, der in starkem Maße die königlose Zeit vorbereitet hat, nicht in Erfüllung gingen. Crailsheim fehlte es an Vertrauen, so dass er in bayerischen Regierungskreisen eine Stimmung der ständigen Angst vor Überraschungen verbreitete (K. Möckl, S. 310, Anm. 432 und 433). Es unterliegt wohl keinem Zweifel, dass in der Zeit vor dem Rücktritt des Ministers von Lutz indirekt auf ihn Druck ausgeübt worden ist, um ihn zu diesem Schritt zu bewegen. Crailsheim wusste über vielerlei dunkle Vorkommnisse Bescheid, so auch, dass Graf Holnstein jedes Jahr 30.000 Goldmark kassierte.

In den 16 Jahren der Zahlungen waren es insgesamt 480.000 Goldmark. Graf Crailsheim wusste sehr genau, woher das Geld kam. Er wandte sich an den preußischen Gesandten, Graf Ollenburg, mit der Bitte, Berlin zum Ankauf der geplanten Broschüre über den Welfenfonds zu veranlassen, „da ihm die erforderlichen Mittel nicht zur Verfügung stünden“. **Dass Crailsheim wiederholt den Welfenfonds anzapfte, um Gelder zu erhalten, ist damit bewiesen.**

Es ist nachweisbar, dass Graf Crailsheim auch noch 1892 auf den Reptilienfonds zurückgriff. (vgl. R., S. 175). Angesichts der Unzulänglichkeit des bayrischen Regierungssystems war die Arbeit Crailsheims faktisch lahm gelegt (vgl. K. Möckl, S. 389). Daher wurden gefährliche Dokumente im Frühjahr 1892 vernichtet (R., S. 146). Crailsheim, Lutz und der Prinzregent wussten von den Aktivitäten im Reptilienfonds. Reichskanzler Graf Caprivi war bei einer Durchsicht der Reptilienfonds-Akte auf Beträge von jeweils 300.000 Goldmark gestoßen, sie seien jahrelang nach München geflossen, ohne dass sich aus den Akten die näheren Umstände des weshalb und wieso ersehen ließ. Freiherr von Lutz wusste natürlich Bescheid.

# Im Mittelpunkt dieses Kapitels stehen die Porträtdarstellungen, die der Prinzregent Luitpold von Bayern in Auftrag gab

Als sich die Prinzregentenzeit zwischen 1886 und 1912/13 stabilisierte, gab es in München bedeutende Maler und andere Spezialisten, die der Prinzregent oft in ihren Ateliers aufsuchte. Dies waren Franz von Stuck, Friedrich August Kaulbach, Franz von Defregger und vor allem Franz von Lenbach. Dort bewunderte der Prinzregent die Potentatengalerie.
Lenbach verfügte in seinen Bildnissen über eine Art Abstrahierung, die sich von einer mimischen Formel hin zu einer „mimischen Maske" steigern konnte, es war eine Art dauernde Verfremdung unter einem übersteigerten Realismus.

Das temporäre Element trat im Laufe der Jahre durch die fotografischen Studien Lenbachs immer stärker in Erscheinung. Dadurch erhält der Beitrag in diesem Buch eine besondere Bedeutung. Eine neue Sicht wurde durch Franz von Lenbach auch auf Joseph Albert gelenkt – der die bedeutsame Fotoreihe „40 Jahre Ludwig II. König von Bayern" vorbereitet und durchgeführt hatte.

Lenbach kannte die großartigen fototechnischen Leistungen Alberts und er hat auch nachweislich Fotografien von Joseph Albert benutzt. Um der Forderung der Zeit nach totaler Ähnlichkeit bei größter Verklärung der mimischen Spur nahezukommen, tränkte Lenbach seine Leinwände mit Silbersalzen, trug darauf seine geheimen Fotografien der gefeierten Würdenträger auf und überliefert damit, durch Übermalung der Großfotos, die „Wahrheit" der gehobenen Klasse.

Das Gegenbeispiel, nämlich das Gesicht in der mimischen Spur total zu erfassen, wird von Hermann Kaulbach vorgeführt, auch er ein gefeierter Porträtist; er verhöhnte Lenbach in seinem „Fotorausch".

Hermann Kaulbach war ein bedeutender Zeichner und hatte außerdem Medizin studiert, wobei er hunderte Porträts in den Leichenschauhäusern Münchens fertigte und sich daran ausbildete. Hermann Kaulbach traf damit den Nerv der naturgegebenen Physiognomie und er ist damit der Maler des Rechenschaftsberichtes und nicht der „gesellschaftlichen Klasse und Erhöhung" wie Franz von Lenbach.

Der Mensch und Maler Hermann Kaulbach trägt mit seinem Porträt vom getöteten König Ludwig II. von Bayern zu einem realen und entscheidenden **Rechenschaftsbericht** bei.

Oberstleutnant Freiherr von Washington, in Schloss Berg der Leiter der Verschwörung in der Mordnacht, rief als Ersten gegen 22.30 Uhr den Prinzregenten Luitpold an, wodurch auch Freyschlag, der Leiter der Geheimkartei und Adjutant des Prinzregenten telegrafisch informiert wurde (Wöbking, S. 146 u. 151).

Freiherr von Washington vermerkte: „Ich musste mich zusammenraffen und sandte alsogleich die Meldung „Auffindung der Leichen Ludwig II. und Guddens mittels Telegraph an Freyschlag und die Minister." (F.V. Müller, Die letzten Tage, S. 769 ff).

Also immer wieder – Freyschlag und damit auch Prinz Luitpold standen im Mittelpunkt dieser Todesnacht.

Freiherr Freyschlag von Freyenstein

# Prinzregent Luitpold von Bayern und die Geheimkanzlei

Prinzregent Luitpold

Die Verbindung mit dem Welfenschatz und die Zahlungen nach München waren eine Triebfeder aller Beteiligten, und man sollte nicht denken, dass sich Freyschlag von Freyenstein vornehm aus der Affäre herausgehalten hätte. Für alle, die vor dem Tod des Königs oder nach ihm daran dachten, sie alle waren geprägt von einer Art Geldrausch. „Daher charakterisierte der Bayrische Ministerpräsident, Freiherr von Lutz, den Vorgang gegenüber seinem Nachfolger, dem Freiherrn und späteren Grafen von Crailsheim (1841-1926), mit derber bayerischer Offenheit." (Richard Sexau, S. 150).

Die Verwicklungen um Crailsheim nahmen zu. So musste Perfall durch den Erlass vom 10. Januar 1893 in den Zwangsurlaub gehen. Angeblich hatte Crailsheim keine Kenntnis von dem Vorfall, ebenso wie angeblich sein Ministerkollege Lutz. Ganz gleich, wie der Skandal Klug verlaufen konnte, es wurde keineswegs die Kabinettsfrage gestellt, sondern man wollte sich abwartend verhalten. Kultusminister von Müller versteckte sich hinter dem Erlass des Regenten, obwohl er ihn doch selbst formuliert hatte. Obersthofmeister Graf Castell sah zwar die Sache als eine so starke Schädigung des Ansehens Seiner Königlichen Hoheit, des Prinzregenten und des gesamten Hofstaates, dass er es für seine Pflicht hielt, einzuschreiten. Er forderte, dass Klug sich wenigstens vorsichtiger äußere.

Die innenpolitische Entwicklung Bayerns verlief nicht im Sinne der sich fast diktatorisch verhaltenden Lutzregierung, man hatte eine Handlungsfreiheit wie unter Ludwig II. nicht zurückgewonnen.
„Die Folgen der Wende von 1890 machten offensichtlich, dass Regent und Regierung nicht mehr regieren, sondern nur noch reagieren konnten." (K. Möckl, S. 17).

Die gesellschaftlichen Machtstrukturen waren in der Regierungszeit Ludwigs II. besser verteilt und waren auch von den Taten des Königs beeinflusst, zudem war der Monarch gleichermaßen ein Leitbild für die unterschiedlichen Klassen. Die Bürger huldigten dem Stil des Königs oder besser „dem Stil der Könige" auf den zahlreichen Weltausstellungen. Der Bürger mit seinem unter Ludwig II. erlernten Können und Wissen, bewegte die Welt in den Zentren des täglichen Lebens.

Freyenstein und Prinzregent Luitpold, zwei enge Freunde, die Bismarck gelegen gekommen waren. Die Reichstreue dieser Männer wurde in Berlin begrüßt, verkörperten sie doch in Bayern eine Art Nebenregierung, die von einer starken treuen Hand im Sinne des Regenten (Luitpold) geführt wurde. Werthern, der preußische Diplomat, sollte auf „den alten Freyschlag einwirken, da dieser wusste, dass der Regent Luitpold an dem sich stets **in Scene setzenden Freyschlag von Freyenstein „in zärtlicher Liebe hängt"** (K. Möckl, S. 188). Beide waren einander ähnlich. Freyenstein war ein Mann der Epoche des Übergangs, obwohl die Kunstentwicklung durch den König bis hinein in die genial geschaffenen Handwerkerstände bis um 1900 wirkte.

Der hoch gepriesene Prinzregent war in der handwerklichen Entwicklung Bayern vom Einfluss Ludwigs II. bestimmt.
Prinzregent Luitpold hatte weder die Spezialhandwerker ausgebildet und etabliert, noch derartig vielseitig eingesetzt. Der König war auf der großen Weltausstellung in Paris 1867 gewesen, dort hatte er sich

mit allen Sparten des internationalen Kunstschaffens Europas beschäftigt, er entwickelte dadurch einen Historismus der Gründerzeit in einer totalen Verfremdung, gleichsam symbolistisch als Eintritt in die verfremdende spätere Sezessionskunst. Ludwig II. hatte sich mit sämtlichen Weltausstellungen, die während seines Lebens stattfanden, beschäftigt.

Die Welt Richard Wagners prägte ihn, gewisse verfremdende Elemente der islamischen und osmanischen Kunst brachten ihn zum Nachdenken. Die hier in diesem Buch gezeigten orientalischen Architekturen, die türkische Vielfalt der Farben, die Repräsentanz der neuen Räume, die Pracht der Gärten, die Qualität bis ins äußerste Detail, konnten Luitpold und Freyschlag nicht gestaltend übernehmen, ja, nicht einmal verstehen.

Gewiss hat es in der Sezessionsgeschichte nicht an gegensätzlichen Auffassungen gefehlt, immer aber wurde die gemeinsame Aufgabe dem persönlichen Vorteil übergeordnet.

In München und Berlin hatte die Sezession viele ihrer Mitglieder überlebt, in Wien war es jedoch umgekehrt. Immerhin hatte sie hier in acht Jahren ihre Aufgabe erfüllt. „Der Differenzierungsprozess hatte sich vollzogen, eben auch durch die Freiheit, welche die Vereinigung jedem ihrer Mitglieder ließ, ein Selbst zu sein oder zu werden.“ (L. Hevesi, Acht Jahre Sezession, Wien 1906, S. 503).

In München vollzog sich der Differenzierungsprozess am langsamsten, aber dafür stetig. Trotz der zahlreichen Abspaltungen und Neugründungen von Künstlergruppen blieb die Münchner Sezession erhalten, sie verblasste oder trat durch den Zustrom der korrespondierenden Mitglieder des Auslandes stärker hervor. Ähnlich waren die Vorgänge in Berlin und nicht zuletzt in Paris. Das Sezessionieren, dieses Fluktuieren entspricht dem Umwandlungsprozess des geistigen Lebens und im Speziellen der Kunst. Die vielschichtige Gruppenbildung, die Überlagerung und das Hervorgehen aus dem Überlieferten ist ein wesentliches, wenn nicht das entscheidende Merkmal dieser Epoche. Das Streben nach dem Gesamtkunstwerk steht dabei immer mehr im Vordergrund; aus dieser Absicht heraus wird verständlich, dass nun das Kunsthandwerk in die Gemälde- und Plastikausstellung einzog. Sechs Jahre vor der großen Attraktion im „Salon d'Automne“ in Paris, die Ausstattungskunst neben den „Arts Majeurs“ zuzulassen, hatten 1897 die Vereinigten Werkstätten für Kunst im Handwerk im Glaspalast zum ersten Mal ausgestellt. Um 1899 kam es zu der denkwürdigen, aber längst vergessenen Internationalen Kunstausstellung, zu der von der Münchner Sezession die Vereinigten Werkstätten für Kunst und Handwerk mit allen europäischen korrespondierenden Mitgliedern eingeladen wurden. Es muss eine überragende Dokumentation der besten handwerklichen und künstlerischen Kräfte gewesen sein.

Ludwig II. König von Bayern hatte durch seine künstlich gestaltete Welt, die er erzeugt hatte mit Verfremdungen auf allen künstlerischen Gebieten durch Stil-Pluralismus vor allem in Architektur, Kunsthandwerk, musikalische Inszenierungen hohe Bedeutung errungen, da er dazu neigte, das Erschaute zu verrätseln. Die Prinzregentenzeit in Bayern ist daher ein Geschenk des getöteten Königs Ludwig II.

# Prinz Luitpold Regent in Bayern und Ignaz Freyschlag von Freyenstein

**Ignaz Freiherr Freyschlag von Freyenstein 1827 – 1891**

Graf Holnstein, der inzwischen wieder ins ministerielle Lager umgeschwenkt war, behauptete, der Prinz (Luitpold) „habe allerdings einen sehr beschränkten Gesichtskreis“ (K. Möckl, S. 184). Rasch war bekannt geworden, dass Prinz Luitpold sich an Lutz „klammerte“.

Die Entmündigung und der Tod Ludwig II. waren verlässliche Voraussetzungen. „Diese enge Bindung Luitpolds an Johann von Lutz nahm sich, zumindest persönlich, die Möglichkeit, neue politische Wege zu gehen.“ (K. Möckl, S. 148).

Freiherr Ignaz Freyschlag von Freyenstein 1887

1886 ernannte Luitpold seinen treuesten Begleiter und engsten Freund Ignaz Freiherr Freyschlag von Freyenstein (1827-1891), aus dem nationalliberal-bürgerlich geprägtem Offizierskorps stammend, zum Chef der Geheimkanzlei, nachdem dieser sich bei der Entmündigung des Königs Ludwig II. und bei weiteren Folgeleistungen hervorgetan hatte. Er konnte aufgrund des Ränkespiels beim Königsmord mit größter freundschaftlicher Bindung rechnen. Das Vertrauen des Regenten stärkte Freyschlags Stellung.

Das Anwachsen der Macht der Geheimkanzlei des Freiherrn von Freyschlag war beachtlich. Freyschlag trachtete danach, die gesamten Personalangelegenheiten des Kriegsministeriums in seine Hand zu bekommen. Man war allgemein damit nicht einverstanden, da der Machtzuwachs grotesk war. Doch Freyschlag, der bei jeder Gelegenheit die Hand aufzuhalten pflegte, zog aus der Situation seine Vorteile, wie eine heikle Situation beweist.

Bei einer Treibjagd im Winter 1887/88 wurde ein Treiber auf der Jagd vom Prinzregenten Luitpold angeschossen und schwer verletzt. Freyschlag stellte sich sofort vor den Prinzregenten, indem er mit dessen Zustimmung den Freiherrn von Wolfskeel als den Schützen bezeichnete und damit den Prinzregenten entlastete; Wolfskeel wurde dafür zum Major befördert. Die zahlreichen Pleiten, die der Prinzregent verursachte, wurden immer sofort von Freyschlag fehlerfrei beseitigt (K. Möckl, S. 224/225).

Freyschlag war auch mit den Hintergründen des Königsmordes vertraut, denn beide waren sich im Kampf gegen Ludwig II. einig gewesen und blieben es bis zum Ende der 80er Jahre (K. Möckl, S. 264). Hinzu kam, dass Freyschlag an dem Regenten mit zärtlicher Freundschaft hing und beide ausgesprochene Gegner der klerikalen Partei waren (K. Möckl, S. 258).

Letzteres belegt folgende Episode: Das Begrüßungstelegramm, das Löwenstein im Namen des Katholikentages einmal an den Prinzregenten gerichtet hatte, blieb unbeantwortet, da die Geheimkanzlei Freyschlags eine Beantwortung nicht zuließ.

Zunächst arbeitete Ludwig II. mit dem Freiherrn Freyschlag zusammen (vgl. K. Möckl, S. 149) es gab demnach also gute Kontakte, und Freyschlag hatte gegenüber König Ludwig II. stets die Ansichten vertreten, die mit dem Prinzregenten abgestimmt waren.

Am 30. Juni 1886, rund zwei Wochen nach der Tötung König Ludwigs II. erhielt der Regent Luitpold eine Sonderdotation von jährlich 200.000 fl. Goldgulden (K. Möckel, S. 180). Neben Freyschlag hatte Prinz Luitpold noch weitere Freunde, so etwa Karl Freiherr von Wolffskeel, Generaladjutant des Regenten. Freyschlag hatte auf eine Verdichtung der Geheimkanzlei gedrängt, so dass 1900 Wolffskeel, ein Duzfreund des Regenten, Generaladjutant und Chef der Geheimkanzlei wurde und damit mächtigster Mann im Staate (vgl. Möckel, S. 188 ff).

Der Prinzregent Luitpold von Bayern

Ignaz Freyschlag von Freyenstein entstammte einem österreichischen Adelsgeschlecht, wurde 1827 in Landau an der Isar geboren, katholisch, war bürgerlich verheiratet und zwar zweimal mit der jeweils jüngeren und älteren Schwester des Gutsbesitzers Georg Schneider. Sein Vater war Landgerichtsassessor. Nach dem Besuch des Gymnasiums begann er in München das Studium der Rechte, wurde 1848 Unterleutnant, 1858 Batallionsadjutant und damit für höhere Aufgaben vorgesehen, 1859 Oberleutnant, 1865 Adjutant des Generalmajors Wilhelm Walther und 1868 Adjutant des Generalinspekteurs der Armee Prinz Luitpold; dieser beförderte ihn 1873 zum Major und machte ihn zu seinem persönlichen Adjutanten. In dieser Stellung stieg er auf bis zum Generalmajor, kgl. Kämmerer und Generaladjutanten. Mit dem 1. Aug. 1886 wurde er zum Chef der Geheimkanzlei des Prinzregenten ernannt, sechs Monate darauf in den erblichen Freiherrenstand erhoben und zwei Jahre später Generalleutnant mit dem Prädikat Exzellenz, am 11. November 1891 starb er in München (vgl. u.a. H. A. 67 774, KAM). Das „Bayerische Vaterland" vom 20. November 1891 schrieb zum Tode Freyschlags: „Seit des Freiherrn von Pranckhs Tod wurde kein Nichtmitglied des Königshauses im Tode so geehrt, wie Baron Freyschlag und reichte hierin die äußere Anteilnahme des Hofes bei den Todesfällen Baron Franckensteins und Baron Lutz nicht hinan. … Aber man ehrte in dem Verewigten den Freund und intimen Vertrauten des Regenten."
(MA 9 736, GstAM). Eulenburg schrieb an H. v. Bismarck am 14. Juni 1886 (BA Friedrichsruh), dass er mit der Reichstreue der Umgebung des Regenten zufrieden sei und besonders die Adjutanten Freyschlag und Wolffskeel das Vertrauen des Prinzen zu Lutz unterstützen (vgl. auch: Brf. Eulenburgs an H. v. Bismarck am 17. Juni 1886, BA Friedrichsruh;
Brf. Eulenburgs an H. v. Bismarck am 17. Dez. 1886, BA Friedrichsruh).
Die gesamte Lage um Ludwig II., politisch wie auch zwischenmenschlich, war unterschwellig immer auch vom Geld bestimmt. Der Regent benötigte daher auch noch nach 1900 die Geheimkanzlei, die nach Freyschlag dann von Wolffskeel in tiefster Proskynese bedient wurde.
Auch der „Kulturkampf" verlief während der Regentschaft äußerst schwammig (vgl. K. Möckl, S. 212).

**Das repräsentative Regentenbildnis Luitpolds von Bayern als politische Werbung**

Franz von Stuck
Tettenweis (Niederbayern),
23.2.1863 – Tetschen 30.8.1928

Maler, Graphiker, Bildhauer und Architekt. 1882-84 an der Kunstgewerbeschule, 1885 an der Akademie in München. Beeinflusst von W. Diez und A. Böcklin. Mitarbeiter der „Jugend". 1889 auf der Münchener Jahresausstellung vertreten. Das Plakat der Ausstellung ist von ihm entworfen. 1893 Mitbegründer der Münchner Sezession. Seit 1895 Lehrer an der Münchner Akademie. Mythologische und allegorische Gestalten, denen Böcklins verwandt, sind Hauptthema seiner Bilder. Daneben entstanden die Skulpturen „Der verwundete Centaur", „Athlet", „Speerschleudernde Amazone". Ende der 90er Jahre baute er sein Atelier und Wohnhaus „Villa Stuck" in München. 1906 wurde er geadelt. 1929 Gedächtnisausstellung im Glaspalast in München.

Der Auftraggeber konnte überzeugt sein, dass er mehr bekam als bloß ein Bildnis – er wurde elitär und auf ewig als Regent in eine Elitegruppe aufgenommen. Nicht den Einheitsgestus bevorzugte Stuck, sondern der Dargestellte wird symbolisch zum Mitglied einer aktivierten Feudalgruppe.
Der Regent gibt sich gelassen, steht auf dem linken Bein, das rechte ist gewinkelt und angehoben auf einem Sockel. Der rechte Arm mit ausgestreckter Hand ruht auf einem weiß verhüllten Großsockel. Die Linke stemmt der Monarch im Renaissancegestus in die Hüfte über dem Schwertgriff. Stuck wählt hier eine absurde Haltung, die den Eigenwillen des Herrschers versinnbildlichen soll. Es ist ein gewagter Habitus, den Stuck dem Monarchen auferlegt.

Doch war Prinz Luitpold bereit, in Haltung und Gebärde dem Maler zu folgen, da dieses Verhalten Aufmerksamkeit erzeugte. – Es ist jene Zeit-Repräsentanz, die der Prinzregent benötigte, denn der Tod Ludwig II. von Bayern war von der Bevölkerung noch nicht vergessen.

**Prinzregent Luitpold 1894**
Bezeichnet unten rechts:
Franz Stuck,
legiert, Öl auf Leinwand,
88,0 x 57,0 cm,
von dem Bild gibt es eine zweite
Fassung, München, Privatbesitz.

FRANZ
STVCK

**Franz Pernat Sales**
**Prinz Luitpold Regent von Bayern**
Bezeichnet unten rechts: F. Pernat 1906,
Öl auf Leinwand,
135 x 85 cm,
Privatbesitz

Franz Pernat wurde am 4. Juli 1853 in München geboren und gehört in die Gruppe der Münchner Porträtmaler um Diez, Ramberg und Lindenschmit (vgl. Boetticher, Jg. II/1, 1898). Am stärksten erhielt er Anregungen von Franz von Lenbach.
Sehr deutlich wird der Eigenwille des Dargestellten in den Vordergrund gestellt. Der Prinzregent fühlte sich mit dem Landadel eng verbunden, denn seine engsten soldatischen Freunde entstammten demselben.

Prinz Luitpold stand im Schatten des Königs Ludwig II., vor allem hinsichtlich seines Wissens, aber auch bezüglich seiner Macht sowie in finanziellen Dingen.

Er war daher an der Repräsentationswirkung seiner Porträts mitbeteiligt, die Wünsche wurden von den Malern, Zeichnern und Entwerfern stets berücksichtigt. Selbst eine Reklamekarte für André Hofer, Feigenkaffee-Fabrik, Hanau um 1900 ließ der Prinzregent zu. Die Überdifferenzierung auch in der plakativen Farbe sollte die Aufmerksamkeit des Betrachters erhöhen.

In dem hier abgebildeten Porträt des Prinzregenten von Pernat ist der Dargestellte sinnend abkonterfeit, gleichsam abgehoben. Er trägt ein Wams des 16./17. Jahrhunderts aus Seide, reich bestickt und gerafft. Die Rechte ist in die Hüfte gestützt, die Linke am Degengriff.

Innerhalb der Potentatengalerie aus der Zeit nach dem Tod König Ludwigs II. nimmt die Darstellung der Persönlichkeit des Prinzregenten dort eine gewichtige Stellung ein, insofern als sich alle anderen Darstellungen in Haltung und Gebärde von dem Monarchenporträt ableiten lassen. Wir erkennen die Variationsbreite aus den verschiedenen Wiedergaben Pernats: sinnend herabschauend. Der Maler nutzte die Sicht von unten, um das Denkmalhafte zum Ausdruck zu bringen. Sooft als möglich malte Pernat die Menschen im Profil. Er konnte so das Individuelle stärker ausprägen; das trifft vor allem auf Künstlerpersönlichkeiten zu. Die Profildarstellung aktivierte die besonderen ästhetischen Merkmale. Die nachdenklichen Züge versinnbildlichen die jeweils aktuelle Rolle. Der persönliche Kontakt zu den Dargestellten war von Bedeutung für die Wahl des Ausschnitts, die Größe des Kopfes und die Anordnung auf der Bildfläche, die die Wirkung bestimmen. Das Individuelle schiebt sich gelegentlich vor den Einheitshabitus des Elitären und bewirkt eine Diskrepanz. Die Zeichen der Würde sind oft mehr enthüllend als repräsentativ. Auch der Prinzregent stand unter der Einwirkung des Porträtfotos. Der charakteristische Blickwinkel wurde für den Porträtierten ermittelt; er hatte nur bis zum Moment der Aufnahme zu warten. In diese kurze Zeitspanne wurde alles konzentriert, was der Darzustellende zu investieren vermochte. Eine wichtige und eigenwillige Erscheinungsform ist die „Abwehrhaltung“, die der Maler seinen Dargestellten auferlegte. Das Momenthafte des Wegblickens gehört zu dieser Darstellungsweise. Die „Abwehrhaltung“ in den Bildnissen der 80er und 90er Jahre wurde über das Körperprofil mit geringer Kopfdrehung zum Betrachter hin und mit dem Rückenbild eingeleitet. Der Maler fügte seinen Bildnissen bald eine „Barriere“ bei, die nach dem Königsmord verbindlich wurde. Ein jähes Wegblicken, gleichsam nach einer plötzlichen Überraschung, ein fast schirmender Gestus entsprechen der „Abwehrhaltung“, wobei die oft exaltierte Bewegung das Interesse des Betrachters erwecken soll. Sie erscheint wie gefroren, ähnlich wie bei den Porträts von Parnat oder im Feldherrengestus. Diese Gebärde ist im Grunde ein gestatteter „Vorbeiblick“ – eine Herausforderung an den Betrachter, sie ist Ausdruck des Standesbewusstseins, gewissermaßen mit einem verlorenen Gesicht dargestellt; die Hintergründe dieses nicht erlaubten Blicks wurden für Pernat verbindlich.

F. Pernat.
1906.

## Franz Defregger (1835 – 1921)

Der Prinzregent Luitpold von Bayern in der Tracht eines oberbayerischen Waidmannes auf dem Anstand.
Öl auf Leinwand, 230 x 137 cm,
bezeichnet unten links: F. Defregger 1888.
Bild Seite 261

Ein Alterswerk des Malers, der die Auftragssituation berücksichtigen musste, und das daher mehr den Willen des Dargestellten verkörpert.

Im Porträt des Prinzregenten Luitpold von Bayern kombinierte Defregger den Gestus der Nobili im Sinne des Renaissance-Ideals, den gewinkelten Arm mit angestützter Hand in der Lende und den angehobenen Kopf mit Regentenblick. Diese formelle Haltung wurde im gleichen Standeskreis im gewünschten Sinn erkannt. Defregger vermochte jedoch im Moment wahrer Anteilnahme zu „transformieren“, indem er die Charaktere ohne Beiwerk erfasste.

Die extreme Jägergeste ist erstarrt, es ist jenes Verhalten, mittels dessen sich der Prinzregent seinen Untertanen als stets bereit darstellte. Der getötete König Ludwig II. von Bayern hingegen hat im Gegensatz dazu ein wahrhaft großes kulturelles Werk hinterlassen.

Prinzregent Luitpold als Jäger, nach fotografischen Vorlagen,
Franz von Lenbach (1836-1904),
München, 1897,
bezeichnet rechts unten: F. Lenbach 1897,
Öl auf Leinwand, 199 x 115 cm, Schrobenhausen, Lenbachmuseum

**Prinzregent Luitpold**
Franz von Lenbach
Öl auf Karton,
87,0 x 70,0 cm,
um 1890/95,
München,
Städtische Galerie im Lenbachhaus,
Inv.-Nr. L 226

Der Blick des Regenten ist irritierend, er ist unnahbar. Der gewinkelte Arm, im Sinne eines florentinischen Nobili, die gestützte Hand in der Hüfte, sind der Gestus, der (auch vom Hochadel) im richtigen Sinne gedeutet wurde und auf das 15. und 16. Jahrhundert zurückzuführen ist. Der Prinzregent Luitpold war oft zu Gast im Lenbach-Palais und er legte vor der Sitzung stets das „Verhalten" im Gespräch mit dem Maler fest.

Der Regent reagierte auf seine Weise auf die Aura, die Lenbach seinen Porträts verleihen konnte: Er sah sich in der Extrembewegung dem Volke nahe.
Lenbach entwickelte für seine Malerei eine große Anzahl von differenzierten mimischen Formeln, die den Dargestellten zwar stets als einer elitären Gruppe zugehörig kenntlich machten, aber ihm darüber hinaus in seinem Ausdrucksverlangen individuelle Eigenständigkeiten beließen. Dazu dienten die zahlreichen Bewegungsstudien, die Lenbach anfertigte.
Das *Bildnis des Regenten* zeigt Lenbach als Arrangeur der zeitgenössischen Auffassung. Der Blick des Dargestellten geht am Betrachter vorbei, ist gleichsam nach innen gerichtet und deutet an, dass der Staatsmann eine Entscheidung vorbereitet.

# Prinz Luitpold – Regent von Bayern

Prinz Luitpold Carl Joseph Wilhelm Ludwig wurde zu Würzburg am 12. März 1821 geboren. Er vermählte sich am 15. April 1844 zu Florenz mit Auguste Ferdinande Luise Marie Johanna Josepha, Kaiserliche Prinzessin und Erzherzogin von Österreich und Großherzogliche Prinzessin von Toscana. Am 26. April 1864 verlor der Prinzregent seine Frau. Ein Bruch, der die Familie aufs Äußerste belastete. Zunächst war Prinz Luitpold von Bayern General-Feldzeugmeister der bayerischen Armee. Er wurde am 12. März 1835, also schon mit 14 Jahren durch ein Handbillett seines königlichen Vaters zum Hauptmann und am 4. November 1839 zum Oberst und Befehlshaber des I. Artillerie-Regiments ernannt. Im Jahre 1843 wurde er Generalmajor und 1848 ernannte man den Prinzen zum Generalleutnant. Ein schneller Weg des Aufstiegs, den Prinz Luitpold in der Schilderung seiner militärischen Karriere wiederholt hervorhob. 1861 erhielt der Prinz die Beförderung zum General der Infanterie und am 30. März 1876 bekam er die Ernennung zum Generalzeugmeister und zum Generalinspekteur der Armee. Mit diesen Ämtern war er letztlich der oberste Kriegsherr, noch vor der Übernahme der kommenden Regentschaft. Prinz Luitpold und seine Frau, Auguste von Toscana, hatten vier Kinder, drei Söhne und eine Tochter. Der präsumtive Thronfolger wurde Prinz Ludwig, königlich bayerischer General der Infanterie, welcher mit einer Prinzessin aus dem Hause Österreich-Este vermählt war. Der zweite Sohn, Prinz Leopold, wurde der Schwiegersohn des Kaisers von Österreich und der dritte Sohn, Prinz Arnolf verehelichte sich mit einer Prinzessin aus dem regierenden Hause Liechtenstein.

Prinzregent Luitpold von Bayern
Fest-Blatt zum 80. Geburtstag 1901
Festgabe der Stadt München für die
Schuljugend

Prinz-Regent Luitpold von Bayern.

Prinz Luitpold war an der Entmündigungsaktion König Ludwigs II. federführend beteiligt (Siehe auch Rall in Spindler, Handbuch der Bayer. Geschichte IV, 1 S. 254). Rall/Petzet (König Ludwig II. Wirklichkeit und Rätsel, S. 31 und Rall in Spindler IV, S. 254) sehen dagegen Prinz Luitpold sogar als den eigentlichen Initiator der Entmündigungsaktion an und werten die eingeleiteten Maßnahmen als Abschluss der seit Beginn der Regierungszeit des Königs bestehenden Bestrebungen mit dem Ziele, den König durch die Behauptung, er sei geisteskrank, zu entthronen und im gegebenen Augenblick durch Prinz Luitpold oder dessen Sohn Ludwig zu ersetzen.

Für den Prinzregenten Luitpold bot die „allmächtige" Geheimkanzlei unter dem General Freiherr Ignaz Freyschlag von Freyenstein die größte Sicherheit. Freyschlag lenkte, wie auch immer, den Prinzregenten Luitpold – sie waren einst Regimentskameraden gewesen, und ihre Freundschaft war tief.

Über das Persönlichkeitsbild des Prinzregenten berichtet im Handbuch der Bayerischen Geschichte IV. 1, S 348 ff. zur politischen Aktivität und dem diplomatischen Wissen des Prinzregenten Luitpold der bekannte Historiker Albrecht: „Den menschlichen Qualitäten und künstlerischen Interessen des Regenten hat seine politische Befähigung und Selbstständigkeit nicht entsprochen." (W. Albrecht: Landtag und Regierung in Bayern am Vorabend der Revolution von 1918).

Der Prinzregent Luitpold stand also ganz unter dem Willen des Generals Freyschlag, denn dieser hatte durch die Geheimkanzlei alle Fäden in den Händen.

Freyschlag 1887

**Prinzregent Luitpold, 1892**
Hendrik de Haenen
1842 Amsterdam,
1918 Brüssel,
Zeichner und Stecher,
bezeichnet links unten:
de Haenen
Kaltnadel auf Papier,
38,2 x 29,5 cm,
Privatbesitz

Die engen Bindungen des Prinzregenten Luitpold an Lutz brachten viele politische Stillstände (vgl. K. Möckl, S. 148f). Männer wie Freiherr Freyschlag sicherten auch die Politik des liberalen Ministeriums ab. Zu ihnen gehörte auch Peter von Wiedenmann, Sohn eines Schneidermeisters, der spätere Chef der Geheimkanzlei. Wiedenmann trat 1912 nach dem Tode des Regenten als einer der meist gehassten Männer in den Ruhestand und starb 1917. Zunächst hatte nach der Tötung des Königs Ludwig II. Freyschlag das Sagen, mit dem 1. August 1886 wurde er zum Chef der Geheimkanzlei des Prinzregenten ernannt, wie mehrfach berichtet. Dies bedeutete einen diktatorischen Akt von größten Ausmaßen, er begründete weitest reichenden Einfluss und sicherte einer unverantwortlichen Institution gleichzeitig eine Schlüsselstellung zwischen Krone und Regierung (K. Möckl, S.188). Eine Nebenregierung war geschaffen worden mit allen Folgen. Das Geheime hatte neue Bedeutung erlangt, die Geheimkarteien wirkten und wirken bis zum heutigen Tag in einer merkwürdigen Distanz zur genauen, wahrheitsgetreuen, historischen Geschichtsauffassung in Bayern (K. Möckl, S. 188 ff). Der auf Zeit ausgelegte Kulturkampf war für Freyschlag eine Art Spielwiese, in der er seine und diktatorische Macht wohldosiert in Szene setzen konnte.

Zur Rolle des künftigen Regenten bei der Einleitung der Entmündigungsmaßnahmen vergleiche A. Kraus, Geschichte Bayerns, München 1983, S. 579 f.
Luitpold erschien der Öffentlichkeit als die treibende Kraft was seinem persönlichen Ansehen wie dem Ansehen der Dynastie in breiten Kreisen der Bevölkerung noch lange geschadet hat. Albrecht sieht aber in Übereinstimmung mit v. Miller und Möckl (K. Möckl, Die Prinzregentenzeit. Gesellschaft und Politik während der Ära des Prinzregenten Luitpold, 1972, S. 105 ff) die Initiative bei Lutz und Crailsheim, „während der entschlusslose und politischer Verantwortung abholde Luitpold lange gezögert hat.“ Eine Auffassung, die auch durch Darlegungen des 2. Sohnes des Prinzregenten, Leopold Prinz von Bayern, in dessen Lebenserinnerungen (Aus den Lebenserinnerungen, a.a.O.,S. 255/256) gestützt wird.

Oberst Freyschlag von Freyenstein, Generaladjutant des Prinzregenten und Chef der Geheimkanzlei, hatte die Angelegenheiten der Todesnacht genau beobachtet. In dem Kreis der getreuen Lutz, Holnstein, Gudden-Anhänger wurde dort die Story erfunden, wie der König angeblich zu Tode kam.

Eingeweiht in das Spektakel war auch Dr. Müller, der von Anfang an nur eine brüchige Wahrheit verbreitet und mit Genosse Grashey um peinliche Details streiten musste, um das eigene Überleben stimmungsvoll zu gestalten. Die Lutzmisere, die ihm politisches Überleben bringen sollte, reichte von Sicherungsverwahrung bis zum politischen Mord. Beim Grafen Holnstein war es Gewinnsucht und Lust am kriminellen Aufstieg; bei Gudden: Krampfhafte Eigensucht und berufliche Anerkennung bis zum Wahnhaften, wie Psychiater dieser Zeit um 1870 ihre Patienten kopierten.

Mit Freyschlag einen Höfling an der Hand zu haben, verbunden mit Freuden an der verdeckten Hinterlist und dem Machtstreben, dass er sogar das Kriegsministerium unter seinen Willen beugen wollte, ist geradezu genial.

Prinz Luitpold von Bayern versucht am 9.6.1886 dem König die Übernahme der Regentschaft als Erstem im Lande mitzuteilen (Wöbking, S. 80). Wie aus den Quellen hervorgeht, wurde die Übergabe verzögert: Sie wird von Luitpold, Prinz von Bayern **später** unterzeichnet, München den ......... Juni 1886, darunter wie nicht anders zu erwarten, gleich zu Beginn: Dr. Freiherr von Lutz, der durch den König sämtliche Würden erhalten hatte. (Wöbking, S. 82). Für die Entmündigung sollte Graf von Holnstein aus Bayern hinzugezogen werden, eine heuchlerische Seite. (Wöbking, S. 78).

Graf Holnstein wird am 9.6.1886 zum Kurator des Königs bestellt. Das Schreiben ging auch an die Kammer

1. der Reichsräte
2. der Abgeordneten.

Welche Revanche für den vom König entlassenen Graf von Holnstein folgte:
Als General Freiherr Ignaz Freyschlag von Freyenstein am 11. November 1891 starb, erklärte Graf Lerchenfeld dem preußischen Militärattaché Kurt von Pritzelwitz, „dass es Freyschlags Verdienst gewesen sei, den über nur bescheidene Geistesgaben verfügenden und trotz allem ausschließlich in der Vergangenheit lebenden Prinzregenten von ultramontanen Einflüssen ferngehalten zu haben." K. Möckl, S. 370/397.

Die Geheimkanzlei unter Zoller, dem Nachfolger Freyschlags, war auch der Personalpolitik des Heeres unterstellt. (K. Möckl, S. 402/409). Nach dessen Tod, am 11. November 1891 wurde am 8. Juli 1892 der neue Chef der Geheimkanzlei gefunden. Freiherr Friedrich von Zoller, der aber bald die Allgewalt des Geheimen herausfand. Die Chefs der Geheimkanzlei wechselten weiterhin den traurigen Posten, sodass bis zum heutigen Tag Informationen über die Tötung des Königs Ludwig II. unter diesem geheimen Verschluss liegen.

General Freyschlag, der diktatorische Vordenker, hatte den unmittelbaren Einfluss auf den Prinzregenten gesteigert, der von Lutz, Gudden, Holnstein gelenkt war, obwohl der Prinzregent aus politischen Gründen zögern musste, auch im Hinblick auf den Welfenschatz. Als mächtigster Mann im Freistaat Bayern galt Freyschlag, der Chef der Geheimkanzlei des Prinzregenten. „Alle Vorträge der Minister mussten durch seine Hände gehen, ehe dieselben an den Prinzregenten gelangten. So lag die Todesnacht des König Ludwig II. auch unter der Machtfülle General Freyschlags (K. Möckl, S. 346). Die Geheimkanzlei wurde nach dem Tod von Freyschlag weitergeführt.

Wir wiederholen und fassen zusammen:
Der dritte präsumtive Thronerbe Bayerns, des Prinzen Ludwigs ältester Sohn, ist Prinz Rupprecht, geboren 1869. Er war Oberst im bayerischen Heer.

Seit Prinz Luitpold Regent geworden war, kann allgemein gesagt werden, es handelt sich bei seiner Regierungszeit um eine königslose; die eigenartig staatlich-gesellschaftliche Entwicklung im 19. Jahrhundert ist mit den Schwierigkeiten der Umwälzungen belastet. König Ludwig II. von Bayern hatte eine unmittelbare Verbindung zu seinem Volk. Die neuen Bestrebungen der liberalen Kräfte in Bayern, die sich langsam diktatur-liberal formierten, sind im gesellschaftspolitischen Bereich zu sehen.

Selbst dem Landtag war es nicht möglich, sich zu konstituieren.
1869 hatte der Landtag eine patriotische Mehrheit, dieser standen die Abgeordneten der liberalen Partei unversöhnlich gegenüber. Die Mitglieder der Patriotenpartei, die die Mehrheit des Volkes vertrat, sahen in der preußisch-protestantischen Einmischung einen Eingriff in die Eigenständigkeit Bayerns. Das Unglück, auch für die Weiterentwicklung im Kampf um die Macht und die Bedrohung von Ludwig II. als Regenten, wurde untermauert durch das „Verordnungsregiment". Die „nationale Einheit" und das in der politischen Praxis nur mehr zum Schein bestehende monarchische Prinzip dienten als Schutzideologie für die beherrschende Stellung der Exekutive (Regierung, Verwaltung und Militär), für die mangelhafte Berücksichtigung rechtsstaatlicher Prinzipien und für das fehlende Streben der führenden Schicht nach sozialem Ausgleich (K. Möckl, S. 40).

**Prinzregent Luitpold von Bayern**
**Fest-Blatt zum 80. Geburtstag 1901**
**Festgabe der Stadt München**
**für die Schuljugend**

Ministerpräsident Lutz sah die politische Zukunft äußerst verschwommen. Auf völlig utopische Weise wollte Lutz die soziale Frage lösen. Dass sich dieser mit der Bismarck'schen Sozialgesetzgebung auseinandergesetzt hat, ist 1869 in vielen Einzelheiten zu erkennen. Liberaldiktatorische Maßnahmen richteten sich gegen den Volkswillen. Die nationalliberalen, dabei dennoch diktatorischen Maßnahmen des Ministers Lutz mussten langsam erschlaffen. Die Verluste, die er nun politisch hinnehmen musste, wollte er ausgleichen, indem er den Monarchen zunächst in den Mittelpunkt seiner destruktiven Politik stellte, um ihm dann hinterhältig den Kampf anzusagen.

Fürst Otto von Bismarck

Das Wesen des politischen Systems von Lutz bestand im Kern in einer obrigkeitsstaatlichen, reichstreuen (Bismarck-) Politik und in der unbedingten Erfüllung der Ausnahmegesetzgebung des Kulturkampfes (K. Möckl, S. 48).

Die Verflechtung unvereinbarer politischer Zielsetzung zwischen Prinz Luitpold und dem Minister Lutz führten teilweise zu utopischen Auswirkungen, die Lutz auch nicht mehr steuern konnte. Daher war es ihm wichtig, den König entmündigen zu lassen, um freie Hand zu haben und so von seinen Missgeschicken ablenken zu können. Die Autoren Rall und Petzet sehen im Prinzregenten Luitpold den Initiator der Entmündigungsbestrebungen und werten die eingeleiteten Maßnahmen als Abschluss von seit Beginn der Regierungszeit des Königs bestehenden Bestrebungen eines ehrgeizigen Personenkreises aus dessen unmittelbarer Umgebung mit dem Ziel, den König durch Behauptung, er sei geisteskrank, zu entthronen und im gegebenen Augenblick durch Prinzregent Luitpold oder dessen Sohn Ludwig zu ersetzen (vgl. Rall und Petzet, König Ludwig II., Wirklichkeit und Rätsel, S. 31).

Abgeleitet wird eine derartige dem Kontext zu entnehmende Bewertung aus einer Äußerung Hohenlohes (Fürst Chlodwig zu Hohenlohe-Schillingfürst, Bayerischer Staatsminister, später deutscher Reichskanzler) in einem 1875 an Bismarck gerichteten Brief, wonach die Führer der „ultra-montanen Partei" mehrfach der Frage näher getreten seien, Ludwig II. im gegebenen Augenblick durch Prinz Luitpold oder dessen Sohn Ludwig am Staatssteuer zu ersetzen. In ein akutes Stadium traten diese Absetzungsbestrebungen dann wegen des angeblich desolaten Zustandes der Kabinettskasse, die nach dem Ausscheiden des Hofsekretärs von Düffling im Jahr 1877 in immer größere Unordnung geraten war (Wöbking, S. 58).

# Nochmalige Wiederholung, bedingt durch die Einzelkapitel der Feinde des Königs

Die Verleumdungen des Königs, die unrichtigen Berichte, die gezielten Unterstellungen waren dem Prinzregenten nicht verborgen geblieben. „Nur schweren Herzens hatte sich Prinz Luitpold aufgrund des von den Ärzten vorgelegten Materials davon überzeugen müssen, dass die von der Verfassung vorgesehenen Schritte nunmehr zu unternehmen seien.“ (S.W., S. 52) Diese Entmündigungsprotokolle waren Racheakte des Grafen Holnstein, willkürliche Anschuldigungen des Irrenarztes Gudden, abgefasst in der politischen Linie des Ministers Lutz. Die Verleumdung war ein Teil der laufenden Strategie zur Entthronung des Königs.

Im weiteren Vorgehen der Beratungen wurde Einvernehmen herbeigeführt zwischen Prinz Luitpold und dem Minister Lutz, vor allem mit Crailsheim, Fäustle, Feilitzsch, Heinleth und Riedel am 7., 8. und 9. Juni 1886. Zusätzlich wurde am ersten Tag von Prinz Luitpold der Irrenarzt Gudden als Experte hinzugezogen.

Die Minister und Beteiligten waren nunmehr entschlossen, den Rücktritt des Königs zu erzwingen. Gudden machte sich stark, die Vorkehrungen dazu zu treffen. Der Ablauf der Entmündigung und die Überreichung der Schreiben von Prinz Luitpold wurden dabei detailliert besprochen und festgelegt (vgl. Wöbking, S. 78). Bei der dann erfolgten Gefangennahme des Königs sagte dieser:
„Ein schöner Verwandter, der sich die Herrschaft anmaßt und mich gefangen setzen lässt. Das ist kein Prinzregent, das ist ein Prinzrebell.“ (vgl. dazu Geheimes Hausarchiv, 36/1/3 I; vgl. auch Solleder a.a.O., S. 39/41).

Nachdem der Irrenarzt von Gudden auf den Einwand des Königs, er sei ohne Untersuchung für geisteskrank erklärt worden, geantwortet hatte, dass dieses wegen der Fülle des erdrückenden relevanten Aktenmaterials nicht notwendig gewesen sei, habe der König bemerkt: „So! Also Prinz Luitpold hat es jetzt glücklich so weit gebracht, dazu hätte er nicht einen solchen Grad von Schlauheit aufwenden brauchen, hätte er nur ein Wort gesagt, dann hätte ich die Regierung niedergelegt und wäre ins Ausland gegangen.“ (siehe Dr. Müller, Geheimes Hausarchiv, 36/1/5, Aufzeichnung S. 19; Anmerkung, vgl. auch Geheimes Hausarchiv, 36/1/5, Bericht vom 18.7.1886 in den Akten des Königlichbayrischen Staatsministeriums des Königlichen Hauses und des Äußeren, vgl. auch Solleder in: Das Bayernland, 1926, S. 41/42, Mauder, Südd. Sonntagspost Nr. 38 vom 23.9.1950, S. 4 ff.; vgl. W., S. 118).

Der Vater von Ludwig II. und Otto, König Max II., hatte sich durch weise Sparsamkeit während seiner sechzehnjährigen Regierungszeit ein bedeutendes Privatvermögen aufgebaut, welches er in Form der Stiftung eines Familien-Fideikommisses seinen beiden Söhnen Ludwig und Otto hinterließ. Während dieser Regierungszeit war der Hofstaat auf das Minimalste beschränkt worden. Die Fideikommisse war in den Händen des zunächst regierungsfähigen König Otto I. gelegt worden; aber auch Ludwig II. hatte ein beachtliches Privatvermögen. Auffallend jedoch ist, dass über die Erträge letztlich die jeweiligen Kuratoren des Königs zu entscheiden hatten. Die Kuratoren, die sich den König zum Mündel machten, dachten natürlich auch vor allem an ihre Pfründe. Kuratoren waren im Übrigen auch der

Oberhofmarschall Freiherr Ludwig von Malsen und der General der Infanterie und ehemalige Kriegsminister, Freiherr Siegmund von Pranckh. Die Kuratoren-Gelder, die jeweils an die Kuratoren durch die Mündel flossen, sollten im Einzelnen genau verwaltet werden. Prinz Luitpold hatte natürlich Interesse an diesem Vermögen, der Regent scheute aber den Weg des Schiedsgerichtes und traf daher keine klaren diesbezüglichen Entscheidungen. Diese verschiedenen Abhängigkeiten und Interessenverquickungen mit den politisch-wirtschaftlichen, bürokratisch-großbürgerlichen Führungsschichten erlaubten dem Prinzregent Luitpold, als das Gesamt-Staatsministerium schließlich am 5. Juli 1886 sein Rücktrittsgesuch einreichte, im Grunde genommen keinen radikalen Personalwechsel, geschweige denn eine Systemänderung. Der Prinzregent befand sich in einer erneuten Abhängigkeit. Es gab Vorwürfe, die darauf hinzielten, mit der Unterstellung „eigennütziger und betrügerischer Motive" die Abläufe zu bezeichnen. Die Meinung, dass das Ministerium Lutz bezüglich der Regentschaft reichlich zur Verwicklung und Widersprüchen geführt hatte, ist allerdings zutreffend.

Es ist deshalb richtig zu behaupten, dass die Ausführungen des Ministers Lutz vollkommen mangelhaft seien, um nicht mehr zu sagen (vgl. Möckl, S. 185, vgl. auch Politischen Bericht Nr. 44. Cv, 7. Juni 1886, Haus-, Hof - und Staatsarchiv Wien, PA IV, 48; Mö., S. 186).

Freyschlag

Lutz

Joseph A. von Koppay
König Ludwig II. von Bayern
auf dem Totenbett

Lutz und Freyschlag hatten sich zur Aufgabe gestellt, neue Erwartungseffekte nach der Tötung des Königs unters Volk zu bringen. Vor allem waren es so genannte Bestätigungen für die breitere Öffentlichkeit, denn sie hatten beide ein schlechtes Gewissen. Die Manipulationen der Erwartungen kamen beim Volk der Bayern indes nicht an. Das hier vorliegende Bild, als Darstellung ewigen Friedens gedacht, ist verzerrt. Der Monarch sollte als allem Irdischen entrückter Toter in Erinnerung bleiben, doch die Todesursache stimmte nicht. Die Gruppe der Königstöter hatte ihr Ansehen verloren. Lutz, Freyschlag und damit auch der Prinzregent, hatten nicht mit der Bedeutung dieses Geschehnisses gerechnet.

Nach der Tötung des Königs wurde zurückgeblickt. Sämtliche Äußerungen über den Geisteszustand des Königs im Hinblick auf das Tatmotiv wurden nach der Tötung des Königs nochmals für alle an der Lutz-Konspiration Beteiligten zum „Sleeper-Effekt" – da war noch etwas für die zweite Reihe der so genannten Experten zu holen. Lutz hatte die Vorstellung eines Vollstreckers gegeben, warum also sollte man sich nicht an den Abwertungshinweisen beteiligen, denn mit den Schlussfolgerungen erlangte und erlangt man unter Hinzuziehung historischer Geheimkarteien bis zum heutigen Tag geheime Unterstützung. Der persönliche Mitläufer-Effekt der Freunde der Lutz-Konspiration nach der Tötung des Königs Ludwig II. wurde unter Strafandrohung gegen die Wahrheit zur Majorität geführt. Die fälschlicherweise behauptete Tötung Guddens durch den König wurde durch die Tätigkeit von Lutz gleichsam durch die ständige, notwendige Wiederholung ins Bewusstsein der Öffentlichkeit eingehämmert.

Nichts war für den Ministerpräsidenten Lutz und seinem Kreis wichtiger als den Tod Ludwig II. von Bayern vergessen zu machen. Für die „Politikwerbung" stand auch der Leiter der Geheimkanzlei Freiherr Freyschlag von Freyenstein bereit. Zunächst hatten Regierungsbeamte dafür gesorgt, dass Joseph A. von Koppay den Auftrag eines Gemäldes erhielt, das den getöteten König selig schlafend darstellen sollte. Der Rahmen zu diesem Bild wurde mitgeliefert, er wurde gekrönt von einer Königskrone, die auf zwei Palmenwedeln ruhte, diese Devotionalie war in Blech gestanzt und am Rahmen verschraubt. Ein künstlerischer Tiefpunkt von Lutz und Freyschlag, der dennoch besonders gefeiert wurde. Wichtig war auch die Unterstützung von der Geheimkartei, die Freyschlag aufgebaut hatte und die den Alltag des Regenten absicherte. Im Mittelpunkt stand das Künstlerporträt des Prinzregenten Luitpold. Die Veröffentlichungen waren beachtlich, obwohl die bedeutsame Gestalt zunächst nicht die höchste künstlerische Würde erhielt, das änderte sich, als der Prinzregent in die Potentatengalerie von Franz von Lenbach aufgenommen wurde.

**Bildnis des Prinzregenten Luitpold von Bayern.**
Friedrich August Kaulbach (1850-1920), München 1902
Bez. links unten: F.A. Kaulbach 1902, Öl auf Leinwand, 237 x 127 cm, München, Bayerische Staatsgemäldesammlungen Nr. 8263

Friedrich August Kaulbach war neben Lenbach ein bekannter Porträtmaler, auch er hatte einen bedeutenden Kundenkreis, daher bezog ihn der Prinzregent in seine nähere Umgebung ein. Das Elitäre dieser Privilegierten sollte nach Meinung des Regenten im Wesen dargestellt werden. Sie alle verfochten gemeinsame Interessen und glichen einem Verband. Würde man sämtliche Porträts, die Kaulbach gemalt hat, nebeneinander aufhängen, so hätte man wohl ein exemplarisches Nebeneinander verschiedener Individualitäten, sehr bald aber würde man über das Nebeneinander hinaus ein Miteinander erkennen. Die Dargestellten unterliegen, obwohl individuell gesehen, einer Minimaltypologie, die in Haltung und Bewegung Eliteeigenschaften verdeutlicht. In der Galerie sind höhere Beamte, Spitzenwissenschaftler, höhere Militärs, Mitglieder des alten Adels, Künstler, Menschen aus allen „gehobenen" Lebensbereichen vertreten. Sie sind zusammengeschlossen zu einer aktivierten Feudalgruppe, die als Gegenbewegung zur aktivierten Masse im Sinne marxistischer Ideologie der Zeit steht. In der Auswahl der Dargestellten sind exemplarische Normen aufgestellt. Bei den Porträts wird deutlich, dass ein gewisser repräsentativer Einheitsgestus bevorzugt wurde. Aus den Skizzen entwickelte Kaulbach den elitär wirkenden „Überbau" des Bildnisses. Die materielle Existenz war für ihn meistens die Voraussetzung für die gesellschaftliche Existenz.

Reklame für André Hofer,
Feigenkaffee-Fabrik,
Hanau, um 1900,
bezeichnet unten links: Lith.
Kunstanstalt, Heinrich E.
Aug. Brüning Hanau. Dep. 9433
Lithographischer Farbdruck, 1
5,2 x 9,5 cm,
München, Sammlung Karl Stehle

Die Nacht der Tötung Ludwig II. von Bayern hatte sich tief in das Gedächtnis der Lutz-Gruppe eingeschrieben. Lutz hatte Material gesammelt, falls eine Entdeckung seiner Untaten möglich gewesen wäre, er entwendete Tagebücher des Königs, um diesen zu belasten. Gudden war durch die Überbewertung von medizinischen und politischen Fakten abgestraft worden. „Ja ich komme wieder, lebendig oder tot", sagte er, und diese seine Prophezeiung war eingetreten. – Holnstein, der vergessliche Betrüger, hatte sich in weitere Abenteuer gestürzt, die Kurtisane Rixinger fälschte für ihn die Unterschriften des Königs Ludwig II. Freyschlag von Freyenstein erhielt seinen gewünschten Machtzuwachs auch über die Entscheidungen des Prinzregenten hinaus. Freyschlag sah sich als „Geheimagent der Krone".

Dr. Franz Carl Müller versteckte sich hinter seiner angeblichen Unwissenheit als kleiner Mitläufer. Prinzregent Luitpold musste über Jahre hinaus seinen Anteil an der Hatz gegen den König begleichen, Misstrauen war erzeugt worden. Eine Entfremdung zwischen Staat und Volk war eingetreten.

Der Chef der Geheimkanzlei wurde zum mächtigsten Mann im Staate. Zunächst war dies General von Freyschlag und danach Peter von Wiedemann. Der Regierungsstil behielt seinen Charakter bei.

Die Popularität des Prinzregenten Luitpold wurde schließlich gesteigert, und der Nimbus wurde in zahlreichen Porträts von den unterschiedlichsten Porträtmalern vermehrt, denn nach der Schmach von 1886 wollte Luitpold Regent für das **ganze** Volk sein. Um das zu erreichen, mussten ihn Freyschlag und später dessen Nachfolger von Wiedemann aus dem Parteigeschehen heraushalten. In der Jägerverkleidung oder sogar in der Reklame für Feigenkaffee musste und konnte der Regent mit geschwollener und ordensgeschmückter Brust brillieren – ein Vorgang monarchischer Aushöhlung.

Prinzregent Luitpold fühlte sich in dieser Gruppe aufgehoben und gesichert. Die ausgefeilten Verfahren der Geheimkartei, in der die Unterteilungen Führung, Macht, Konflikt und Entscheidung hervorragend gestaffelt waren, wurden auch für den Regenten bedeutsam, da er sich seinen eigenen Regungen und Wünschen als passionierter Jäger präsentieren konnte. Um dem Volk näher zu sein suchte er stets Kontakt. Die Aufmerksamkeit sollte auf viele hunderte, immer neue Porträt-Bildnisse von zahlreichen Künstlern gelenkt werden, jedoch war ein Vergessen des Königs Ludwig II. in der Prinzregentenzeit nicht möglich.
Wie eng der damalige Staatsminister Johann von Lutz, aber auch Ignaz Freiherr Freyschlag von Freyenstein noch 1889 miteinander verbunden waren, geht auch aus ihrer Korrespondenz vom 22. Februar 1889 hervor. Es handelt sich um Beweismaterial! (Vgl. Franz Merta, Die Tagebücher König Ludwigs II. von Bayern, Sonderdruck aus der Zeitschrift für bayerische Landesgeschichte, Bd. 53, Heft 2, 1990, S. 328 ff).
Der tote König Ludwig II. sollte nicht zur Ruhe kommen. Der Generaladjutant des Prinzregenten, Ignaz Freiherr Freyschlag von Freyenstein hatte zur Einsichtnahme die Tagebücher angefordert:
„Die Herren Minister waren damals der Ansicht, diese **Bücher und Briefe könnten vielleicht einmal in späteren Zeiten ein notwendiges Verteidigungsmittel zur Rechtfertigung des damaligen Ministeriums bilden**, weshalb der obengenannte Befehl einstweilen unvollzogen blieb. In einem vertraulichen Schreiben v. Crailsheims vom 15. Januar 1891 wurde schließlich der Eingang der amtlichen Papiere aus dem Nachlass des Staatsministers v. Lutz im Staatsministerium des Königlichen Hauses und des Äußeren bestätigt und gleichzeitig mitgeteilt, dass nunmehr ihre Verwaltung im Geheimen Staatsarchiv veranlasst werde."

Vor lauter schlechtem Gewissen wurde von der Ministerialbürokratie noch vier Jahre nach seinem Tod weiterhin die Verfolgung des Königs Ludwig II. betrieben.

Der feste Zusammenhalt der Gruppe um Freyschlag war das Ergebnis der Gleichartigkeit ihrer Mitglieder. Freyschlag wusste, dass das Verhalten eines jeden Folgen für die anderen haben würde. Die Gruppe Freyschlag um den Prinzregenten Luitpold war eine Bezugsgruppe, die gegen jede Fremdgruppe stand und daher auch die Geheimkartei benötigte, als Teil einer Überwachung – als ein Beitrag zu ihrer Stabilität, ihrer Abgeschlossenheit und ihrer Attraktivität.

Fotostudien nach dem Prinzregenten Luitpold im Atelier Franz von Lenbachs (Lenbacharchiv, Starnberg).

Lenbach setzt in seinen Porträts die Fotografie ein, womit er dem Prinzregenten die gewünschte größtmögliche Genauigkeit in der Abbildung sicherte.

Waren diese übernommenen Repräsentativformen verbindlich, so gibt es daneben eine andere Auffassung des Dargestellten, in der Lenbach einen bühnenhaften Auftritt wählte. Der Porträtierte wirkt wie aufgerufen und erscheint in einem zelebrierten Gestus, einer Apotheose gleich. Das Auge ist meist in die Ferne gerichtet; theatralische Züge im Sinne des 19. Jahrhunderts treten hervor. Die Darstellungen mit diesem Aussagecharakter sind zahlreich, doch ist erstaunlich, wie der Maler diesen Einheitsgestus zu variieren vermochte, vor allem dann, wenn er vor der Kamera müde wurde.

Das Theatralische führte bis zum Komödiantischen. In Blick und Gebärde stellte er den bedeutsamen Zeitgenossen zumeist mit nachdenklicher Mimik dar. Die Bildnisse, die seinen Erfolg begründeten, zeigen die Großen seiner Zeit in ihrem Erfolg, denn sein Name hatte einen guten Ruf. Dem Porträtierten wurden zumeist bestimmte mimische Äußerungen gegeben. Der Betrachter sollte den „genialen Funken“ erahnen, der nach Meinung der Zeit im politischen Entschluss frei wurde.

Franz von Lenbach
Prinzregent Luitpold von Bayern 1889
Öl auf Leinwand, 118 x 85 cm,
München, Städtische Galerie im Lenbachhaus

**Die Potentatengalerie im Lenbach-Palais in München. In der Mitte zwischen Lenbach und dem Reichskanzler Bismarck der Prinzregent.**

Im Maler Franz von Lenbach entdeckte der Prinzregent Luitpold den Porträtisten seiner Wahl. Lenbach hatte eine Potentaten-Galerie geschaffen, der sämtliche Nobili Europas angehörten. Die Besuche des Prinzregenten im Atelier des Malers Lenbach waren zahlreich und sehr erfolgreich.

Bei isolierter Betrachtung einzelner Gemälde, die der Potentatengalerie angehören, sind bestimmte Merkmale zu erkennen, die Lenbach brauchte, um den von ihm angestrebten bestimmten Typus zu verwirklichen. Der Maler nutzte dabei überlieferte Porträtdarstellungen genauso wie die eigenen Beobachtungen. Die Merkmale, skizzierend zusammengefasst, sind folgende:

Voran steht die bedeutende Haltung im Sinne barocker Repräsentation. Wie diese realisiert wurde, zeigt das *Bildnis Fürst Bismarck* im Städtischen Museum zu Leipzig: Frontal, die Bildfläche ausfüllend, steht Bismarck im Sinne englischer Repräsentationsporträts des ausgehenden 18. Jahrhunderts vor einer Architektur.
Im Gegensatz dazu porträtierte Lenbach Monarchen oft in legerer Haltung, gleichsam als Vater der Nation; diese Einschätzung kam dem Prinzregenten sehr entgegen.

# König Ludwig II. von Bayern – Tribut an die Geschichte

Die Bedeutung von König Ludwig II. liegt generell darin begründet, dass er den Stil der Könige aufrichtig vertrat und sich bemühte, Herr des Stoffes vornehmlich auch in geistiger Beziehung zu werden. Dieser prunkende Stil hatte schon kurz vor der Mitte des 19. Jahrhunderts seine wichtige Erscheinungsform ausgebildet.

Dem Gegensatz zwischen Historismus und gründerzeitlichen Stilansätzen auch innerhalb ein und desselben Bauwerkes, wie ihn Ludwig II. immer wieder ausführen ließ, könnte ein Stilbruch zugrunde liegen. Die damalige Zeit aber scheint es aber anders empfunden zu haben. Dem König waren die Beherrschung historischer Formen und die Vielfalt neuer Möglichkeiten geradezu erwünscht. Das Überladene in der Architektur und in der Ausstattung war kein Negativum; wir müssen uns von den Wertmaßstäben heutiger Beurteilung lösen und verstehen, dass die Leistung der monarchischen Absichten des Königs und seiner optischen Präsenz dem Ziele der Massenkunst und des Gesamtkunstwerks unterlagen. Es kann keinen Zweifel geben, dass Ludwig II. die Ausstellungs-Architekturen der Weltausstellungen kannte, denn er hatte einen Pavillon der Weltausstellung 1867 gekauft. Diese Weltausstellungs-Architektur hat selbstverständlich König Ludwig II. von Bayern auch angeregt. Es war für seine Zeit eine Art ästhetische Evolution, in der die allgemein verständliche Ausdrucksform einer bestimmten Idee verkörpert war. Sie lebte historisch fort bis zum heutigen Tag und gibt Kunde von Absicht und Ziel dieser Epoche. Die Erfahrungen, die der König mit den neuen unerprobten Materialien und den bisher unbekannten Bauaufgaben machte, waren grundlegend für die Zeit und für das kulturelle Bewusstsein anregend. Es wurden Grundsatzlösungen geschaffen, die heute noch von den Massen der Besucher in den Schlössern Bayerns als gültig anerkannt werden. Die ästhetische Form, der Stil war nicht mehr der einzige Ausgangspunkt der Architektur und der Großdekoration, es traten neue Ausdrucksmittel hinzu, die einen entscheidenden Anteil erlangten.

Die Weltausstellungen gaben eine Bilanz des Fortschritts in Industrie und Technik wieder. Die große Ansammlung von Stilelementen der vergangenen Jahrhunderte war ein Tribut an die Geschichte, wie es gewesen sein könnte. Aus dieser Erfahrung heraus entwickelte sich eine kosmopolitische Einstellung des Bürgertums, in deren Sinne Ludwig II. sein Gesamtkunstwerk entwickelte. Der kolossale Zulauf, das Verständnis bis zum heutigen Tag sind Zeichen dafür, dass er seine Kunst über das Ferment des bürgerlichen Stil-Pluralismus entwickelt hatte.

Das Utopische und Verfremdende an dieser Kunst, die durchaus einen Einfluss auf den Symbolismus und auf den Surrealismus des 20. Jahrhunderts hatte, ist darin zu sehen, dass die kosmopolitische Einstellung in einem eigentümlichen Widerspruch zum Nationalgefühl der europäischen Staaten stand. Die Gründerzeit mit ihrem Pluralismus, dem Begehren nach käuflichem Repräsentationsgut, das man in allen Ständen und Klassen der europäischen Lande brauchte, war ein Zeichen von Weltbürgertum, das sich wenigstens in Kunst und Bildung formale Anleihen aus allen Bereichen holte, so aus dem Fernen Osten, aus dem Orient, um vereint mit den abendländischen Kunstformen diese zu verbinden.

Dem Trauma der sozialen Revolution, die sich im beginnenden 19. Jahrhundert vorbereitet hatte, waren neue stimmungshafte, tendenziöse, mythisch relevante, auch überzeitliche Vorstellungen im Kunstverbrauch gegenübergestellt, die alle eine gesellschaftliche Bezogenheit besitzen. Die wiederholt geäußerte Meinung, dass sich Ludwig II. von Bayern vor den wahren politischen und wirtschaftlichen Verhältnissen seines Landes abschirmte, indem er sich in eine entleerte Transzendenz begab, ist unrichtig. Ludwig II. folgte einem internationalen Stil der Könige, der weiter reicht als nur zu einer Interpretation der augenblicklichen monarchischen Macht, der so weit geht, dass eine gewisse allegorisch betriebene Propaganda seinerseits die Bedeutung dieses Mannes hervorruft. Das historische Bildgedächtnis, wie es gewesen sein könnte, verdrängt und unterstützt die bedrohliche Gegenwart, der sich König Ludwig II. bewusst war. Das Bedeutende dieses Königs lag darin, dass er die Grenzen der verfügbaren Bildtraditionen instinktiv erahnte. Er machte sich den Warencharakter der Kunstobjekte zunutze und entwickelte daraus eine ganz neue Bilderwartung, die vom Volke angenommen wurde. Dieser Stil der Könige, den Ludwig II. von Bayern umsetzte, war so etwas wie eine Allegorie zur Demonstration eines bedeutsamen Diesseits und er kam damit dem positivistischen Fortschrittsglauben des emanzipierten Bürgertums entgegen.

Die Massen der Verbraucher hatten längst den Stil der Könige im eigenen Boudoir und Salon verwirklicht. Sie hatten äußerst subjektiv ihre Umgebung eingerichtet und repräsentierten mit diesen Anhäufungen, die besonders ausgeprägte pluralistische Merkmale zeigten. Diese neue Art benutzte der König mit neuen Mitteln und traf damit genau die Vorstellung und die Auffassung der Bürger. Die Entqualifizierung des Einzelstückes, vielleicht auch der Baumassen, wurde durch die Pluralität in Form eines Frühhappenings ausgeglichen. Alle, ob Zuschauer oder Auftraggeber, ob der Initiator oder seine Mitarbeiter, waren von der Originalität der stilistischen Möglichkeiten überzeugt. Denn es war vor allem das Medium der historischen Poetisierung, das die Alltagsängste für die Massen abschwächte. Dieses Andenken an den König, das noch heute besteht, sind jene spirituellen Bedingungen, die keine zeittypischen Veränderungen ausgelöst haben. Der Herrschaftsanspruch König Ludwig II. von Bayern, den er durch sein Gesamtkunstwerk anschaulich machte, war ein bewusster Rückgriff auf die Stimmung herrschender Schichten und des bayerischen Bürgertums, das die Allegorie der Technik zusammen mit der Kunstindustrie sicher und genial mitinstalliert hatte.

# Nachwort

Johann Freiherr von Lutz, der sämtliche Titel vom König Ludwig II. von Bayern erhalten hatte, plante schon Mitte der 70er Jahre die Tötung des Königs. Um die verschachtelte Vorbereitung des Staatsministers Lutz anschaulich zu machen, mussten hier Wiederholungen zugemutet werden. Wir greifen daher auch hier nochmals zu einer knappen Wiederholung und verweisen auch hier nochmals auf das Buch von Wilhelm Wöbking, „Der Tod Königs Ludwig II. von Bayern“, Rosenheim 1986, eine Art bereinigte Gesamtdarstellung im Sinne der Geheimkartei des Freyschlag von Freyenstein.

Das Leben und die Regierungszeit des Bayernkönigs Ludwig II. fielen in eine von Gegensätzen gezeichnete Epoche. Politische Widersprüche entzauberten das Leben, Auseinandersetzungen noch nie geahnter negativer Qualität bewirkten den Untergang der Monarchien in Europa. Technikstreit und Proletarisierung verschärften den Umgang mit der Wahrheit.

Verletzungen der Sittlichkeitsgefühle waren an der Tagesordnung. Insofern sind Parallelen zur heutigen Zeit durchaus herzustellen. Unnütze Härte und Barbarei bestimmten die vorwilhelminische Klassengesellschaft.

Die Gruppenkonspirationen im politischen Alltag waren die Grundlagen von Bestechung, Verleumdung, Bereicherung, Ämtertausch und letztlich dem Kauf ganzer Nachrichtenbüros – die Geheimdienste sämtlicher Groß- und Kleinstaaten wühlten herum, sie alle vertraten politische Positionen nach aktueller Interessenlage.

Die Verunglimpfungsprinzipien waren die erste Waffe gegen den König Ludwig II. Man brauchte Krisen, wie auch heute, um die subjektive Stimmung der Bevölkerung zu manipulieren. Die Scheinmoral stand im Mittelpunkt des Pressewesens der Zeit.

Das linksliberale Ministerium unter Lutz und insbesondere Lutz selber, Graf Holnstein, von Gudden und Graf Crailsheim hatten gegen den König Ludwig II. ein Vorgehen eingeleitet und durchgeführt, das die Scheinmoral festigte und die bösartige Agitation gegen den König provozierte. Die Gruppenkonspiration gegen den König setzte ein und führte, wie oben angedeutet, zu den letzten Exzessen und zur Tötung des Monarchen, auch unter dem Einsatz einer geheimen und verdeckt arbeitenden Staatsmacht, der sich die Herrschenden des Säkulum zu bedienen wussten.

Die Vielfalt der Möglichkeiten und die Geldquellen, die zu dieser Zeit zur Verfügung standen, werden in den Geheimakten geschildert, soweit diese zugänglich sind. Der Leser wird überrascht sein, wer alles durch Geld bestochen werden konnte. Bismarck führte mit seinen Bestechungsgeldern geradezu ein politisches Marionettentheater auf. Selbst Graf Crailsheim konnte noch um 1890 erpresst werden, und der Prinzregent hatte bis an sein Lebensende den allwissenden Ministerialbeamten Klug im Nacken sitzen.

Wöbking behauptet in seinem 441 Seiten starken Rechenschaftsbericht, Der Tod Ludwigs II. von Bayern, S. 275 ff:

„Es sind keinerlei Anhaltspunkte ersichtlich, dass der König Opfer politischer Intrigen war." (S. 275) – „Weder hatte der König um Fluchthilfe gebeten, noch wurde eine Flucht von anderer Seite ins Werk gesetzt ..." (S. 275) – der Tod Ludwigs und von Guddens im See sei nicht von dritter Seite verursacht (S. 275) – die Aktenlage sei nicht konstruiert (S. 276).

Zu dieser zusammenfassenden Analyse muss gesagt werden, dass der **Kriminalist und Jurist (Staatsanwalt und Richter), der Historiker und (Kunsthistoriker), der Staatsrechtler, Psychologe und Gerichtsmediziner Wilhelm Wöbking überfordert war.** Er, Wöbking, müsste wissen, falls er das Buch von Möckl, „Die Prinzregentenzeit ..." **mit vorzüglich sachlich aufbereiteten Quellen** und die Zusammenfassung der Geheimakten Preußens und des Deutschen Reiches gelesen hat, dass die Aktenlage doch auch konstruiert war. Wenn man das Buch von Wöbking genau liest, so stellt man fest (S. 260-387), dass tatsächlich riesige Löcher im Aktenmaterial hinsichtlich der Person Ludwigs II. bestehen.

Da war wohl der Zweite Weltkrieg mit seinen Zerstörungen im rechten Augenblick gekommen!

Auffällig ist jedoch, dass bei dem Anmerkungswahn sich Wöbking oft selbst widerspricht. Warum wird in dem Buch so stark gegen den König argumentiert? Das ist verdächtig. Wissenschaft ist eine wertfreie Angelegenheit.

Herr Wöbking wird dem Autor dieses Buches gestatten müssen, seine eigene unklare Wortwahl in die Analyse einzubauen: „Möglicherweise – mit einer an Sicherheit grenzenden Wahrscheinlichkeit – erscheint die Annahme nicht abwegig ..., sondern wahrscheinlich." (S. 274-276) **Dieser Argumentationsweise ist nichts hinzuzufügen!**

# Zusammenfassung
# Wege einer Forschung

In den letzten vierzig Jahren wurde der schriftliche Nachlass des Leibarztes des Königs Ludwig II. von Bayern, Dr. Schleiss von Löwenfeld, neu aufgefunden.

Neu entdeckt wurde die enge Zusammenarbeit des Königs Ludwig II. mit Hermann Kaulbach, dem Maler, der noch vor der Tötung den König begleitete. Hermann Kaulbach erhielt von König Ludwig II. den endgültigen Freskenauftrag für die Burgruine Falkenstein 1885. Die Verbindung mit dem König ist hier Teil einer Quellenforschung, die auch die Anwesenheit des Malers in der Mordnacht als nachvollziehbar erscheinen lässt.

Das Porträt des getöteten Königs durch Hermann Kaulbach ist eine bedeutsame Quelle für die Aufklärung des Mordes.

Neu und aufschlussreich sind hier in der Forschung die Beschreibungen der Feinde des Königs Ludwig II.

Den Niedergang des Königs Ludwig II. nach langer Bedrohung und schleichender Tötung auf Zeit von etwa 1860 bis 1886, zeigen die Fotografien von Joseph Albert. Dennoch, Ludwig II. von Bayern bleibt der geniale König.

Das Komplott der Tötungsgruppe, bestehend aus:

Johann Freiherr von Lutz,
Bernhard von Gudden,
Carl Theodor Graf von Holnstein,
Ignaz Freyschlag von Freyenstein,

war eine Art Triebbedürfnis – eine Form der Leugnung vieler Realitäten.

König Ludwig II. besaß eine umfangreiche Bildung und Spezialkenntnisse. Dagegen war vor allem Johann Freiherr von Lutz nur ein trockener Jurist. Graf von Holnstein führte ein Leben nahe der Gosse, von Gudden, ein Forscher, erhoffte sich höchste Anerkennung durch Lutz. Ignaz Freyschlag von Freyenstein erlag den niedrigen militärischen Lebensformen.

Lutz blickte auf das Wissen des Königs mit Neid, er raubte Ludwig II. seine Tagebücher, Holnstein verbrüderte sich gegen den König mit seinen Stallknechten und von Gudden mit seinen Irrenwärtern.

Dagegen war König Ludwig II. ein Kenner der kulturellen Entwicklungen in Europa. Er war Besucher der Weltausstellung 1867 in Paris, er sammelte islamische Kalligraphie und forschte im Bereich der internationalen Architekturen – er war Initiator seiner Mitarbeiter. Die hier vorliegende Forschung brachte diesbezüglich neue Ansätze und neue Quellen.

# Verzeichnis der abgekürzt zitierten Literatur


| | |
|---|---|
| Adalbert v. Bayern 1969 | Adalbert Prinz von Bayern: Als die Residenz noch Residenz war. München 1969. |
| A. F. Residenz München 1937 | Amtlicher Führer Residenz München. München 1937 |
| Ausst.-Kat. Kunst und Kunstindustrie 1876 | Katalog der Kunst- und Kunstindustrie-Ausstellung alter und neuer deutscher Meister sowie der deutschen Kunst-schulen im Glaspalaste zu München 1876. München o.J. [1876]. |
| Ausst.-Kat. Kunstgewerbe 1888 | Offizieller Katalog der Deutsch-Nationalen Kunstgewerbe-Ausstellung zu München 1888. München 1888. |
| Ausst.-Kat. Ludwig II. 1968 | Ausst.-Kat. König Ludwig II. und die Kunst. Müchen 1968. |
| Ausst.-Kat. Bayern 1972 | Ausst.-Kat. Bayern – Kunst und Kultur. München 1972. |
| Ausst.-Kat. Weltkulturen 1972 | Siegfried Wichmann – Ausst.-Kat. Weltkulturen und moderne Kunst. Die Begegnung der europäischen Kunst und Musik im 19. und 20. Jahrhundert mit Asien, Afrika, Ozeanien, Afro- und Indo-Amerika. München 1972. |
| Ausst.-Kat. Louis II 1977 | Ausst.-Kat. Louis II de Bavière. L'art et le rêve. Brüssel 1977. |
| Ausst.-Kat. Dream King 1978 | Ausst.-Kat. Designs for the Dream King. The Castles and Palaces of Ludwig II of Bavaria. Victoria and Albert Museum, London and the Cooper-Hewitt Museum, New York/London 1978. |
| Ausst.-Kat. Wittelsbach und Bayern 1980 | Wittelsbach und Bayern (hrsg. Von Hubert Glaser). 6 Bde München 1980. |
| Bachmayer 1977 | Monika Bachmayer: Schloß Linderhof. Architektur, Interieur, Ambiente einer „Königlichen Villa". (Diss. München 1973). München 1977 |
| Baumgartner 1981 | Georg Baumgartner: Königliche Träume. Ludwig II. und seine Bauten. München 1981. |
| Blunt 1970 | Wilfried Blunt: Ludwig II. König von Bayern. München 1970. |
| Böhm 1924 | Gottfried von Böhm: Ludwig II. König von Bayern. Sein Leben, seine Zeit.Berlin 1924. |
| Constans 1980 | Claire Constans : Musée National du Château des Versailles rue des Peintures. Paris 1980. |
| Barton, Irmgard von: | Die preußische Gesandtschaft in München als Instrument der Reichspolitik in Bayern. Dissertation, München 1967. |
| Beckenbauer, Alfons: | Ludwig III. von Bayern 1845-1921. Ein König auf der Suche nach seinem Volk. Regensburg 1987. |
| Biermann, Christoph: | Leiden eines Königs. Ludwig II. von Bayern: Kranken-geschichte ohne Patient. In: Deutsches Ärzteblatt, Jg. 1973, Heft 41, S. 2685-2691, Heft 42, S. 2949-2955 und Heft 45, S. 3149-3154. |
| Bismarck, Otto Fürst von: | Gedanken und Erinnerungen, herausgegeben von Horst Kohl. 2 Bände. Stuttgart 1905. |
| Bismarck, Otto Fürst von: | Die gesammelten Werke. Friedrichsruher Ausgabe. 15 Bände. Berlin 1923-1932. |

| | |
|---|---|
| Bismarck, Otto Fürst von: | Gedanken und Erinnerungen. 2. Bde., Stuttgart und Berlin 1915. |
| Böhm, Gottfried von: | Ludwig II. König von Bayern. Sein Leben und seine Zeit. Berlin 1924. |
| Brandt, Rolf: | Stätten der Tragik. Hamburg 1929. |
| Bruch Michael: | 2006 Persönliche Kontaktaufnahme mit Siegfried Wichmann, Starnberg Bismarckstr. 28 |
| Bundeskriminalamt: | BKA-Forschungsreihe, Bd. 6: H. Walter Schmitz, Tatortbesichtigung und Tathergang. Untersuchungen zum Erschließen, Beschreiben und Melden des modus operandi. Wiesbaden 1977. |
| Bussmann, Walter: | Das Zeitalter Bismarcks. In: Handbuch der Deutschen Geschichte, hg. V. Leo Just, III, Teil 2, Konstanz 1956. |
| Chapmann, Huston Desmond: | Bavarian Fantasy – The story of Ludwig II. London 1955. |
| Dokumente: | Dokumente zur Geschichte der Entmündigung Ludwigs II. Mitgeteilt von Karl Alexander von Müller. In. Süddeutsche Monatshefte 27 (1929/30). S. 679ff. |
| Dürckheim-Montmartin, Graf Alfred Eckbrecht von: | Notizen zur Königskatastrophe 1886, Bamberg, März 1889. Handschriftliche Aufzeichnungen, als Faksimile herausgegeben von Dr. Hans K. E. L. Keller. |
| Dürckheim-Montmartin, Graf Alfred Eckbrecht von: | Notizen zur Königskatastrophe 1886. München 1961. |
| Eisert, Beatrice: | Ludwig II. – Leben, Wirken, Sterben. München 1979. |
| Eulenburg-Hertefeld, Philipp Fürst zu: | Das Ende König Ludwigs II. und andere Erlebnisse. Band 1. Leipzig 1934. |
| Eulenburg-Hertefeld, Philipp Fürst zu: | Erlebnisse an deutschen und fremden Höfen. Leipzig 1934. |
| Evers, Hans Gerhard: | Tod, Macht und Raum als Bereiche der Architektur. München 1939. |
| Evers, Hans Gerhard: | Tod, Macht und Raum als Bereiche der Architektur. München 1970. |
| Evers, Hans Gerhard: | Die bayerischen Königsschlösser ohne Impressum, GHA Mü Z 518. |
| Evers, Hans Gerhard: | Ludwig II. von Bayern. Theaterfürst-König-Bauherr. Gedanken zum Selbstverständnis. Hrsg. J. A. Schmoll gen. Eisenwerth, bearbeitet von Klaus Eggert. München 1986. |
| Franz, Eugen: | König Ludwig II. von Bayern, das königliche Kabinett, das Ministerium und das bayerische Volk 1864-1866. In: Staat und Volkstum. Festgabe für Karl Alexander von Müller. Dießen vor München 1933. S. 82-98. |
| Gebhardt, Heinz: | Königlich bayerische Photographie 1838-1918. München 1978. |
| Gerold, Otto (Hrsg.): | Die letzten Tage König Ludwig II. Erinnerungen eines Augenzeugen. Zürich 1914. |
| Glowasz, Peter: | Wurde Ludwig II. erschossen? Berlin 1991. |
| Glowasz, Peter: | Auf den Spuren des Märchenkönigs. Gesammelte Materialien über das Leben, Wirken und Sterben König Ludwigs II. von Bayern. Berlin 1988 |
| Glowasz, Peter: | Wurde König Ludwig II. erschossen? Gesammelte Materialien – Interviews. Berlin 1991. |
| Gollwitzer, Heinz: | Ludwig I. von Bayern. Eine politische Biographie. München 1986. |

| | |
|---|---|
| Grashey, Hubert: | Bernhard von Gudden. Nekrolog. In: Archiv für Psychiatrie und Nervenkrankheiten XVII (Berlin 1886), S. I-XXIX. (Dazu: Müller, Franz Carl: Mitteilung. – Grashey, Hubert: Nachtrag zum Nekrolog auf Bernhard von Gudden. In: Archiv für Psychiatrie und Nervenkrankheiten XXXVIII u. XXXIX [1887], S. 895-897 bzw. 898-910). |
| Grasser, Walter: | Johann Freiherr von Lutz (eine politische Biographie) 1826-1890. Miscellanea Bavarica Monacensia, Heft 1, München 1967. |
| Grein, Edir: | Tagebuchaufzeichnungen von Ludwig II., König von Bayern. Schaan, Liechtenstein, 1925. |
| Haasen, Gisela: | Ludiwg II. Briefe an seine Erzieherin. München 1995. |
| Hacker, Hubert: | Ludwig II. von Bayern in Augenzeugenberichten. Düsseldorf 1966. |
| Hacker, Rupert (Hrsg): | Ludwig II. von Bayern in Augenzeugenberichten. Düsseldorf 1966 bzw. Ausg. München 1972. |
| Hacker, Rupert: | Ludwig II. von Bayern in Augenzeugenberichten. München 1972. |
| Hacker, Rupert (Hrsg.): | Ludwig II. von Bayern in Augenzeugenberichten. München 1980. |
| Hager, Werner/Knopp, Norbert (Hrsg): | Beiträge zum Problem des Stilpluralismus.München 1977. |
| Hanslink, Eduard/Wagner, Jürgen: | König Ludwig II. von Bayern 1845-1886. Internationale Bibliographie zu Leben und Wirkung. Europäische Hochschulschriften III/292. Frankfurt, Bern, New York 1986. |
| Harbauer, J.M.: | Das Ende des Königs Ludwig II. Erinnerungen eines Müncheners an Pfingsten 1886. In: Aus dem Pfaffenwinkel. Weilheim 1926. S. 243-253. |
| Haufingen, Paul von: | Ludwig II., König von Bayern. Sein Leben und Ende. Hamburg 1886. |
| Hausner, Hermann: | Ludwig II. von Bayern. Berichte der letzten Augenzeugen. München 1961. |
| Hausner, Hermann: | Ludwig II. von Bayern. Berichte der letzten Augenzeugen. 2.verbesserte Auflage. München 1962. |
| Heigel, Karl von: | König Ludwig II. von Bayern. Ein Beitrag zu seiner Lebensgeschichte. Stuttgart 1893. |
| Herre, Franz: | Ludwig II. Stuttgart 1986. |
| Hollweg, Ludwig: | Er war ein König. Ludwig II. von Bayern. München 1979. |
| Hüttl, Ludwig: | Ludwig II. König von Bayern. München 1986. |
| Hüttl, Ludwig: | Für belanglose Plaudereien war er nicht zu haben. Ludwigs frühe Impressionen. In: Charivari Sonderheft 1995: König Ludwig II. Sein Leben, seine Schlösser, seine Träume, S. 12-14. |
| Keller, Hans K. E. L.: | Der König, Beiträge zur Ludwigs-Forschung. München o. J. |
| Kimpel, Torsten: | Leichensachen und Leichenöffnung. Lübeck 1986. |
| Kobell, Luise von: | Unter den ersten vier Königen Bayerns. München 1894. |
| Kobell, Luise von: | König Ludwig II. von Bayern und die Kunst. München 1898 bzw. Ausg. München 1900 bzw. Ausg. München 1906. |
| Kobell, Luise von: | Die bayerischen Königsschlösser und ihr Schöpfer. König Ludwig II. von Bayern und die Kunst. München 1900. |

| | |
|---|---|
| Kohlmaier, Georg/Sartory, Barna von: | Das Glashaus, ein Bautypus des 19. Jahrhunderts (= Studien zur Kunst des neunzehnten Jahrhunderts Bd. 43). München 1981. |
| Kreisel, Heinrich (Bearb.): | König Ludwig II. Museum im Schloß Herrenchiemsee. Amtlicher Führer. München o. J. [1926] |
| Kreisel, Heinrich: | Schloß Herrenchiemsee mit König Ludwig II.-Museum. Amtlicher Führer. München 1938. |
| Kreisel, Heinrich: | Schloß Linderhof. Amtlicher Führer. München 1938. |
| Kreisel, Heinrich: | Die Schlösser Ludwigs II. von Bayern. Darmstadt o. J. [1955] |
| Lampert, Friedrich: | Ludwig II., König von Bayern. Ein Lebensbild. München 1890. |
| Lebschée, Carl August : | Malerische Topographie des Königsreich Bayern. München 1830 (o.S.). |
| Lerchenfeld-Koefering, Hugo Graf von: | Erinnerungen und Denkwürdigkeiten. Berlin 1935 |
| Löwe-Rosenberg : | Strafprozeßordnung und das Gerichtsverfassungsgesetz – Großkommentar – Erster und Zweiter Band. Berlin – New York 1988. |
| Louis; Jean: | König Ludwig und die Technik. München 1986. |
| Louis, Jean-Wohlmuth, Christine : | Ingenieurbaukunst im Königreich Bayern. München 1988. |
| Maresch, Wolfgang und Spann, Wolfgang: | Angewandte Gerichtsmedizin. Wien – München – Baltimore 1987. |
| Maschka, J. (Hrsg.): | Handbuch der Gerichtlichen Medizin. Tübingen 1881. |
| Mauder, Bruno: | Irrenwärter des Königs. Aus dem Tagebuch des Pflegers Bruno Mauder. In: Süddeutsche Sonntagspost (München) Nr. 38 vom 23. Sept. 1950. S. 3-8. |
| Memminger, Anton: | Der Bayernkönig Ludwig II. Würzburg 1918. |
| Merkt, Nikolaus: | Ludwig II., König von Bayern. Protokolle aus dem besonderen Ausschuß der Bayerischen Kammer der Abgeordneten. München o.J. |
| Merta, Franz: | König Ludwig II. und der Mobilmachungsbefehl von 1870. Zeitrschrift für Bayerische Landesgeschichte, Jg. 1985, Bd. 48, S. 689-717. |
| Merta, Franz: | König Ludwig II. im Spiegel der Neuerscheinungen zum 100. Todestag. Ein kritischer Literaturbericht. Zeitschrift für Bayerische Landesgeschichte, Jg. 1986, Bd. 49, S. 738-743. |
| Merta, Franz: | Die Tagebücher König Ludwigs II. von Bayern. Überlieferung, Eigenart und Verfälschung. Eine textkritische Studie. Zeitschrift für bayerische Landesgeschichte, Jg. 1990, Bd. 53, S. 391-396. |
| Merta, Franz: | Ludwig II. Kein Fall für den Psychiater. Ein König, der nur von der Literatur besessen war. In: Literatur in Bayern, Heft 6/24, München 1991, S. 2-8. |
| Meyer, Hugo: | Lehrbuch des Deutschen Strafrechts. Leipzig 1907. |
| Miller, Ferdinand von: | Erinnerungen an den Regenten. Südd. Monatshefte, Jg. 27, S. 696-700. |
| Morin, Georg: | König Ludwig II. von Bayern. Sein Leben, Wirken und Tod. München 1886. |
| Mueller, Berthold: | Gerichtliche Medizin, 2. neubearbeitete und erweiterte Auflage. Berlin/Heidelberg/New York 1975. |

| | |
|---|---|
| Müller, Franz Carl: | Die letzten Tage König Ludwig II. von Bayern. Berlin 1888. |
| Müller, Franz Carl: | Die letzten Tage Ludwig II. von Bayern. Nach eigenen Erlebnissen geschildert. In: Südd. Monatshefte, Jg. 26, S. 768-792. |
| Müller, Karl Alexander von: | Bismarck und Ludwig II. im September 1870. In: Historische Zeitschrift, Bd. 111, S. 89-132. |
| Müller, Karl Alexander von: | Dokumente zur Geschichte der Entmündigung Ludwig II. In: Südd. Monatshefte, Jg. 27, Heft 10, S. 679-682. Juli 1930. |
| Müller, Karl Alexander von: | Bismarck und die Königskatastrophe 1886. In: Südd. Monatshefte, Jg. 29, S. 648-661. |
| Müller, Karl Alexander von: | Bismarck und Ludwig II. im September 1870. Aktenstücke aus den Papieren des Grafen Karl von Tauffkirchen. In: Forschungen zur Brandenburgischen und Preußischen Geschichte, 27. Band, S. 572-592. München und Leipzig 1914. |
| Müller, Karl Alexander von | Unbekannte Briefe an Ludwig II. In: Süddeutsche Monatshefte, Heft 9, 29. Jahrgang, Juni 1932. |
| Müller, Karl Alexander von | König Ludwig II. In: Unterm weißblauen Himmel. Stuttgart 1952. S. 152-172. |
| Müller-Münster, Eugen: | Elisabeth Ney. Die seltsamen Lebensschicksale der Elisabeth Ney und des Edmund Montgomery 1833-1907. Leipzig 1931. |
| Mundy, Jaromir von: | Zur Königskatastrophe in Bayern. In: Wiener medizinische Wochenschrift 1886, Heft 25, S. 910-914, und Heft 26, S. 941-945. |
| Möckl, Karl: | Die Prinzregentenzeit. Gesellschaft und Politik während der Ära des Prinzregenten Luitpold von Bayern. München und Wien 1972. |
| Möller, Cajus: | Persönliches über König Ludwig II. In: Süddeutsche Presse und Münchener Nachrichten, Teil I in Nr. 141 vom 17.6.1886 und Teil II in Nr. 142 vom 18.6.1886, jeweils S. 5/6. |
| Neue Deutsche Biographie, Berlin 1955 | |
| Nöhbauer, Hans F.: | Auf den Spuren König Ludwig II. Ein Führer zu Schlössern und Museen, Lebens- und Erinnerungsstätten des Märchenkönigs. München 1986. |
| Nöll von der Nahmer, Robert: | Bismarcks Reptilienfonds. Aus den Geheimakten Preußens und des Deutschen Reiches. Mainz 1968 (siehe auch Buchbesprechung bei Philippi). |
| Osterauer, Thomas: | Persönliche Erinnerungern an König Ludwig II. In: Bayer. Heimat 12 (1930/31). S. 114f., 124f. |
| Pecht, Friedrich: | Aus dem Münchener Glaspalast. Studien zur Orientierung in und außer demselben während der Kunst- und Kunstindustrie-Ausstellung des Jahres 1876. Stuttgart 1876. |
| Pecht, Friedrich: | Geschichte der Münchener Kunst im neunzehnten Jahrhundert. München 1888. |
| Petzet, Michael/Neumeister, Werner: | Die Welt des Bayerischen Märchenkönigs. Ludwig II. und seine Schlösser. München 1980. |

| | |
|---|---|
| Petzet, Detta/Petzet, Michael: | Die Richard-Wagner-Bühne König Ludwigs II. (= Studien zur Kunst des neunzehnten Jahrhunderts Bd. 8). München 1970. |
| Philippi, Hans: | Zur Geschichte des Welfenfonds. In: Niedersächsisches Jahrbuch für Landesgeschichte, Band 31, S. 190-254. |
| Philippi, Hans: | Bismarcks Reptilienfonds (Buchbesprechung Nöll von der Nahmer, siehe dort). In: Niedersächsisches Jahrbuch für Landesgeschichte, Band 40, S. 194-197. |
| Philippi, Hans: | König Ludwig von Bayern und der Welfenfonds. In Zeitschrift für bayerische Landesgeschichte, Band 23, S. 66-111. |
| Philippi, Hans: | Rez.: R. Nöll v. d. Nahmen, Bismarcks Reptilienfonds. In: Niedersächsisches Jahrbuch für Landesgeschichte 40. 1968. S. 194-197. |
| Protokolle: | Protokoll der 193. öffentlichen Sitzung der Kammer der Abgeordneten vom 26.6.1886 (Stenogr. Bericht der 193. öff. Sitzung der K. d. Abg., Bd. VI) – Protokoll der 38. öffentlichen Sitzung der Kammer der Reichsräte vom 21.6.1886 (Verhandlungen der Kammer der Reichsräte – 1885/1886 / Beil. Band V) - |
| Rall, Hans: | Bismarcks Reichsgründung und die Geldwünsche aus Bayern. Zeitschrift für Bayerische Landesgeschichte, Band 22, S. 396-497. |
| Rall, Hans: | König Ludwig II. und Bismarcks Ringen um Bayern 1870/71. Schriftenreihe zur Bayerischen Landesgeschichte, Band 67. München 1973. |
| Rall, Hans: | Wittelsbacher Lebensbilder von Kaiser Ludwig bis zur Gegenwart. München 1979. |
| Rall, Hans/Petzet, Michael: | König Ludwig II. München/Zürich 1968 bzw. Ausg. München/Zürich 1977. |
| Rall, Hans/Petzet, Michael: | König Ludwig II., Wirklichkeit und Rätsel, München 1985. |
| Rall, Hans/Petzet, Michael/Merta Franz: | König Ludwig II. Wirklichkeit und Rätsel. München, Zürich 1986. |
| Ranke, Winfried: | Joseph Albert – Hofphotograph der bayerischen Könige. München 1977. |
| Rehm, Ernst: | König Ludwig II. und Prof. von Gudden, Sonderdruck aus: Psychiatrisch Neurologische Wochenschrift 38 (1936). |
| Richter, Werner: | Ludwig II. König von Bayern. Leipzig 1939. |
| Richter, Werner: | Ludwig II. König von Bayern. München 1985. |
| Rummel, Walter: | König und Kabinettchef. Aus den Tagen König Ludwigs II. München 1919. |
| Schmidbauer, Wolfgang/Kemper, Johannes: | Ein ewiges Rätsel will ich bleiben mir und anderen. Wie krank war Ludwig II. wirklich? München 1986. |
| Schneider, Volkmar: | Die Leichenschau – Ein Leitfaden für Ärzte. Stuttgart – New York 1987. |
| Schröppel,Adolf/Schröppel, Annemarie/ Einsiedler, Manfred: | Schloß Falkenstein. Des Märchenkönigs letzter Traum. Pfronten 1985. |
| Schrott, Ludwig: | Die Herrscher Bayerns. München 1966. |

| | |
|---|---|
| Sexau, Richard: | Ludwig II. und Bismarck. In: Neues Abendland, Heft 8/1952, S. 468-476. |
| Sexau, Richard: | Fürst und Arzt. Dr. med. Herbert Carl Theodor von Bayern. Schicksal zwischen Wittelsbach und Habsburg. Graz 1963. |
| Seydel, Max von: | Staatsrecht des Königreichs Bayern, 2. verbesserte Auflage. Freiburg i.B. und Leipzig 1894. |
| Solleder, Fridolin: | König Ludwig II. letzte Tage auf Neuschwanstein. Hinterlassene Aufzeichnungen des Ministerialkommissars Kopplstätter. In: Das Bayernland 37 (1926). S. 33-43. |
| Spindler, Max (Hrsg.): | Handbuch der Bayerischen Geschichte I-IV. München 1974. |
| Spindler, Max: | Erbe und Verpflichtung, Aufsätze und Vorträge zur Bayerischen Geschichte (Das Kabinett unter König Ludwig I./ Bernhard Grandaur, Kabinettssekretär u. Staatsrat unter Ludwig I.). München 1966. |
| Steinberger, Hans: | Ludwig II. von Bayern, der Romantiker auf dem Königsthron. Prien a. Chiemsee 1906. |
| Stern, Fritz: | Gold und Eisen. Bismarck und sein Bankier Bleichröder. Frankfurt a. M., Berlin, Wien 1980. |
| Streißler, Fr.: | König Ludwig II. von Bayern – Ein deutsches Fürstenleben. Leipzig 1886. |
| Strobel, Otto: | König Ludwig II. und Richard Wagner. Briefwechsel. Karlsruhe 1936. |
| Vandenberg, Philipp: | Die heimlichen Herrscher – Die Mächtigen und ihre Ärzte. Von Marc Aurel bis Papst Pius XII. München 1991. |
| Verfassungsurkunde: | Die Verfassungsurkunde des Königreiches Bayern vom 26. Mai 1818 (Ges. Bl. S. 101f.) nebst Anlagen. Anl. 16: Königliches Familienstatut v. 5.8.1819, abgedr. in Weber, Ges. u. Verord.Slg. – siehe dort |
| Verhandlungen: | Verhandlungen der Kammer der Abgeordneten des bayerischen Landtages im Jahre 1885/86. Stenographische Berichte Bd. 6. München 1886 (siehe Protokolle). |
| Washington, Karl Theodor Freiherr von: | Die letzten Tage König Ludwig II., eine Königskatastrophe. Aufzeichnung der Ereignisse, die sich vom 6. bis 14. Juni 1886 zugetragen. In: Berliner Illustrierte Zeitung, Jg. 1932, Heft 31 (S. 1004-1010), Heft 32 (S. 1046-1053), Heft 33 (S. 1082-1086) und Heft 34 (S. 1118-1121). |
| Widmann, Werner: | Bayern. Bilderbogen der bayerischen Geschichte. Zürich 1980. |
| Wirth, Ingo: | Tote geben zu Protokoll – Berühmte Fälle der Gerichtsmedizin. Berlin 1992. |
| Wöbking, Wilhelm: | Der Tod König Ludwig II. von Bayern. Rosenheim 1986. |
| Wöbking, Wilhelm: | Der Tod König Ludwig II. von Bayern. Eine Dokumentation. München 1986. |
| Wolf, Georg Jakob: | König Ludwig II. und seine Welt. München 1926. |